谨以此书奉献恩师南林旺先生

山河逸響

民國山西琴人傳

刘琭襄题

张德恒 著

山西出版传媒集团
三晋出版社

序 一

月前，得到负笈山西的学者张德恒先生的著作《民国山西琴人传》的印刷稿，仔细阅读，实为一部极具学术价值的琴学史著作。山西元音琴社是 20 世纪中国较早创办的琴社，亦是近代山西创办的第一个古琴社团。我的祖辈顾卓群，父辈顾梅羹、顾国屏也在元音琴社留下了足迹。元音琴社的成立，为当时从全国聚集山西的古琴先辈提供了广阔平台并为山西琴坛振兴奠定了良好的基础。琴社的创立，在山西古琴发展史上具有重大深远的里程碑意义。在某种意义上可以说，民国时期的山西琴人皆与元音琴社有着千丝万缕的关系，元音琴人及其弟子和再传弟子占民国山西琴人的绝大多数。本书作者张德恒先生用纪传体的形式，以元音琴社为主线，全面地、历时性地展现了山西元音琴社近百年的历史发展状况，为民国山西二十六位前辈琴家，一一立传。张先生还在其著作中对七十五位生平不详的民国山西琴坛先辈有所记述，这都为今后琴坛有识之士开展进一步研究工作奠定了良好的基础。本书在对元音琴社的发展演变进行探查、梳理的同时也为我们表呈再现了民国山西琴人、琴事、琴艺发展的全幅风貌。

纵观整部著作，作者遵循学术规范，尊重历史文稿内容，客观分析多种资料，对史实资料无不一一进行调研判断，看得出作者对此书的撰著是倾注了一番心血的。这种耐得住寂寞的严谨的治学精神也是值得钦佩的。这种不想象、不推测，秉笔直书、言必有据地记述琴人的琴学历程，不误导后人并为我们留下真实琴人形象的笔法是一种对历史负责的表现。

在张德恒先生的著作《民国山西琴人传》行将付梓之际，又欣闻在 2013 年谷雨时节，经元音琴社再传弟子、山西古琴前辈、著名古琴艺术家李庆中先生及其弟子南林旺等先生的倡导和不懈努力，具有近百年历史、在现代古琴发展史上占据重要地位的元音琴社得以复社，真是可喜可贺，双喜临门。祝愿琴社越办越好，不断取得可喜成就，为弘扬三晋琴学继续贡献力量。欢喜赞叹这么多有识之士投身于三晋古琴事业的发展中，我深信，晋地古琴艺术的传承发展必将续写新的辉煌。

顾泽长

2015 年 10 月于沈阳音乐学院寓所

序 二

　　由我为此书作一序言，德恒先生早有此意，我则一再推辞，一想再想，只因一直没有足够的信心来完成这个任务，但最终还是经不住德恒先生的多次诚邀。于我而言，为此书作序既是义务，更是沉甸甸的责任。

　　古琴是汉民族最古老的弦乐器，是我国传统文化之瑰宝，它以历史久远、内涵丰富和影响深巨为世人所珍视。山西是古琴的故乡，无论是始作琴的神农，还是与古琴因缘甚深的尧、舜，皆为山右先贤，还有春秋时期著名乐圣师旷，闻名山右、光耀华夏。

　　1920 年，山西雅乐勃然振兴，这一年泛川派古琴大家顾卓群入晋传琴，仲春之际，山西元音琴社创立，为三晋雅乐之振兴打下坚实的人才基础。1921 年，阎锡山提倡振兴雅乐，彭祉卿、杨友三、沈伯重、顾梅羹四位著名琴家入晋传琴，育才馆开雅乐班、国民师范开雅乐专修科，开始了大规模、成系统的古琴教育，同时元音琴社也不断培养古琴人才，育才馆、国民师范、元音琴社，三管齐下，为三晋雅乐的振兴培养众多人才，居功至伟。1922 年，一代古琴宗师杨时百入晋传琴，将三晋琴事推向巅峰之境。

　　世事沧桑，百年弹指。目下的山右，古琴文化再度兴起。抚今追昔，不能忘记民国三晋琴人的不懈努力和无私奉献，正是他们为今日山西雅乐的复兴播下了火种，深植了根脉。可惜的是，在古琴类书籍叠床架屋的今天，尚无一部记述、阐扬民国山西琴人琴事的著作。张德恒先生有感于此，撰著了《民国山西琴人传》一书，初步填补了这个空白，这既是山西文化界的一件盛事，也是山右琴学走向繁荣的一个表征。

　　为此书作序，不能不激起我对已故山西著名古琴家南林旺先生的深切怀念。先生仙风道骨、气质洒脱，尤其是他学琴、授琴、提倡三晋琴学、发展壮大元音琴社之精神，特别令人钦佩。30 年前，古琴在中国尚属罕见，习琴之人更是少之又少，南先生迢递千里，负笈江苏扬州，师事广陵派琴家梅曰强先生，其习琴精神令梅先生感动。2000 年后，他师从山西古琴家李庆中学琴，正合李先生暮年唯望传法得人之心愿。2007 年，南老师远走津门，又师从当代著名古琴家张子盛习琴。这样转益多师的经历使南老师的琴技逐步得到提升，演奏严谨而高雅，深具古贤气韵，最终将南音之婉秀娟丽与北音之清刚苍劲融为一体，形成自己独具特色的古琴演奏风格。更难能可贵的是，南老师以谦诚、稳健、执着和务实的精神教授琴课，让每一位习琴者深结琴缘，品味琴之韵味、感受琴之文化。古琴的独特风韵和南老师绝俗的人格魅力感召着每一位学琴者，聆听他的演奏是一种享受、一种鼓励，更是感受一种深挚的情怀。而今，随着先生的长逝，往昔的一切美好，再难重现，留给大家的只有深深的怀念和浓浓的回忆。特别值得一提的是，南林旺老师在众多三晋琴人的大力协助下，于 2009 年注册成立了山西元音古琴研究院。2013 年山西元音琴社正式复社，推举九十高龄的李庆中先生担任社长，南老师担任常务副社长，主持琴社日常事务。如今的元音琴社，社员已逾千人，曾多次参加省内外重要演出，还曾赴加拿大进行访问演出。尤其是最近两年，南老师全身心投入，一次次将山西古琴事业推向新的高潮。而今，让元音琴人不能忘记的是南老师为发展元音琴社和弘扬古琴文化所付出的心血，他留给元音琴人的是肩负发展古琴事业而不能懈怠的重任。诚祈《民国山西琴人传》在 2016 年元音琴社复社三周年演出之前出版，与广大琴人和读者们见面，这是慰藉九泉之下的南林旺先生的最好方式！

　　山西大学文学博士张德恒先生，属于 80 后，年轻有为、满腹经纶、才华横溢，熟读唐诗宋词，谙晓中国历史，做人谦诚、做事稳重，做学问高人一筹，尤以史事的考证见长，虽然求学的道路极其坎坷艰难，却能百折不挠矢志不渝，是当今社会难得的好青年，是不可多得的人文学者。正因如此，当他遇到专注琴学的南林旺先生后，便开始了研探民国山西琴人琴事的漫长征途。为撰此书，德恒先生花费了很大气力收集、消化和研究有关资料，并努力提升自身的琴学修养，翻阅了大量的民国山西历史文献，销精铄胆、抛洒心血、戮力挖掘，为还原民国山西琴人事迹和风貌笔耕不辍，考出了民国山西琴人一百〇一位，撰成民国山西琴人小传二十六篇，基本复现了民国山西雅乐繁盛之景象，彰显了三晋深厚绵长的文化底蕴，为重塑山西文化形象做出一定贡献。

借此机会，略述我学琴的一些体会，希望古琴能被更多的国人了解。我与古琴结缘将近两年，而今不仅能弹奏几支曲子，还对古琴文化投注了浓重情感，生活中已经离不开古琴。我已年过半百，学琴之初基本没有乐理知识，甚至连古琴长什么样子都说不清楚，在友人的支持与鼓励下，聆听了南林旺老师的一堂课，那琴声、那氛围、那境界吸引了我……从此，我踏上了习琴之路并略有所悟：一是要发自内心的热爱古琴艺术，也就是说只要你喜欢就能成功，用一位古琴家的话说"学习古琴，喜欢就能学会，入迷就能学好，发疯才能学精；"二是要懂古琴，古琴作为世界文化遗产，历史悠久，内涵丰富，弹古琴不能仅在指头上下功夫，还要学习我国传统文化中涉及到的与古琴相关的历史、音律、美学、文学等很多很多内容；晋代陶渊明曾有过"但得琴中趣，何劳弦上声"的名句，可做这一道理的注释。三是要有恒心，弹好古琴需要一个漫长的过程，需要长期的坚持，每天认真学，认真坚持，等到完全学会一首曲子的时候，便增加了一份自信。在学琴的路上感受颇多，愿与大家分享：学习古琴，不仅可以练得一技之长，更重要的是可以陶冶情操，特别是在工作和生活压力大时，点一支香，弹一支琴曲，能让你静下心来，去浮戒躁，静心启智。学习古琴，还可以提升素养，因为古琴承载了诸多传统文化元素，学琴的同时可以领会意境深远的古典诗词、耐人寻味的历史典故，以及儒释道之文化精髓。从美学的角度，欣赏古琴曲重在余韵和弦外之音。即中国艺术的意境之美，如同水墨画，寥寥数笔就能勾勒出无限的情怀，言有尽而意无穷。学习古琴，更有助于养生。左手"按弦"，右手"击弦"，可以使手指的末梢神经得到刺激，从而激发全身经络的活力，古琴五音宫、商、角、徵、羽与天地中的阴阳五行、人体的五脏六腑一一对应。五音的和谐旋律有助于调节阴阳平衡，使气血和畅。正因如此，行进在习琴路上，我定会不懈地努力，以琴为友，以琴为荣，尽情地享受古琴给我带来的一切美好情趣。

　　为此书作序，最重要的宗旨在于弘扬和传承古琴文化。具有悠久历史的古琴艺术，位居"琴棋书画"四艺之首，始终占据着中国古典音乐艺术的最高点。前人云，"君子之座，必左琴而右书"、"士无故不撤琴瑟"，因称古琴为"君子之器"。中国传统哲学思想对古琴音乐产生了深远的影响。早期古琴在儒家中庸思想的影响之下，崇尚"中正平和"，后来受到道家影响，表现为"清静恬淡"。禅宗思想产生后，开始出现"琴者，心也"的观念，强调以心控制法度，以法度控制声音。古琴包含了汉、唐、宋、元、明、清各代的乐曲，乐曲里能够清晰地呈现出不同时期的曲式结构和旋律的发展，承载着文化传承的重任，与中国传统文化密不可分，在古琴艺术中，审美追求和道德追求融为一体。这也就难怪世界为之惊叹。联合国教科文组织 2003 年 11 月 7 日在其巴黎总部宣布了世界第二批"人类口头和非物质文化遗产代表作"，中国的古琴艺术位列其中。古琴充满了文化气息，古人以古琴天籁作为自己的精神家园，在其中获得浩然正气和充沛的力量，以古琴音乐作为整个教育工程的重要组成部分，这是使古琴文化不断发扬光大的内在动力。当今古琴文化的复兴，是民族文化复兴和民族精神崛起的表征，是传承传统文化的需要，也是不断丰富人民精神世界和增强人民精神力量的需要。因此，《民国山西琴人传》和广大读者见面，也必将为传承和弘扬古琴文化乃至中国传统文化起到积极作用。

赵雁萍

2015 年 11 月 24 日于山西太原

目　录

I　　序　一

III　　序　二

001　　前　言

010　　杨时百（1864—1931）

020　　朱善元（1868—1922）

030　　张芹荪（1869—1927 后）

038　　杨友三（1870？—1924 后）

048　　赵炳麟（1873—1927）

066　　李官亭（1876—1953？）

071　　孙　森（1878—1937 后）

082　　虞和钦（1879—1944）

094　　顾卓群（1881—1935）

100　　招学庵（1884—1965）

114　　荣鸿胪（1885—1966）

126　　冯鹏翯（1890—1944）

135　　彭祉卿（1891—1944）

150　　沈伯重（1899 前—1957 后）

158　　顾梅羹（1899—1990）

178　　杨葆元（1899—1961）

181　　王聚魁（1900？—1929 后）

183 　郝效儒（1901—1941）

185 　顾　藩（1902—1937 后）

187 　程　宽（1903—1995）

200 　高寿田（1907—1986）

202 　程继元（1910—1944）

211 　郭维芝（1911—1954）

217 　李庆天（1918—1942）

221 　李庆中（1924—健在）

232 　民国山西琴人待访录

242 　山西元音琴社述略

250 　百年元音

252 　元音琴人编年事辑

266 　民国文献所载山西雅乐资料辑录

288 　缘结千里　肝胆相照——古琴家王鹏入晋记

294 　泠泠七弦意　绵绵家国情——古琴家张子盛先生访谈录

302 　山西代县冯鹏翥将军故里考察记

310 　主要征引及参考文献

313 　跋　一

315 　跋　二

319 　附　记

前 言

　　古琴的历史非常久远，司马迁《史记·五帝本纪》中记载，"舜年二十以孝闻。三十而帝尧问可用者，四岳咸荐虞舜。(中略) 一年而所居成聚，二年成邑，三年成都。尧乃赐舜絺衣与琴，为筑仓廪，予牛羊。"由此可见，古琴匪特历史幽邃，且在上古之时，实为某种权力之象征。声音之道与政通，彼时也，做为主要乐器的古琴，实际承担着通天人、美教化、厚人伦、移风俗、理精神之作用。

　　在后世的文献中，古琴之与文人，正如宝剑之与侠客、香茗之与隐者、烈酒之与壮士，文人而无琴，即显得粗糙、不雅致。是以陶令不解音律，却蓄素琴一张；东坡不谙乐谱，终有七弦传世。倘无俞伯牙碎琴之举，谁谙知音之重？若无嵇中散临刑时那一曲绝响，魏晋风流又会减少多少历史的厚度、韧度？

　　近世以来，国步维艰，西学东侵，愈演愈烈，国将覆、本先颠，礼乐文化，实为华夏之本，西乐在晚清民国的泛滥，以至有志之士亦不得不承认"中乐是不行的，西乐已被肯定了"(蔡元培)、"古琴 (只有) 它在艺术史上的地位"(胡适)、"好的古琴曲 (只) 可以供作音乐学的资料"(赵元任)。但是几乎与此同时，古琴，却在中华琴人的竭力鼓扬下，实现了"中兴"。"琴学式微，亘两百载。晚近世变方亟，而琴运中兴。追踪继美，复有人在。岳云九疑树帜于燕京；南熏愔愔争长于湘楚；山之东西，既德音、元音一时有两；江之南北，又青溪、广陵、梅庵鼎峙而三。莫不扬风扢雅，含和吐芳"。[1] 应该说，古琴在民国危局中的"中兴"，是华夏琴人文化救国的一次尝试，是维系华夏道统于不坠的一次努力。而民国山西的提倡、振兴雅乐运动，尤为当时雅乐复兴、文化救国之一重大关目。

---

[1] 《今虞琴社社启》，原载《今虞琴刊》，民国二十六年五月今虞琴社编印，2006 年 12 月 20 日，中央音乐学院"中国古琴音乐文化数据库"编辑委员会承印，第 218 页。下文涉及此书，俱指此一版本，为清眉目，只注书名、页码。

一、民国山西振兴雅乐之背景、过程及意义

清末民初正是中国历史上风云激荡、波谲云诡的岁月。辛亥革命虽然一举推翻了爱新觉罗氏王朝，但骤然演变的历史进程并未给人们提供重建文化体系的充足时间。因此，在广大的知识界，人们对中国文化、传统的认识呈现出很大差异。在诸种思想文化的震荡中，尤以中西文化的碰撞最为剧烈。而中西文化碰撞之极致则显现为新文化运动。新文化运动以及紧踵其后的五四运动在中国社会，尤其是文化界引发了地震、海啸似的巨大效应，时至今日，我们仍习惯以新文化运动或五四运动来界划中国历史的近代和现代，而很少考虑、关注在"新文化"之外苦苦求索、挣扎的人群，很少去倾听、留意他们的心声。实际上，无论是晚清遗老在沪上的悲凉歌吟，抑或是 1927 年颐和园昆明池的鱼藻波寒，它们都在向我们传递这样一个信息：社会政治的急剧变化，并不代表文化的骤然变更。以突发的具有重大意义的政治、文化事件来生硬地切割文化思想的时限，于情理既不合，与事实亦有乖。

1920 年，教育部颁布全国的国民学校废除"国文"和文言文教科书，采用"国语"和白话文教材的命令。这似乎可以看做是新文化运动取得成功的一大标志。然而有趣的是，也正是在这一年仲春，山西太原元音琴社卓然而起。同年秋，以"共扶大雅之轮"为宗旨的全国性古琴雅集晨风庐琴会在上海召开。这几件事情之间说不上有什么必然的联系，但是细细寻绎，仍觉意味深长。

山西元音琴社成立于民国九年（1920）仲春，此既有琴社创始人之一的招鉴芬之文字记录，复有当年相关新闻报道相辅证。招鉴芬的记述载诸《今虞琴刊》，其文云："友人巴陵张少阶，于庚申仲春由湘间关访余于山右。适余与李官亭、顾卓群、窦翘芝及孙净尘、异同昆仲，组设元音琴社"。（《今虞琴刊》第 309 页）文中"庚申"为 1920 年，这是关于山西元音琴社成立时间的最明确记载。元音琴社的另一创始人孙净尘在其《元音琴社回忆录》中亦云："春回岁转，绿柳丝黄，南窗寄傲，风拂琴床。

回忆十六年前之今日，正太原元音琴社诞生之日也。"（《今虞琴刊》第 21 页）尽管未能写明琴社成立之具体年份，但是也将琴社成立之时指向春天，可见招鉴芬之记录正确无误。

另，孙净尘在《元音琴社回忆录》中说："冠亭因集同好，聘顾君（按：指顾卓群）来晋，谋立琴社，提倡三晋琴学。复言之当道，以顾为琴社主讲，并担任自省堂鼓琴。"（《今虞琴刊》第 21 页）据《来复报》第 103 号（1920 年）所载《中国雅乐之昌明有望》之报道，当时顾卓群已入晋并任洗心社大自省堂鼓琴，唯报道中尚未言及元音琴社。同年《来复报》第 130 号载《元音琴社弹琴雅集纪盛》，其中报道了"元音琴社主讲顾卓群于庚申十月朔之五日（阳历十一月十四号）假山西陆军审判处东园地址，邀集同人，弹琴雅集"之事，可见当时太原元音琴社已然创立。这些记载、报道，均可辅证招鉴芬"于庚申仲春""组设元音琴社"之记录。

山西元音琴社的创立在三晋雅乐历史上具有重大且深远的里程碑意义。

元音琴社的创立，为聚集全国雅乐名家提供了平台，为三晋雅乐之振兴奠定了初步的人才基础。次年，"当道（按：此指阎锡山）谋振兴雅乐"（孙净尘《元音琴社回忆录》），于是礼聘杨友三（树森）、彭祉卿（庆寿）、沈伯重（增厚）、顾梅羹（焘）四琴家入晋教导雅乐、传琴授学。四琴家入晋，大大充实、增强了元音琴社的阵容，同时育才馆开设雅乐班（亦名"雅乐科"），专门教授雅乐，杨友三任雅乐主任，彭祉卿等俱为教师。翌年，山西国民师范开设雅乐专修科，第一届即拟招收学员四十名，学制为一年（见《国民师校近闻种种》，载《来复报》，1922 年，第 208 号，第 6—7 页）。1922 年，第一批育才馆雅乐科学员考试毕业，为普及雅乐，馆长赵戴文将这些毕业生"委派于大自省堂十三名，国民师范十四名，阳曲县十四名，高等国民学校十四名，分任雅乐教授"[2]。从所分配的毕业生人数来看，育才馆雅乐科一届至少招收学员五十五名。孙净尘在 1922 年 9 月 10 日元音

[2]　《来复报》，1922 年，第 208 号，第 6 页。

琴社为欢迎古琴大家杨时百入晋传琴而举行的第三次大型琴会上的发言指出，杨彭沈顾入晋后，"琴社同人又多至数十倍，合男女两界学生计之，且将过百数"[3]。由此推断，育才馆雅乐科学员大约半年毕业一期，因为彭杨沈顾四琴家入晋之时间在 1921 年秋末或冬初（参见本书彭、杨、沈、顾各传）。

孙净尘《元音琴社回忆录》云："雅乐班三年有成，彭杨沈顾皆一时之英才，怀抱不凡，各有素志，正乐不过出其余绪耳，于是功成而去。"（《今虞琴刊》，第 22 页）既云"三年有成"，则育才馆雅乐科大约开办六期，以每期五十人计，则四琴家之育才馆授学为三晋培养雅乐人才当在三百人左右。再加上国民师范雅乐科招收的两届学员[4]，则四琴家（国民师范雅乐专修科主要由顾梅羹主持教学）为山右作育琴学后劲近四百人。

作为一名有雄心的政治家，阎锡山大力提倡雅乐，努力培养琴学人才，绝不仅仅是为了在东西方文化剧烈碰撞之际戮力保存国粹，提倡、振兴雅乐的最主目的在重修礼乐、淳化人心、陶淑性情，实现社会的和谐。

教育家王卓然在其《陪孟禄考察山西教育记》（1921）一文中记录了当年阎锡山对雅乐的痴迷神态以及卓越见解，为我们今天探论民国山西振兴雅乐之意义提供了极其宝贵的史料。现节录相关文字如下：

席散之后，阎请我们到督署隔院育才馆听中国古乐。按育才馆是阎督军特别办的学校，学生约三百余人，资格等于高等专门学校，专授普通法律，培植各县办理新政的人才。如各县署之科长、科员、登记员及新政调查员、劝导员等等。这作古乐的人就是育才馆的学生。乐器有古琴、古瑟、排箫、龙笛、凤箫、洞箫、笙、搏埙等物。两个学生用古琴合奏《平沙落雁》一阕。奏的时节，大家屏气细听，声调

[3] 《来复报》，1922 年，第 221 号，第 12 页。
[4] 1922 年，国民师范雅乐科拟招收学员四十名，依据见前；1924 年，国师雅乐专修科毕业三十四人，此据《教育公报》，1924 年，第 11 卷，第 10 期，第 74—75 页

抑扬婉转，有时隐隐约约，有时惨惨凄凄，如怨如诉，好一个悲戚苍凉的曲。作完这个曲之后，又奏《普庵咒》一阕。正在奏曲的时候，阎锡山紧闭两眼，随琴调之抑扬，头上下转动。孟禄因说看督军这样喜好古乐，玩味音调的样子，很是富于修养。阎因对孟禄说，人的好战心，有这种乐可以克治之。孟禄答说，西国好战之民，正需要此种古乐。阎又说，古时孔子闻此乐"三月不知肉味"。听乐完后，大家合摄一影，以作纪念。我们乃兴辞而出。孟禄对于阎督，甚露赞美佩服之态度，并说中国各地督军如皆像阎督，中国不患不强[5]。

这个生动、珍贵的情节，在阎锡山《督军在军署自省堂领省之讲话》中亦有记载：

近日美国教育家孟禄博士来晋会面间，余曾以过发达工商业为减杀人群吃饭之关系，而各国如仍趋于工商业之发达，将来为吃饭之战争，仍不能免。博士以各国现正极力于杀人，其如公意何。有何法停止其杀人力量乎？余答以中国文化。言中国之古乐，有停顿杀人力量之功效，并以孔子在齐闻《韶》之故事说之。博士云："安得以中国之古乐遍闻于各国，则亦人类之幸也。"此段谈话虽近于谐，中国古乐，实有是效[6]。

从中不难看出，阎锡山之提倡雅乐，实际有其现实的考虑，那就是希望以雅乐淳化人心，移风易俗，而这，将对纷争不已的社会局势有所改善。正是阎锡山的这一思想，使得民国山西的雅乐事业，无论从性质上、规模上，抑或是从参与人员之构成上看，都迥然与当时中国其他地域的雅乐活动不同。阎锡山治下的民国山西，被公认为模范省，应该说雅乐，尤其是古琴艺术，在其中起到极为重要之作用。

[5] 苏华、何元编，《民国山西读本·考察记》，三晋出版社，2013年8月第1版，第60—61页。
[6] 《来复报》，1921年，第180号，第15—17页，王殿锦笔记。

二、元音琴社——民国山西琴人之渊薮

言及民国山西雅乐、琴事，不能不说太原元音琴社。在民国山西雅乐振兴的过程中，元音琴社自始至终都起到极其重要的作用。

1920 年仲春，孙森（净尘）、李德懋（官亭）、傅雯绮（侠仙）、顾莘（卓群）、招勋（鉴芬）、孙宝章（异同）、窦桂五（翘芝）等琴人在太原成立元音琴社，假体育会为社址，研习雅乐、戮力琴事。同年 11 月 14 日，元音琴社主讲顾卓群邀集同人在陆军审判处东园举行第一次古琴雅集，与会者凡十六人，会毕摄影留念。这次雅集活动在社会上反响不小，当年的《来复报》（第 130 号）将其列入"政教述闻"，对其进行详细报道。

元音琴社的成员多为当时山西政界、军界的高级官员。琴社创始人李德懋为阎锡山副官长，是阎之心腹爱将；孙森曾任稷山县县长，后改任特种刑事会审处处长；窦桂五，保定军校毕业，与傅作义、李服膺、李生达为同学，是"十三太保"之一，为阎锡山麾下大将。稍后加入琴社者，如荣鸿胪，保定军校第一期骑兵科毕业生，后任太原城防司令、警备司令；冯鹏翥，保定军校第二期炮兵科毕业生，后任晋绥军第九军军长；虞和钦，时任山西教育厅厅长；朱子钦，时任山西财政厅厅长；赵炳麟，时任山西实业厅厅长。可以说，民国山西元音琴社囊括了阎锡山麾下众多文武高官，他们加盟琴社，研习雅乐之事迹必然为阎锡山所关注，他们对雅乐、古琴的提倡、奖赞必然会影响到阎锡山。正是在这种情况下，1921 年，也就是元音琴社成立的第二年，阎锡山决心大力提倡、振兴雅乐。阎锡山政府对民国山西雅乐事业的推促，使山西的雅乐事业格局更为开张、意义更为重大。

与当时其他地域的琴社以及学校开设雅乐、古琴专业不同，由于阎锡山的提倡、干预，山西振兴雅乐的事业不仅仅立足于保存国粹、复兴国乐，而是提升到移风易俗、净化人心、陶冶性灵，最终实现社会和谐的高度。这应该说是民国山西雅乐振兴运

动的本质特征。而元音琴社的创立、元音琴人的活动，实际为阎锡山提倡、振兴雅乐提供了前期的准备，若无元音琴社，则阎锡山可能不会产生复兴礼乐以求和平之构想。因此可以说，元音琴社的创立、元音琴人的活动，实际为民国山西一系列雅乐运动之先声，为民国山西雅乐之提倡、振兴导夫先路，开疆拓土。

1921 年 7 月 3 日，元音琴社在陆军审判处之东园举行第二次大型琴会，与会人数明显增多，琴社的影响力进一步扩大。翌年 6 月，顾卓群撰就《元音琴谱》，7 月，时任山西实业厅长的赵炳麟为之作序，随后阎锡山为之刊行。顾梅羹则于 1923 年撰成《中国音乐史》、《乐器图考》，并与张芹荪、彭祉卿合作编撰《雅乐集》。这些专业的雅乐著作，为三晋琴学之发扬奠定坚实的理论基础。同年 9 月 10 日，元音琴社在东园举行第三次大型古琴雅集，欢迎古琴大家九嶷山人杨时百入晋传琴，当时琴社成员较第一次多出数倍，达到民国山西元音琴社发展之顶峰。时人以为："中国此时琴学之盛，当推晋阳。"[7]

值得一提的是，虽然在彭杨沈顾入晋后，育才馆开设雅乐班，国民师范也在次年开设雅乐专修科，但是这两个机构与元音琴社，在主力琴人构成上实无分别，育才馆和国民师范的雅乐教员亦皆为元音琴社成员，正如查阜西所云："太原的元音琴社还进入了育才馆和国民师范，把古琴和其他'雅乐'列作课程。"[8] 他们培养的学员，则可视为元音琴人之弟子。由育才馆及国民师范毕业的雅乐科学员，有些被分配到山西各高校及中小学教授雅乐，他们的雅乐学生则可视为元音琴人的再传弟子。也就是说，元音琴社实为民国山西琴人之渊薮，正是由于元音琴社的创立，才有了民国山西雅乐之振兴。

民国时期为山西雅乐振兴起到关键作用、做出重大贡献的太原元音琴社雅韵绵长，逸响深远。2000 年，元音琴人的再传弟子，其时年近八旬的山西琴家李庆中先

[7] 赵炳麟，《赵柏岩集》（下），广西人民出版社，2001 年 1 月第 1 版，第 344 页。
[8] 黄旭东、伊鸿书、程源敏、查克承等编，《查阜西琴学文萃》，中国美术学院出版社，1995 年 7 月版，第 524 页。

生慨叹山西古琴事业之凋零，义授绝艺，课徒传琴。2009 年，为繁荣三晋古琴事业，琴家李庆中先生之衣钵弟子南林旺先生携其妻冯翠英创立山西元音古琴研究院，嗣响民国山西元音琴人。2013 年谷雨，在山西琴家李庆中先生（时年九十岁）及其弟子南林旺先生的绸缪、擘画下，中断多年的山西元音琴社得以复社。复社后的元音琴社，以培养三晋琴学后劲、作育山右琴学栋梁为职志，传琴授学，力踵前辈元音琴人之伟绩，致力三晋雅乐之复兴。

三、本书撰作之思路

严迪昌先生在其《清诗史》"后记"中尝有"甘抛心力为三千灵鬼传存驻于纸端之心魂"[9] 之语，我著《山河逸响：民国山西琴人传》亦怀是想。

民国山西琴人，流传至今的史料极其零散，其生平大多隐没不彰，这不能不说是一个巨大的遗憾。这些琴人，生前或显赫、或沉寂、或平顺、或坎壈，或显赫一时终归沉寂、或坎壈一生晚景平顺，不一而足，而雅量高致、幽怀深情则一也。我读与民国山西琴人相关之史料，时感热血沸腾，时感心魂销沮，时感凄怆忧伤，时感悲难自抑，时痛其遭遇，时羡其才情，心中积郁既多，遂不揣冒昧，率尔命笔，自秋徂夏，今始蒇事。期间之曲折顿挫、艰难跋涉与夫甘美香醇、悠然自得，诚所谓"如鱼饮水，冷暖自知"。

是书以琴人传记为主体，对于尚可考知其生平大略的二十六位民国山西琴家，一一为其立传，依据其生平事迹之繁简以及相关史料之夥寡，琴人传之字数权事制宜，多少不一。又，本书名为"民国山西琴人传"，需要说明两点，第一：所谓"民国山西琴人"，指的是在民国时期与山西有关之琴人，不论是一度栖迟三晋传琴授学者，抑或是异域别土至山右方操缦习琴者，更或是其琴事主要发生在山西者，凡此皆属本

[9] 严迪昌，《清诗史》，江苏古籍出版社，2002 年 12 月第 1 版，第 1099 页。

书所谓"民国山西琴人",至于那些籍属山右者,自然亦在此范围中。第二:书名虽为"琴人传",但是在为相关琴人立传的过程中,笔者深感有些琴人造诣多方,必须特笔予以论述,否则难见全人,是以本书除勾画琴人生平外,亦择要对某些琴家的其他专长予以记述。另外,为在现有条件下最大限度展示琴人风貌,笔者择要将相关史料附录在相应的琴人传记之后,以俾读者更加真实、生动地感受民国山西琴人的气韵、精神。

附录数篇,其中,《民国山西琴人待访录》收录已考出姓名但以生平不详难以为之立传之民国山西琴人凡七十五位。此七十五位琴人之鸿爪鹄踪,略存《待访录》中,一者可藉以最大限度展示民国山西琴人之全幅景象;一者可使博雅君子有以教之,以期他日得以逐步缕清这些琴人的生平。《山西元音琴社述略》历述元音琴社自始创到复社以至当今的全过程。读此一篇,庶可了解近百年山西雅乐发展演变之概况。《元音琴人编年事辑》将目前确知的一切与民国山西元音琴社相关之元音琴人之重要生平事迹按年排比辑录,并将近年来元音琴社的重大琴学活动择要收录,以期全面地、历时性地展现元音琴社近百年的历史发展状况。从某种意义上讲,民国山西琴人大多数皆为元音琴人及其弟子、再传弟子,因此,对它的发展演变进行探查、梳理,实际也就是对民国山西古琴历史的表呈、再现。《民国文献所载山西雅乐资料辑录》汇录了笔者所寓目的有关民国山西雅乐的相关文献,这些文献既是本书传记部分行文的基础,亦可补充传记部分的叙述,彼此辉映,相得互彰。《缘结千里,肝胆相照》与《泠泠七弦意,绵绵家国情》两篇是笔者写作(或执笔)的介绍山西元音琴社与北京钧天坊、天津七弦琴学院联合举办古琴活动的相关报道,用以展示山西元音琴社近年来戮力三晋琴事之业绩,彰显元音琴社引凤招贤,恢弘三晋琴学的历史传统。《山西代县冯鹏翥将军故里考察记》则记述了笔者亲赴山西代县考察冯鹏翥将军故里的过程,也部分含具了笔者写作此书的心路历程。

为撰写此书,笔者虽博览民国山西相关史料,并走访遗逸,五赴文水,一赴代县,系挚情于昆明,接琴心于百载,但诚感学殖浅薄,实不足当此大任。读者诸君,倘能在披阅之余有以教之,匡我不逮,是所至感、至盼!

杨时百（1864—1931）

杨时百，名宗稷，字时百，自号九嶷山人，湖南宁远人。清同治三年（1864）生。杨时百本姓欧阳，堂号绍光，为北宋名臣欧阳修之第三十四代裔孙，其祖父名欧阳上珍，父名欧阳子重，母李氏。但是，由于"欧阳姓氏亲属，凡外出之人多改姓，因复姓当时并不通用。向南去一派多改姓欧，向北一派改姓为杨"[1]，以此，欧阳宗稷便成了杨宗稷，至于何时何地易姓，则已不可考。

杨时百幼聪敏，十四岁即考入县学。清光绪八年（1882），十九岁的杨时百以父母之命，在宁远成婚。次年，经衡阳赴省会长沙读书习琴，并广结良友，其中包括衡阳刘异、江南屠史兴、顺德罗惇曧，以及长沙张百熙等。据《北京大学堂同学录》"执事题名"所载"杨宗稷，诗伯，贡生，湖南长沙府"可知，杨时百在湖南长沙读书期间曾考取贡生，入北京国子监读书。此足以说明杨宗稷聪慧超群、学识渊博，因为"顺治二年，令直省学政考取岁贡，府学岁一人，州学三岁二人，县学二岁一人，一正一陪，送京廷试"[2]，可见清代身居地方州府的学子考取贡生、入读国子监是多么艰难的事情。

杨时百在北京国子监肆业后，似并未立即踏入仕途，而是仍旧返回湖南，直到后来其好友张百熙出掌工部并兼任京师大学堂事务大臣，杨时

九嶷山人杨时百

张百熙

[1] 杨宝禄，《心间事说与谁——添一度年华少一度年华》，北京福利印刷厂印制，2008年4月版，第70页。

[2] 商衍鎏，《清代科举考试述录》，故宫出版社，2014年4月第1版，第41页。

百才因张氏之荐，离开湖南，携家赴京任职。而这，也使杨时百再次与古琴结缘，并最终全身心与之，终成一代琴学宗师。

清光绪二十七年（1901）冬，张百熙[3]以工部尚书奉命兼管理京师大学堂事务，荐举杨时百、王式通襄助管理大学堂事务，初欲以时百为大学堂支应副提调，时百以为自己本为布衣，不可遽当大任，遂就任支应襄办，举家移居京师大学堂。此时时百心境大概较优，时或与友人结伴出游。光绪二十八年（1902）重阳，时百与同事邹沅帆登景山览胜，绝顶之上"下视内廷如列舆图，望九城数十万户，但见烟树苍茫，不复知有紫陌红尘、车水马龙之盛"[4]。无限感叹，情见乎词。后来，大学堂设总理学务处，时百与式通遂于光绪三十年（1904）春，迁居铁匠胡同学务处，直到三年后去职。在此期间，杨时百监督修建了大学堂琴室。也是在光绪三十年，时百妻子去世，为他遗下五岁的儿子葆元。时百此后再未娶妻。

杨时百身处官场却不乐从宦，他秉性质直、与世多忤，复以中年丧偶，郁郁寡欢，心境凄孤，万千心事一寄于琴，销铄精胆，精益求精，力求穷尽琴学之奥窍。

张百熙卒世后，杨时百卸大学堂职，改任邮部官员。由于他志不在仕宦，视仕宦荣利若轻风之过苔末，故沉浮三年而无寸进，一怀心绪，尽托于琴。光绪三十四年（1908）春，杨时百结识并开始师从黄勉之（1853—1919）学琴。原本杨时百于弱冠之年已嗜琴如命，无奈世罕良师，规矩旧谱，按弹有声，而音调不谐美。这种艰难的习琴状况，甚至使杨时百一度"心意遂灰""决然舍去"[5]。沉潜郎署，忧世伤生之际，虽然每日操缦不辍，但亦常自苦不得良法。

[3] 张百熙：1847—1907，字埜秋，一作冶秋，号潜斋，室名退思室、退思轩，谥号文达，湖南长沙人。清同治十三年（1874）进士，京师大学堂创办人、首任总教习，著名教育家、思想家、诗人、近代教育改革的先驱者。江辟疆《光宣诗坛点将录》拟其为"地囚星南山酒店旱地忽律朱贵"，且云"冶秋尚书门下多俊彦，汲引之功，当不在旱地忽律下也。《退思轩集》多尚唐音，要自雅饬"。又云"冶秋管学时，六十生日，京师大学堂赠联云：'长沙一星主奉，司徒五教在宽。'及其薨也，又挽以联云：'有成德者，有达材者，有私淑艾者，先后属公门，咸欲铸金酬范蠡；可为痛哭，可为流涕，可为长太息，限难值时事，不堪赋鹏吊长沙'"。凡此，皆可见张氏为人、风神。
[4] 杨宗稷编著，《杨氏琴学丛书》，湖南教育出版社，2007年12月第1版，第381页。
[5] 杨宗稷编著，《杨氏琴学丛书》，湖南教育出版社，2007年12月第1版，第10页。

黄勉之奏琴，可以不改旧谱而弹大曲，杨时百从其学完《羽化》一曲，已悟得吟、猱之法。从学三年，习得琴曲凡二十首，自此以后"未习者但属名谱，以黄君法求之，音节自然合拍"[6]。这一方面说明，黄勉之琴艺高绝，传授有法；另一方面也说明，杨时百确实悟性极高、智慧超群，在黄勉之数百名琴弟子中，他被认为"无出君右者"[7]。

黄勉之

1911年秋，武昌起义爆发，北京骚然，杨时百携家避居天津。在此期间，为修缮一张良琴，他曾冒险往返于京津，历时两月余始毕其事，其时正值风声鹤唳，遂以"风鹤"为琴名，同时将室名命为"风鹤琴斋"。这一年冬天，杨时百刻成《琴萃》四卷，他将此书寄送好友罗惇曧、屠史兴（寄白），二人分别于1912、1914年复信褒扬，并题词祝贺。

自1911至1914年，杨时百耗时三年为古琴曲《碣石调·幽兰》打谱，并于1913、1914年相继刊刻《琴话》四卷、《琴谱》三卷。

黄勉之在世时，北京琴人活动主要以黄的金陵琴社为中心展开，但杨时百已于黄氏生前自号"九嶷山人"，并开创九嶷琴社，这可以视作杨时百别开天地的有意之举。黄勉之去世后，金陵琴社由其弟子贾阔峰主持，杨时百另创一家的时

[6] 杨宗稷编著，《杨氏琴学丛书》，湖南教育出版社，2007年12月第1版，第10页。

[7] 杨宗稷编著，《杨氏琴学丛书》，湖南教育出版社，2007年12月第1版，第53页。

北京岳云别业琴集图

机已然成熟，他凭借自己高卓的琴艺、深湛的琴学造诣，逐渐将当时北京最具影响力的琴学活动——岳云别业雅集，转移到九嶷琴社，从而使九嶷琴社居于执京师琴坛牛耳的地位。

1916 年 8 月，杨时百曾一度"解京职旋湘"，于 10 月赴任湖南南华澧安县令，不幸在洞庭湖遭覆舟之祸，所携书籍文物荡然一空，仅以身免。在湖南，他曾和仆人秦华一起鸠工制琴，并为彭祖卿、蒋子坚监造良琴两张。1917 年 8 月，杨时百辞官回京。

苏州怡园琴会摄影

1919 年，"五四运动"爆发，在中西方文化的剧烈碰撞中，民主与科学的观念逐渐深入人心，中国传统文化呈式微之势。在这种形势下，一群有志之士慨华夏礼乐之崩沦，乃多方呼吁、奔走，希望挽狂澜于既倒。又以当时交通、讯息日益发达，因而举办大型的、甚至全国性的琴会成为可能，故在 1919、1920 年，在苏州、上海曾连续举办了两次规模很大的古琴雅集。杨时百皆被邀聘，并"总是名列第一"[8]。

仅仅在"五四运动"爆发三个多月后，1919 年 8 月 25 日，苏州盐公堂大盐商叶希明广发请束，

[8] 黄旭东、伊鸿书、程源敏、查克承等编，《查阜西琴学文萃》，中国美术学院出版社，1995 年 7 月版，第 686 页。

力邀北京、长沙、扬州、上海、浙江、四川等地"弹琴同调"齐聚苏州怡园讨论琴学，此即中国近现代史上第一次全国性大型琴会——苏州怡园琴会。怡园琴会邀集各地琴家凡三十三人，其中五省十一区的十五名古琴演奏家"轮流抚琴"、"讨论学术"，杨时百以其高绝的琴艺，以及精深的古琴著述，翘楚群侪，被推为一时之冠。

1920 年 10 月 12 至 14 日，富商周庆云与报人史量才联袂组织了晚近第二次全国性大型琴会——上海晨风庐琴会。这次琴会较之怡园琴会规模更大、阵容更盛。各地琴家聚集晨风庐者约四十位，第一天参加观礼的社会名流即有六十多人，甚至有"缁俗士女及欧妇数人"，大家"弹琴围坐，抵暮而散"[9]。晨风庐琴会之所以能够汇聚众多海内琴学名家，吸引众多社会名流参观，其中自有周史二人财力雄厚、足以应接招揽之故，但最主要的原因恐怕还是两人皆属风雅之士，其雅怀深趣、古琴造诣、人格魅力足以耸动琴坛。

先说周庆云。周庆云（1864—1933），字景星，号湘舲，亦号梦坡，浙江吴兴人。清末曾任教谕，后以经营丝、盐业，成为浙、沪巨商。晨风庐是周庆云在上海道达里的"新宅"，据参观过晨风庐琴会的郑孝胥记载，"周斋中悬泰山石刻八十九字，所未闻也"[10]，可见周庆云之博古高致，亦可觇晨风庐之风格氛围。事实是，无论在晨风庐琴会之前抑或之后，上海晨风庐均为周梦坡汇聚名流、雅集唱和之所。1914年农历 3 月 3 日（上祀节），周庆云曾在晨风庐召集名流分咏故事，传于今者有潘飞声（老兰）《油花卜》一首[11]。同年七夕，周庆云再次于晨风庐举办雅集，与会者分韵赋诗。其中缶庐（按：此当为号，未详其人）诗《集晨风庐分韵得风字》有句云"凭君搜野史，游屐趁天风。帘浅通苑气，杯深语醉翁"[12]，从中可见周梦坡之爱好、风貌。又，太夷（当为字号，未详其人）《甲寅七夕晨风庐续集分韵得甲字》中云"隔年为此集，谈笑亦欢洽"，可见晨风庐七夕雅集乃是"隔年"举行，实有

[9] [10] 劳祖德整理，《郑孝胥日记》（全五册），中华书局，2005 年 8 月版，第 1844 页。
[11]《中国实业杂志》，1914 年，第 5 卷，第 5 期，第 113 页；并见《香艳杂志》，1914 年，第 1 期，第 8—9 页。
[12]《春声》，1916 年，第 2 期，第 5 页。

成例，则至少在两年前已举行过一次。诗又云"梦坡与诸老，乘兴数酬答。予非元白比，惊倒岂待压。喻到赠所著，累册归有挟"[13]，从中可见周庆云才思敏捷、倜傥风流之神貌。梦坡曾编著《琴史补》、《琴史续》、《琴书存目》等书，诸作虽非尽成于本年之前，但诗中既有"赠所著"、"累册"等词汇，则湘龄此时必已有所著述矣。在晨风庐琴会之前或之后，周庆云组织名流在晨风庐雅集的事迹以及相关诗作尚多，此不备举。

《晨风庐琴会记录》书影

　　再说史量才。史量才（1880—1934），本名家修，江苏江宁人。清末曾任上海《时报》主笔，1913年接办《申报》，力主抗日救国、反对国共内战，后被特务杀害。史量才对古琴兴趣浓厚，与琴家吴浸阳、李子昭多有过从，并曾在上海收集到大量明代老梁柱，由吴浸阳监制古琴六十四张。史量才之妻沈秋水，子勇根（咏庚）俱擅琴，且均躬与晨风庐琴会。

　　正是由于周、史二人风雅的气质以及对古琴由衷的热爱，才最终促成了民国期间规模最盛大的晨风庐琴会。晨风庐琴会以"扶大雅之轮"为宗旨，实际是在"元音不作，雅乐将沦"[14]的时代形势下，力图振衰起废、发扬国乐。杨时百在这次琴会能够以高卓的琴艺、精湛的琴理修养获得众人的认可，这为他之后的琴学道路做出很好的铺垫。

[13]　《春声》，1916年，第2期，第5—6页。
[14]　周梦坡《征集琴会启》，原载《晨风庐琴会记录》，周庆云编，木刻线装本，1922年。

1922 年正月，杨时百应北京大学之聘，教授古琴。杨时百在北京传琴期间，正值西乐盛行中乐式微之际，尽管他琴学修养深厚，却并未得到求学者的认可、拥戴。在北京大学授琴期间，杨时百甚至一度受到当时北大西乐专家的讥讽、奚落。

1922 年 7 月，杨时百在老友虞和钦的介绍、推荐下，应山西督军阎锡山之聘，赴山西任省府参议。9 月 10 日，山西元音琴社举行盛大琴会，热烈欢迎杨时百入晋传琴，虞和钦、赵炳麟等山西政界要人纷纷讲话，对山右琴事之繁荣以及杨时百琴学之造诣大事赞扬。栖迟三晋期间，杨时百入住虞和钦的教育厅"莳薰精舍"，在那里传琴授学，并常与彭祉卿、顾梅羹等商榷琴学。

杨时百在山西授琴时间长达半年之久，之后他重回北京，戮力琴学，发奋著述，即使在身体不适的情况下，依然坚持工作，从不懈怠。1931 年 11 月 15 日，早已积劳成疾、延医无数而竟无疗效的杨时百在北京城前门正午的炮声中愀然辞世，享年六十七岁，此时他的大作《琴学丛书》刚刚完成。

附秦华：

秦华，生卒年不详，山西潞安人，九嶷山人杨时百的仆人。秦华本为铜匠，1912年腊月受雇佣于杨时百。

秦华粗识文字，悟性颇高。1913年夏秋间，杨时百手抄《楞严经》，秦华亦学写，不及半部已能解悟，待写毕，文理渐通。又好读唐人笔记小说及别代说部，偶事笔墨，记人纪事，文风古雅，卓然可喜。

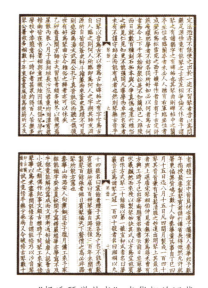

《杨氏琴学丛书》秦华相关记载

九嶷延琴工米家修琴，秦华自旁觇视，以为未能尽善。时百好奇，问秦华是否能修，华略不辞让，自愿以身任之。时百遂以沙音琴试之，结果秦华不仅将此琴修复，而且效果甚佳"无少疵病"。时百大喜，复令秦华破修古琴数十张，凡经其重理者，无不较之前未修时有云泥之别。有时，时百欲修某琴，而其他琴工不明其意，秦华均能在潜移默化中透析时百之思，得其奥窍，施其妙技。秦华后来自己亦亲自斫琴，声响亦绝佳，以至于九嶷有"不知比于唐雷威雷霄如何"之叹，可见其斫琴技艺之精湛。

时百以为，秦华斫琴、修琴之技，一者乃华之夙慧使然，二者亦佛法之力。实际上，秦华既本为铜匠，对器材技艺自有偏好，追随时百有日，朝夕相处，既得琴事之熏冶，复受九嶷之指画，且识字抄《经》，理解、领悟能力提升，最终成其绝技。

秦华后来亦修道术，以为仙佛了无分别。又因濡染文学，不免好名，于是为时百重修之琴皆刻"潞安秦华重斫"（或重修）数字于凤沼右侧。复请时百为其写作传记，时百婉拒。

秦华为杨氏斫琴、修琴数量甚夥，今见于杨氏《藏琴录》者尚有"无上第一"、"无上第二"、"松篁戛玉"、"百年"、"幽泉"、"玉壶亭"。杨氏对于这六张琴俱有较高评价。

1917 年 4 月 15 日到 8 月 15 日，四个月中，秦华监制古琴一百四十张，其音皆负苍松清脆之妙，迥出明琴之上，其最佳者堪与唐宋名琴相颉颃，见者无不叹为观止。

1922 年 7 月，杨时百受阎锡山之聘履晋，下榻虞和钦教育厅"莳薰精舍"，秦华当即随侍在侧，因此，虞和钦不仅随杨时百研习琴艺，复得秦华制琴之妙窍，造成"虞韶"一百张，大大赞助了三晋琴事，为雅乐在山右的复兴作出重要贡献。从这个意义上讲，作为山西人的秦华，在随九嶷山人足迹遍履大江南北后，终于重返桑梓，立功故乡，黾勉琴事，功不可没。天道有循环、佛法讲因缘，不知习染仙佛之术的秦华是否曾意识到，这或许也是一种因缘。

朱善元（1868 —1922）

朱善元，字复初，又字子钦，别号三十六砚斋主人，浙江嘉兴人。据张瑞玑《朱子钦先生寿序》："（民国）六年旧历四月二十一日为先生五十初度"语，可知朱善元生于 1868 年。朱善元大约在十九世纪末期已入晋，辛亥革命时期，时任忻州州官的朱善元与银绳午、曹步章等人妥善安置阎锡山回忻事宜，得到阎的器重，许为生死之交。

民国初年，朱子钦任平定县知事时，曾在上城办瓷窑，他升调后，瓷窑由新任知事吉廷彦继续修建。朱子钦《题甘泉亭联并序》："平定陶器，经前牧王子良君仿制东瀛砂壶，余履任，察其原质地甚细，尤可改良，当属盂县令陈君荣民选聘宜兴工师，未果。迨承乏冀宁，迨吉君硕卿任平，政无不举，懋著循声，当委托吉君极力提倡。余于甲寅春委员赴浙采购桑籽时，绕道宜兴，延聘利用公司李宝贞、杨阿时、朱庆生、吴云根来晋，尽心研究，得矿质多种，不数月而出品精巧，为北省所罕见。从此招生传习，可为晋省开一利源。吉君复于工厂东南，掘井得甘泉，属余撰井亭楹联，因制十四字，以志缘起。如左: 物因精巧成精器; 地以人灵出醴泉"[1]。吉廷彦《题平民工厂联并序》："是工之兴，发端于今冀宁道朱子钦先生，先生前任平定刺史时，即拟创办是事，以为民利。旋以升迁去，未果行。适余奉委宰此，先生即谆谆命竟其志。幸赖诸绅赞成，于今规模略具，因撰数言，以志先生首倡之德。如左: 天下无弃材，善用得人，则夏瓦周陶均属利民之器; 眼前多至宝，曲成有道，即丸泥抷土亦为富国之资"[2]。由以上两《序》可知，朱子钦善于因地制宜发展地方经济，为平定县陶瓷产业之振兴作出巨大贡献。在平定卸任以后，朱子钦乃改任冀宁道。

朱吉两《序》似皆言朱子钦卸平定县知事任后直接升任冀宁道尹，然据《民国职官年表》，冀宁道尹、雁门道尹、河东道尹，均为 1914 年 5 月 23 日改设，之前三"尹"之名分别为: 中路观察使、北路观察使、河东观察使。[3] 朱善元于

[1] [2] 俱见《山西文史资料》第 102 辑、第 55 页。
[3] 刘寿林、万仁元、王玉文、孔庆泰编，《民国职官年表》，中华书局，2006 年 11 月版，第 238 页。

朱善元致李思浩的贺电

1913 年 3 月 5 日升任中路观察使，次年 5 月 23 日改任冀宁道尹。

1916 年 7 月 30 日，朱善元由冀宁道尹卸任，升任山西财政厅长，直至 1922 年 8 月 9 日始去职。

朱善元之其他生平事迹今不甚详悉，所知者，1919 年 9 月，李思浩（1882—1968，字赞侯，浙江慈溪人）以财政部次长暂兼代部务，朱善元即于是年 9 月 29 日电贺李荣任中华民国财政部代总长，其电文云："财政次长代理部务李钧鉴：恭译京电，敬悉荣膺特命，代执财枢，谨布忭忱，敬贺鸿禧！山西财政厅长朱善元叩"。又，据经亨颐《在晋与会日记》，1919 年 10 月 13 日，经亨颐到山西财政厅回访牟筱谦，承牟告知，财政厅长朱善元字复初，又字子钦，浙人，在山西已二十余年，光复时与阎有生死之交，为牟之岳父。当日适值祭祀武庙，故经亨颐未能与朱善元相遇。10 月 14 日，六时四十分，朱善元回访经亨颐，时山西提倡早起，早上过七时不起者，警察可入室干涉，厅级干部以身作则，七时一律到办公地。朱善元来访时，经亨颐尚未晨起。10 月 15 日，下午四时，朱善元招经亨颐饮宴，半小时后两人乘电车赶赴朱邸，朱善元家罗列古董极多，经亨颐玩视不胜，极其歆羡。朱善元给经亨颐的印象是：极和蔼，在山西二十余年，满口仍是嘉兴音，且无官僚习气。经认为正因如此，故朱在山西为官"能安久"。10 月 21 日午，山西各官长在傅公祠饮宴，朱善元、经亨颐皆与其会。[4]

朱善元与赵炳麟传诗题字，交谊颇深。经亨颐在日记中曾提到朱善元家古董甚多，赵炳麟诗集中有《题朱复初先生善元所藏周嵩＜画龙＞》，诗云：

> 我闻龙出天下治，云行雨施世称瑞。
>
> 自从龙亡万物离，沧海腾波多诡异。
>
> 龙隐不见天晦冥，百怪狞狰斗恣肆。
>
> 周生泼墨盖有神，尺幅之间善安置。
>
> 翩翩宛宛不可模，写出神龙作游戏。
>
> 只今龙去海水枯，令人遥想云霄常堕泪[5]。

此诗追模昌黎，遣词排舁，有波腾云卷之势，以强韵射住阵脚，纵横恣肆，遒劲振拔。竹垣又有《题朱复初先生三十六砚斋图》，诗云：

> 我自避嚣潜寓汾河边，芝兰喜结朋侪缘。
>
> 衔杯论古见朱子，罗列上下古今至眼前。
>
> 广搜名砚三十六，奇癖不让东坡仙。
>
> 凤头龙尾翻新样，精灵久秘陵谷迁。
>
> 并门城北新觅地，小河筑室供高眠。

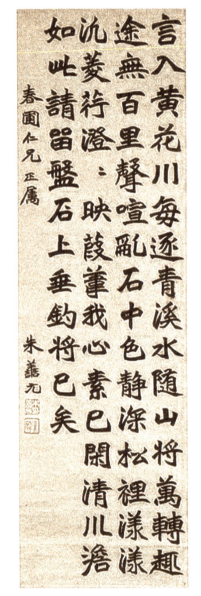

朱善元墨迹

[4] 参见经亨颐，《在晋与会日记》，收入苏华、何远编，《民国山西读本·政文录》，三晋出版社，2013 年 8 月第 1 版，第 34—47 页。

[5] 赵炳麟，《赵柏岩集》（下），广西人民出版社，2001 年 1 月第 1 版，第 287 页。

杨花点点落书案，焚香静坐如枯禅。

锦笺遗我琳琅句，诗潮百丈匡庐泉。

我昔曾作春明梦，游踪偶过城南偏。

市人鬻我温公砚，宝之仿佛得玉田。

当时台谏诸同调，把玩故物多诗篇。

旧游回首嗟云散，神州岁月箭离弦。

至今砚在时世异，题君画图意惘然。[6]

　　此诗格局开张，时空交错，看似硬断硬接，实则岭断云连，乃力学宋诗之作，然已纯是清诗风味。诗云"罗列上下古今至眼前"，可见朱善元搜罗古董之夥，用力之深。又云"锦笺遗我琳琅句，诗潮百丈匡庐泉"，可见朱善元亦有下笔散珠、泼墨琳琅之辞藻，豪宕健举、奔腾汹涌之才情。

　　竹垣爱复初之雅量高致，复初亦赏竹垣之清白家风。竹垣之父赵润生（1850—1905），字钟霖，号柳溪，光绪二十年（1894）中进士，一生任职湖南，为廉吏，有政声，入《清史·循吏传》。1889年，赵润生将入京应次年会试，乃集古人诗句挥别湘源亲友，其诗云：黄花红叶满秋山，万里驰书望玉关。樽酒阑珊将远别，转蓬流水几时还。[7]这四句诗分别出自：耶律楚材《和薛伯通》、元好问《送李参军北上》，韩偓《赠别离》、李远《赠潼关不下山僧》。尽管赵炳麟说"先大夫不喜为诗，偶为诗亦不存稿"[8]，但是赵润生的这首集句诗，其实很能见出其诗学功力。赵炳麟将其父的这首集句诗"从旧书中检出，装裱以存手泽"[9]，并依照原韵作诗四首，表达对先父的孺慕之情，且广示吟坛诸友，乞其赐题。今知应赵炳麟之请为柳溪公遗诗题咏者凡十七人，其中朱善元赫然在目，朱之题咏凡

[6] 赵炳麟，《赵柏岩集》（下），广西人民出版社，2001年1月第1版，第287页。

[7][8][9] 俱见赵炳麟，《赵柏岩集》（下），广西人民出版社，2001年1月第1版，第377页。

[10] 同上，第382—383页。

四首，皆谨依柳溪公原韵，不失寸步，其诗云：

> 清才惠政媲香山，献策承明记叩关。只惜吉光留片羽，湘江化鹤几时还。
> 黄花红叶别衡山，写出公车上帝关。从政南洲犹著训，鲤庭想见受书还。
> 遗爱丰碑仰道山，斯民休戚最相关。杜陵诗句文翁教，共有千秋胜锦还。
> 羁宦何如返碧山，年来勘破利名关。独钦循绩留青史，善政流风几往还。[10]

四诗紧紧扣住原诗内容，并结合柳溪公之政绩、廉声，遣词造意，清新淡雅，恍若一抹烟霞袅袅然自天边水际滉漾而出。

朱善元之卒年，可据赵炳麟之诗粗略推定。竹垣《答虞和钦自北京寄柬》诗中有句云"我本清湘灌园叟，无端游宦来幽并。几年学吏似学佛，幸有俦侣心为倾。滔滔岁月去不返，六载新旧若楸枰。朱徐已死君归去，感念畴昔衷怦怦"，底本在"朱徐"下自注：朱复初、徐戟门。[11] 赵炳麟出任山西实业厅长之时间为1917年9月8日，卸任时间为1925年9月10日，[12] 诗既云"六载新旧若楸枰"，则此诗当作于1923年，本年2月24日，虞和钦自山西教育厅长离任，而前一年8月9日，朱善元自财政厅长去职。由以上可知，至迟到1923年赵炳麟写诗答虞和钦时，朱善元已谢世，其具体时间参下文。

朱善元之生日为四月二十一，朱氏既逝之后，赵炳麟曾在此日题诗纪念。竹垣诗，题为《四月二十一日为故友朱复初生日，与贾煜如先生等以杯酒酹奠，感赋二律》，由此可证善元生日为四月二十一日。亦是在这两首诗中，透露出朱善元与古琴之姻缘、消息。其中第一首有句云"琴樽我辈黄垆恸，刍束今朝白马临"，[13] 第二首又有句云"冰弦句好诗名在，古砚斋空手泽存"，[14] 中黄垆一语乃用竹林七贤之王戎典，《世说新语·伤逝》"王濬冲为尚书令"条："王濬冲为尚书令，著公服，乘轺车

[11] 赵炳麟，《赵柏岩集》（下），广西人民出版社，2001年1月第1版，第285-286页。
[12] 刘寿林、万仁元、王玉文、孔庆泰编，《民国职官年表》，中华书局，2006年11月版，第239-242页。
[13] [14] 赵炳麟，《赵柏岩集》（下），广西人民出版社，2001年1月第1版，第237页。

经黄公酒垆下过，顾谓后车客：'吾昔与嵇叔夜、阮嗣宗共酣饮于此垆，竹林之游，亦预其末。自嵇生夭、阮公亡以来，便为时所羁绁。今日视此虽近，邈若山河"[15]。《世说》之原典，本只言酒，而不言琴，竹垣诗句云"琴樽我辈黄垆恸"，则可推知朱善元必亦雅好古琴，至少亦曾参加过古琴雅集。第二首之"冰弦"明指琴弦无疑，诗云"冰弦句好诗名在"，则朱善元必作过与古琴相关的诗，且在友朋间多蒙赞誉、推崇。此亦朱善元与古琴姻缘之一证也。又，上引赵炳麟答虞和钦诗以及感怀朱善元诗，俱出自竹垣《潜并庐诗存初续》，此编中各诗大略以时间为次进行编排，答虞诗在前，感朱诗在后，由虞和钦于 1923 年 2 月 24 日离任，可约略推知赵炳麟答诗当作于同年二、三月间，由此而论，则朱善元之死，必在 1922 年后半年（此年 8 月 9 日，朱卸任山西财政厅长）[16]，抑或 1923 年初。[17]

赵炳麟在缅怀朱善元的七律两首之第一首第一句"几年文酒结欢深"下自注云："复初在日，每逢生日，必集朋辈欢宴，大醉而散去"，又在《癸亥十月十二日韬园访贾煜如并柬北京虞和钦》中称赞朱善元"三十六砚斋，襟期亦潇洒"[18]，由此可以觇见朱复初飘逸倜傥的文士风容。

尽管迄今尚未发现朱善元抚弦操缦、一弹再鼓的直接史料，但承山西老琴家李庆中先生多次告知，厅长朱子钦为民国元音琴社社员，结合上引竹垣诗证，笔者以为李老之说不容置疑。故暂为立小传如右。他日若能发见朱子钦与古琴关系之直证，当据以修订、增扩本传。

[15] 余嘉锡著，周祖谟、余淑宜、周士琦整理，《世说新语笺疏》，中华书局，2011 年 3 月版，第 749 页。

[16] 参刘寿林、万仁元、王玉文、孔庆泰编，《民国职官年表》，中华书局，2006 年 11 月版，第 241 页。

[17] 张瑞玑《朱子钦先生存序》下有注谓："朱子钦（？—1922），名善元，浙江杭县人。"按：编者未细审张文，遂不察朱氏生年，但其所记朱氏卒年却可采。笔者以为朱氏卸任山西财政厅长或即因彼时病势已深，故以朱氏卒年为 1922。

[18] 赵炳麟，《赵柏岩集》（下），广西人民出版社，2001 年 1 月第 1 版，第 243 页。

附一：

同郭允叔哭朱复初厅长八首[1]

贾景德

（一）

寂寂城东路，登车泪已倾。凄凉三步约，离合十年情。

混俗官成累，驱俗酒是兵。桐乡竟何处，萧瑟白杨声。

（二）

一别真长往，三年阙报书。悬知身健在，不审病何如？

天竟亡贤辅，人犹候小车[2]。帝阍无路叩，贵寿任乘除。

（二）

五亩临衢宅，禨祥付鬼师。分香无乱命，在抱泣孤儿。

爱玩纷罗列，艰难望护持。似闻风月夜，灵爽有来时。

（四）

才貌难为弟，文章远过师。周旋两家语，郑重百年期。

豚犬看成列，膏兰不自危。终当率儿女，罗酒谒灵旗。[3]

（五）

有弟依皋庑，原从内举来。数烦无隐教，颇奈不羁才。

名德弥尊重，陶镕遍草莱。至今怜一蹶，谁与振鸳骀。

（六）

舍馆寻常事，劳君代访求。此来多晦朔，卜宅尚移游。

草笠情何极，云泥志不侔。万千周挚意，历历在心头。

[1] 贾景德，《韬园诗集》，近代中国史料丛刊续编本、文海出版社，1943年12月版，第26—28页。

[2] 自注：君出入好乘胶皮轮小车。

[3] 自注：内子在学校尚有文名，其女兄同时任教习，余夫妇结褵即君执柯。以余识内子女兄故就其才貌相轩轾也。

（七）

愧少称觞句，翻贻介寿诗。岂知逢晬日，和泪缀哀辞。
松柏邙山道，风沙鬼伯祠。一棺三尺土，凄恻动人思。[4]

（八）

闻道临终语，呼茶款鲍侯。知交期永诀，缱绻到弥留。
文酒停长会，艰危念运筹。林花凋落尽，一恸过西州。

《韬园诗集》附郭允叔哭朱复初诗[5]

（一）

海内青云客，相怜独有公。十年弹指过，万事盖棺空。
箕斗星辰上，杯浆涕泪中。棠梨零落尽，扶路到城东。

（二）

槐里英英气，桐乡黯黯思。风云有玄感，舟壑已潜移。
赤棒千夫慑，青钱万选疲。岂知杀君马，正坐路旁儿。[6]

（三）

岁暮屠苏酒，衔杯过草堂。自惭疏礼数，不及倒衣裳。
薤露晞何易，茵凭感未忘。负公非一事，补救或文章。

（四）

蒇是诸孤托，相将执简来。奇文足欣赏，遗砚未尘埃。
蔓草荒园径，清钟废寺台。山丘华屋感，难遣达人怀。

---

[4] 自注：时夏历四月二十一日，适君生辰。闻哲嗣小钦将卜葬君于城北毅旦村旧茔，尚未定议。
[5] 贾景德．《韬园诗集》．近代中国史料丛刊续编本，文海出版社，1943年12月版，第28—29页。
[6] 自注：语本《风俗通》。

附二：

朱子钦先生寿序 [1]

张瑞玑

　　光绪壬寅（1902），瑞玑承乏平阳学校时，朱子钦先生宰临汾。临之人交口颂先生不置，窃意先生必今之所谓能吏也。及相见，则温文寡言，无纤毫轻滑矜张之习，心窃敬之。民国元年（1912），瑞玑至太原，先生官忻州，忻之人之颂先生犹之临之人也。计先生官晋以来，若灵石、若屯留、若永济、若绛州、若平定，皆先生宦迹所至也。时各属士绅之秀者咸集于省垣。瑞玑遍征其意，灵、屯、永、绛、平定之人之颂先生，亦犹之临之人、忻之人也。是年冬，先生膺督府参事之聘之太原。沧桑变迁之馀，杯酒相逢，前尘影事，幻如隔梦，鬓发星星，相对太息。盖临汾一别已十年矣，而先生言语举止犹昔也。二年（1913），先生奉命为山西中路观察使。三年，改为道尹。五年（1916），为山西财政厅长。此四年中，瑞玑曾三至太原，每至先生必招饮，饮必尽欢。先生时出其书籍图画品题甲乙。是时先生责日重、誉日隆，上焉者任之，下焉者依之，两情者不能通，一事之不能取决也，金曰：非先生莫属。瑞玑于是而叹，为政得人之训，虽历千万浩劫，其义不能磨灭也。当清之季，革命者倡言仇官。辛亥以前，官之健如鹰、猛如虎、狡如狐兔，而各以能吏著称者，义旗所指，销声遁迹，今无存者矣。计南北各省号称循良为吾民所始终爱戴拥护如先生者，屈指不过数十人。抑何良吏之少也，此清之所以亡也。然则革命之仇官，非仇官也，仇官之不良者也。准此理以推之，因仇官而革命，革命后而为官者，其恣睢骄横，或不减于其所仇而更加厉焉。其自处为何如？人之视之又何如也？闻先生之风，可以心返矣。六年旧历四月二十一日为先生五十初度，晋之官绅士庶争为先生举觞介寿。吾友曲沃仇燕天走书京师，请瑞玑为文。因缕述胸中所欲言，邮寄太原为先生侑觞，并以告在坐诸君子之有官责者各举先生以自勉也。瑞玑虽不获错坐一堂，与诸君子豪饮雄谈，然读吾文者已如见狂奴故态矣。

张芹荪（1869—1927 后）

张芹荪，本名鸿藻，以字行，湖南善化人。
因少孤，两兄长亦早逝，块然独处，性情遇合之
际无往而不孤，不谐于俗，动多凿枘，乃自号大孤，
有《大孤集》九种传世，其中包括：《文集》二卷，
《诗集》六卷，《咏史百首》二卷，《试帖》一卷，
《词草》一卷，《联语》一卷，《或问》一卷，《演
讲集》一卷，《自省录》一卷，《中国之人学》
一卷，《经史之大义》一卷，《历史讲稿》一卷，
《随笔》一卷。有 1924 年山西范华印刷厂铅印本。
其《大孤诗集》由名儒鲍振镛、郭象升为之作序。
据萧松乔发表于 1918 年第 6 期《复旦杂志》的《和
张芹荪五十自寿》诗，可逆推芹荪生年当为清同
治八年（1869）。至于其卒年，则可据其发表于
1927 年第 468 号《来复报》上的《孔孟是全备哲学》
一文，推定在 1927 年之后。

张芹荪编注的《湖南洗心社演讲文稿》

张芹荪壮岁以后谋食四方，而性情孤往，与
世不和，心之孤苦、境之惨怛，乃一寄于诗中，
藉以发抒性情，抒吐怀抱，孤吟自赏，自述武昌
以前，从无酬唱之作。郭象升《序》称芹荪"意
度夷旷，翛然有尘外高致"，晚清之际，湘绮楼
主王闿运诗名满天下，湖南更盛行其风，而张芹
荪虽"生长楚南，不甚道湘潭王氏"，由兹可见
芹荪孤傲、自负，避热趋冷、与世疏离之心境。

1921 年，张芹荪自湖南入晋，受聘育才馆教务

长，同年 7 月 3 日，元音琴社同人在陆军审判处之东园举行第二次大型琴会，张芹荪参加了这次琴会，并作《咏元音琴社二次开会七绝三首》，其诗云"十载愁闻杀伐音，广陵绝调久消沉。何期古圣垂裳地，一曲南熏尚在今。[1] 一帘花影讼庭间，[2] 流水高山逸兴酣。不独洗心兼洗耳，好将薄俗挽嚚顽。飞鸿迭响入苍冥，盛会居然两度经。最是生公能说法。[3] 亦教顽石点头听 [4]"。元音琴社的发展壮大，促使阎锡山产生振兴雅乐、淳化人心的想法，芹荪遂与元音琴社主讲顾卓群商议，推荐吉安彭祖卿、浏阳杨友三、杭县沈伯重、华阳顾梅羹由长沙相偕来晋。于是育才馆开设雅乐班以厘订雅乐，随即杨树森（友三）在《来复报》（1921 年，第 182 号，第 35—40 页）发表《振兴雅乐议》[5]，文章开篇申明雅乐之重要意义云："中国素称雅乐之邦，昔之君相师儒，皆以礼陶乐淑为宗旨，故能政教文明，国民发达，此诚立国之大本，化民之初桄，而天下万国之最高标准也。比来一切政治学术，多不讲求，其于古圣王相传尽善尽美之雅乐，则更湮没阒寂而无所闻，徒羡泰西乐歌，从而学步，而于自有之正声雅乐，弃如敝屣，殊可叹也。世变如此，生民涂炭，握政柄者，果欲真求治理，则今日所当研究者，舍礼与乐，其尚有长治久安之道耶？"又述育才馆开设雅乐班之意义云："今学校各学皆备，独缺雅乐一门，虽有风琴唱歌之课，然外国之乐，易于成趣，仅足以开拓童蒙之心胸，而不足以完满贤豪之愿望，较之我国固有之雅乐，历数千年，为国家化民之基础，为圣贤修身养性之嚆矢，为天下长治久安之向导者，固不可同年而语也。乃舍之而不研究，则岂为根本之教育哉？今阎公拟欲各校添设雅乐，为普通之教科，移风易俗，诚为治之要图也。"至于开设雅乐班之益处，杨氏总结有五，一可以治国，二可以宗孔，三可以化恶俗，四可以定民志，五可以保国粹。杨文最后申述其希望道："伏愿学界诸君子，共体阎公之志，相与有成，以使三晋之礼乐，亦足为全国模范，

[1] 原注：晋乃唐虞旧都，时正夏季。
[2] 原注：会即设陆军审判处。
[3] 原注：孙公著《五均图说》是日悬望。
[4] 原注：予非知音亦颇会意。引诗出自《来复报》，1921 年，第 163 号，第 11—12 页。
[5] 原注：山西育才馆雅乐班讲义。

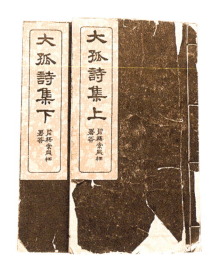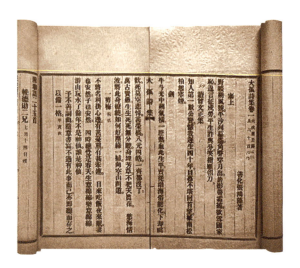

张鸿藻诗集书影

岂不美哉？推行所至，隐化干戈，同登袵席，则圣道幸甚，国粹幸甚，树森亦幸甚"。彭杨沈顾四琴师入晋传琴，乃民国山西琴史上一件大事，四琴师为三晋雅乐之振兴做出重大贡献。

张芹荪在三晋任职之时，以其卓绝才华，受人嘉赏，密结良友，与赵炳麟、孙森等俱属知音。孙森好种花养鱼，尝于陆军审判处之东园种植牡丹，每逢牡丹花开时节，辄集诗友、琴友，赏花饮酒，琴曲歌诗交作，洵为一时之雅事。上文所述 1921 年之琴会，即依孙森之东园而设。同年秋，张芹荪在东园赏菊花，尝作《孙净尘先生菊花会》三首，"浊世都存吏隐心，芳踪陶令好追寻。一樽共问东篱醑，何处风尘听好音。[6] 酒肠诗胆素琴心，秋色何须趁野寻。一事未谙君莫笑，无弦我亦太和音。[7] 伶俜未免抱秋心，懒把桃源世外寻。留得傲霜奇骨在，西风遥听鼓鼙音。"[8]。大约在次年春，张芹荪复至东园赏牡丹，作诗三首寄赠赵炳麟，竹垣乃和其韵，亦为诗三首，诗云"乐

[6] 原注：现惟汾晋一片干净土矣。
[7] 原注：人皆善琴，予且授以解嘲。
[8] 原注：吾湘正在激战。按：引诗出自《来复报》，1921 年、第 184 号、第 22 页。

处常寻孔与颜，春风驰荡舞雩间。张郎老笔偏新艳，欲写娥眉似远山。我读琼章亦破颜，万花争艳百花间。南强北胜纷纷扰，怎似伊人静乐山。休言白发对红颜，悦性姚黄魏紫间。我有闲情堪自笑，众香团绕似香山"[9]。竹垣生于1873年，小芹荪四岁，二人年齿相仿，故诗称芹荪为张郎，芹荪1921年入晋，年齿已过五旬，则诗云"白发对红颜"，乃写实之笔也。赵炳麟三子赵成武结婚，张芹荪、彭祖卿等参用《御纂<诗经>乐谱》为奏《螽斯》、《麟趾》两章以助兴，且赠诗四首，诗云"彩舆飞向碧霄来，前路笙歌细细催。仪范如金人似玉，寿眉堂上一齐开。郎才绮岁冠群英，中令传经旧有名。从此闺房添韵事，读书声和鼓琴声。珠箔银屏列四围，鸳鸯绣就总双飞。红氍毹上含羞立，疑是瑶池饮宴归。《雎》《麟》遗意谱《风》诗，莲炬双双照玉卮。记取良辰刚二月，窗前春到小桃枝"[10]。诗既云"良辰刚二月"，则赵成武结婚之期必在1922至1924年的某个春天。无论是赵炳麟和韵芹荪，还是芹荪等为赵炳麟三子歌诗助兴、写诗祝贺，皆可见芹荪与竹垣间深厚之交谊。

芹荪在晋阳时，还曾与彭祖卿、顾梅羮等编纂《雅乐集》，厘定宫商，被赵炳麟称为中国讲求古乐者之"圭臬"。

1922年，张芹荪以雄狮怒吼之绝决姿态，以一往无前之勇毅精神，在《来复报》第209号发表《中国治乱宜自省之十八要点》，这些要点，痛陈时弊、直指人心，精义纷披，语势斩截，即使今日读来，犹令人感慨良深：

要法律；不要死印版的法律。要选举；不要假民意的选举。
要教育；不要拘物质的教育。要政策；不要造党派的政策。
要学说；不要执偏见的学说。要洋文；不要弃国粹的洋文。
要军人；不要害百姓的军人。要钱财；不要没良心的钱财。

[9] 赵炳麟，《赵柏岩集》（下），广西人民出版社，2001年1月第1版，第301页。
[10] 赵炳麟，《赵柏岩集》（下），广西人民出版社，2001年1月第1版，第344页。

要外交；不要损国权的外交。要实业；不要空招牌的实业。

要言论；不要走极端的言论。要科学；不要讲皮毛的科学。

要道德；不要无伦常的道德。要才干；不要弄机巧的才干。

要理想；不要做不到的理想。要见识；不要殉习俗的见识。

要快乐；不要图肉体的快乐。要忧患；不要为个人的忧患。[11]

这十八要点，充分透发着一个具有忧患意识、渴望社会改革以实现保种强国之目的的真儒者、真国士的灼热爱国情怀，苟非胸蓄万石浩然之气、腹藏万卷奇书秘典，兼以对彼时社会之积弊深具体察，痛彻肺腑，则焉能识此？

张芹荪持守儒家礼法甚谨，他曾多次在山西育才馆宣讲孔孟大义、阐明修身精要，诚可谓乱世之道德砥柱、礼仪坚石。他内心的坚孤、冷傲，与自觉的道德承担、忧患意识，融为一体，密合无间，他不是浊世的沧浪之水，他是愤而作赋、援天证圣者的异代知音、千年嗣响。

张芹荪幼年坎坷，成年后羁旅四方，虽以儒理润身，才华卓绝，而襟抱难展，故一寄于诗，在格律宫商中抒写篱外寒花的凄楚，其心境、诗风，颇似清代诗人胡天游（天游曾名骙，字云持，改字稚威。浙江山阴人。1696—1758）。试读其《塞上》诗：

> 野旷朔风号，平沙列幕遥。
>
> 角声穿月出，旗影带霜摇。
>
> 欲雪国家耻，还言征戍劳。
>
> 平生许与分，笑指雁翎刀。

诗境阔大，格调豪迈，一怀郁愤潜腾于字里行间，将一个奇才难展的豪士形象跃然表呈在读者睫前。因为身负奇才无所施设，于是他对古之"伯乐"大为感悼，藉以抒发"余亦能高咏，斯人不复闻"之情怀。其《读曾文正集》云：

> 知人第一属公贤，憾我迟生四十年。
> 日暮不堪回首望，城南松柏起寒烟。

因读曾国藩之诗文而想见其为人，以极其孤郁之情思抒吐自己"汗血盐车无人顾"的悲慨，诗既云"憾我迟生四十年"，岂不是说当世无人知我，而足以知我者又早已不在人寰。此真有陈伯玉"前不见古人，后不见来者"之惨怛、凄痛。

正因为内心孤郁、惨戚，是以张芹荪之诗每以奇横雄肆之气，直抒胸臆，凸筋暴骨，不假雕饰。晚近湖湘诗坛领袖湘绮楼主王闿运诗宗汉魏六朝，稍涉初唐，力主"缘情绮靡"，以为"诗贵以词掩意，使吾志曲隐而自达，非可快意骋词供世人喜怒也"，"宋齐游晏，藻绘山川，齐梁巧思，寓言闺闱，皆言情之作；情不可放，言不可肆，婉而多思，寓情于文，虽理不充，犹可讽诵。近代儒生，深讳绮靡，故风雅之道息焉"[12]。不难想见，王氏的诗学宗趣，实与芹荪之遭际、情感深深悖逆，这也就难怪芹荪"生长楚南，不甚道湘潭王氏"，不愿拔戟归附湘绮纛下，而是别开天地，自张一军。

张芹荪自述"不善词曲"，而偶一为之，亦颇可观，试读其作于1914年（甲寅）秋的《一剪梅》：

> 不将名利挂心边。有甚忧煎，有甚牵连。日来吃饭夜来眠。妻也安然，子也安然。
> 四时总觉是春天。生意绵绵，乐意绵绵。游山玩水了余年。不是神仙，谁是神仙。

这是一个奇才面对现实的无奈，对理想的执着固然曾经在他胸中无数次激起磅礴的浪涛，但铁一样严酷无情的现实又让他无可奈何，只能缄默不语，只能谦退以处。

[12] 汪辟疆，《汪辟疆诗学论集》（下），南京大学出版社，2011年4月第1版，第456页。

张芹荪之其他生平事迹已殊难考实，但仅从其诗中，亦能探掘其心底的幽蕴，以这样孤独、郁愤之心境行走于大地人寰，其境遇又当如何，不是可以推想、拟测的吗？

清代诗人胡天游，命运坎壈，诗风峭峭，且曾客游四方，依人山西，最终卒于蒲州，前文已述，张芹荪之心境、诗境颇与胡天游相似，现在，谨迻录严迪昌先生在《清诗史》中论述胡天游的文字来束结本文：

胡天游奇才喷薄而命运淹蹇，于是郁勃气怒，愤苦血沥，构成"险语破鬼胆"（包世臣《石笥山房集序》语）的诗风，足称为诗界一"怪"。这是才人情性与冷酷际遇相撞击所激变而成的愤世心绪的外化。如果说"两当轩"主人自嫌略少"幽燕气"而苦竹夜吹的话，那么，先于黄景仁演出人生悲剧的胡天游似禀赋浙东人固有的强项耿直情性：胆张气凌，矫挺峭拔，一任僻怪情韵尽泄胸中恶气，以其独异的阳刚味，为"盛世升平"奏不调和音，确如《乾嘉诗坛点将录》所作的判词："十八般武艺皆高强，有时误入白虎堂！"当然，胡天游的怒闯"白虎堂"，只是一种文化现象的个性表现而已。[13]

[13] 严迪昌，《清诗史》，浙江古籍出版社，2002年12月第1版，第837—838页。

附：

萧松乔《和张芹荪五十自寿诗》[1]

二月风和酿蜜甜，[2] 图成来复自全天。[3]
省躬伯玉知非日，望道宣尼学《易》年。
然谷幽兰缘品贵，良媒当轴愧期怨。
横渠不讲长生术，放海盈科有本泉。
桂姜宁比蔗浆甜，一笑穷通祗听天。
豹隐合登高士传，鹏抟正值服官年。
论交望径开三益，报国陈书懔十愆。
范老关怀忧与乐，劝君权试出山泉。

清明节督军阎公植树感作[4]
张芹荪

春意未即茁，高原地气迟。
不将荒作壤，会见绿垂枝。
车骑迎风发，冠裳映日滋。
他年此葱郁，动我树人思。

[1]《复旦杂志》，1918年，第6期，第7页。
[2] 原注：依原韵。
[3] 原注：君著"来复图"阐明易理。
[4]《来复报》，1924年，第293号，第16页。

杨友三（1870？—1924 后）

杨树森，字友三，湖南浏阳人。他的生卒年皆不得其详，只能大致推定。孙森在《元音琴社回忆录》[1]中曾三次提到于 1921 年后半年相偕入晋的彭杨沈顾四琴师，杨友三之名皆列于彭祉卿之后，考虑到四琴师中，沈伯重为彭祉卿琴弟子，顾梅羹之父顾儁，以及其叔父顾荦又曾与彭祉卿联袂组建琴社，且顾梅羹齿稚彭祉卿九岁，自己在诗题中亦曾称彭祉卿为"丈"[2]，则孙森文中的"彭杨沈顾"之排名并非随意命笔，乃是有所据依。但是，由此进而推断杨树森年稚于彭祉卿而齿长于沈伯重、顾梅羹，也是不合适的。这是因为，孙森的《回忆录》一文，是要投寄给彭祉卿主编的《今虞琴刊》的，所以孙净尘很自然地将彭祉卿放在首位（其实也绝不是谄媚或者浮夸，而只是一种尊敬、礼貌的表达）。

实际上，杨树森之年齿以及入晋后在雅乐界的地位，尚稍高于彭祉卿，他在入晋以后的职务是育才馆雅乐主任。[3]依此也就可以理解，1922 年 9 月 10 日，山西元音琴社举行大型琴会欢迎古琴大师九嶷山人杨时百入晋，其时也，作为琴社主讲与本次琴会主席的顾卓群先道开场白，讲明此次琴会之宗旨。其后，由教育厅长虞和钦代表杨时百讲话。之后便是杨友三致词。在孙森的致词中，称杨友三、彭祉卿、顾梅羹为"音乐大家"，将杨友三排在彭祉卿之前，且未提沈伯重。即便我们认为孙森致词中的"杨彭顾"之顺序乃是当时报道者之误写，那么在这次大型琴会上，请杨树森致词，而不请彭祉卿致词，又该作何解释呢？恐怕唯一合理的解释即为杨友三时任育才馆雅乐主任，地位高于精擅古琴演奏的彭祉卿。

据以上考析，可以约略断定，杨树森年长于彭祉卿（参下文对杨氏生年之推考），入晋后在雅乐界之地位为四琴师之首。

但杨友三在山西雅乐界之地位，又不是仅凭古琴技艺获得。杨树森的琴学技艺

[1] 载《今虞琴刊》，民国二十六年五月今虞琴社编印，2006 年 12 月 20 日、中央音乐学院"中国古琴音乐文化数据库"编辑委员会承印，第 21—22 页。

[2] 《喜见阜西兄兼呈祉卿丈》，载《今虞琴刊》，民国二十六年五月今虞琴社编印，2006 年 12 月 20 日、中央音乐学院"中国古琴音乐文化数据库"编辑委员会承印，第 310 页。

[3] 本见《育才馆欢迎李住白博士补志》，载《尚贤堂纪事》，1922 年，第 13 卷，第 4 期。

似不甚高。亦是在欢迎杨时百的琴会上，杨友三致词称"今日开琴会，树森亦与其盛，惟琴学荒疏，且手指受伤未愈，不能操琴"，可知杨树森入晋以后，其主要着力点并不在古琴之技艺。

杨树森在三晋雅乐界之高峻地位，是凭借其超卓的雅乐理论水平获得的。

1921 年，杨友三与彭祉卿、沈伯重、顾梅羹良朋结驷，相偕入晋。其友人黄巩曾作《送杨君友三入晋》诗二首以饯别，诗前有序云：

曩余以乐律审订《毛诗》，友三示余以乡贤邱谷士之书。余惜乡贤仅谱《关雎》、《鹊巢》之三也，因与友三有重编三百之约。今友三为晋督兼座阎公礼罗，而余抱独弦之歌。然行道西方又余所企目而俟之者也。友三勉之哉！于其行，赠七言二章，并柬晋中君子[4]。

由以上引文，可知杨树森擅长为《诗经》谱曲。邱谷士是邱之稑 (1781—1849) 的字，谷士为长沙浏阳西乡水围坿 (今浏阳太平桥镇水围村) 人，监生，议叙八品，清朝中后期湖南著名琴人、乐律学家，著有《律音汇考》(中收琴谱 24 首)、《丁祭礼乐备考》(中收琴谱 12 首)。邱谷士的音韵、乐理水平极高，《律音汇考·自叙》中记载：

稑十岁受《毛诗》，先君子淮川公教以韵学。凡宫商角徵羽之字母，见溪郡疑之，标射开口撮口之分，喉舌唇齿牙之辩，一一指示。稍长，学审笛；又晓之曰："声字之谱，殆即五声二变之源流；入时曲北调出凡一，无异五声之兼二变。安知今乐不犹古乐也？"稑识之不敢忘。已得朱子《仪礼经传通解》，读之，见所存诗乐皆注律吕，窃欲按字谱之，恒苦龃龉不合，此固数十年所常耿耿于心者[5]。

1829 年，邱之稑受浏阳县令杜晓平之命，创制浏阳祭孔雅乐，并亲任教习。1835 年，

[4]《来复报》，1921 年，第 173 号，第 23 页。
[5] 转引自宁江滨，《湘籍琴家邱之稑、杨宗稷、顾梅羹考略》，湖南师范大学，2009 届硕士学位论文，第 8-9 页。

《律音汇考》撰成。1840 年，《丁祭礼乐备考》三卷梓行。之后"文庙二丁之祭，八音谐，六佾备，浏阳之乐遂名扬天下"（刘人熙，《琴旨申邱》）。浏阳丁祭之礼乐包括六个部分：迎神、初献、亚献、终献、彻馔、送神。六部分各需一个乐章，邱之稑创制时各乐章之曲名分别为：《昭平》、《宣平》、《秩平》、《叙平》、《懿平》、《德平》。邱之稑曾对这些乐章做出重新审订，使其音律谐美，符合雅乐之规范。邱之稑除精于音韵、律吕，对祭孔乐章作出审订、恢复外，也精擅古琴，具有深湛的琴学修养，曾为古琴打谱、编排演奏指法，且监制古琴多张。据说邱氏三子，庆善、庆诰、庆龠皆精通古琴，造诣深湛，以至于彼时有"浏阳琴派"之目。

杨树森是邱之稑的再传弟子，他在次韵黄巩的诗中曾道"赢来白发弄歌弦，雅乐浏阳属再传"[6]，其中"属再传"一语透露出他和邱之稑的脉承关系。值得注目的还有"白发"一词，友三自称"赢来白发"，则他在 1921 年入晋时大约已年过半百矣，依此推算，其生年大约在 1870 年前后，也就是说他是在邱之稑卒后二十余年出生，这个年龄差也较为吻合两人太老师与再传弟子之身份。

正因杨友三为邱之稑再传，故邱之所擅，亦

《来复报》刊载杨友三的《振兴雅乐议》

《来复报》刊载杨友三及黄巩的诗作

[6] 按：此诗与上文所涉黄巩诗俱载《来复报》，1921 年，第 173 号，第 23—24 页。

民国山西太原祭孔典礼

为杨之所精。树森入晋之后，在阐扬琴学方面似未见有何卓越贡献，但他在教授孔庙乐舞、雅乐理论方面，却建有不可磨灭之功勋。

1921年下半年，杨友三抵晋后，育才馆开设雅乐部，不久他在《来复报》发表《振兴雅乐议》[7]，此文是他在育才馆雅乐班的讲义。这篇文章实不啻为山西振兴雅乐的一篇热情洋溢的宣言书。文章开首申明雅乐在中国历史、文化中的重要地位、功用，继之分五部强调申述雅乐之益，一是"可以治国"，二是"可以宗孔"，三"可以化恶俗"，四"可以定民志"，五"可以保国粹"，条分缕析，逻辑谨严地论述了雅乐之体用，为山西雅乐之振兴打下坚实厚重的理论基础。另外，在查阜西的《存见古琴曲谱辑览》中，《山西育才馆雅乐讲义》排序第一百零六，其提要云"另山西国民师范雅乐讲义材料内容相同"，这部讲义的第一部分为"乐章六曲"，包括：昭和乐章、雝和乐章、熙和乐章、渊和乐章、昌和乐章、德和乐章。[8] 这六个乐章，

[7] 《来复报》，1921年，第182号，第35—40页。

[8] 查阜西编纂，《存见古琴曲谱辑览》，人民音乐出版社，2003年7月版，第200—201页。

民国太原孔庙大成殿

应该与上文述及的祭孔六乐章有脉承关系，它们能够出现在育才馆及国民师范讲义中，当主要为杨友三之贡献。

杨友三在育才馆雅乐部提倡雅乐，教授祭孔乐舞，很快取得显著成效。1922年春，丁祭之前，杨友三指导学生反复演练祭孔乐舞，为春丁祭祀做准备。当时的报道称此举为"振兴雅乐之先声"，并高度评价杨友三之贡献，热情报道相关细节：

育才馆附设之雅乐部，自杨友三先生提倡以来，一般学生对于乐章研究颇力。现因春丁大祭将届，该雅乐部同人，连日假文庙明伦堂地址练习古乐，以期纯熟。是以今年春丁祭祀，不但礼器祭服焕然一新，而礼乐之完备，亦当别有一番盛况云。[9]

杨友三执教育才馆之时，通过雅乐理论的宣讲、祭孔乐舞的传授，端正了山西振兴雅乐的方向，推促了三晋振兴雅乐的步伐，为阎锡山"振兴雅乐"的口号充实了实际而厚重的内容，因此，在1922年9月10日的元音琴社雅集上，杨树森被邀请讲话，实际是代表育才馆雅乐部教师发言。

[9] 《来复报》，1922年，第191号，第12页。

六十多年后，有研究者专程赴山西考察太原孔庙，当时"太原孔庙仍保存有大批当年孔庙祭祀大典所使用过的乐器，其中只古瑟和古琴就有十二台。特别是那保存尚好（花纹清晰可见）的六台古瑟面板，它是民国时期山西省孔庙雅乐盛况的标志之一"。[10] 应该说，这主要是杨友三当年的教化所遗留的历史印痕。

杨友三止足三晋，传授雅乐凡三年，1924 年，雅乐班已有所成，他与彭祉卿、沈伯重、顾梅羹"功成而去"，离并返湘。之后事迹，不得其详。

值得一提的是，在 1937 年 5 月编印出版的《今虞琴刊·琴人题名录》中，湖南籍杨姓琴人只有杨界宾一人，籍贯为"湖南湘潭"[11]。《今虞琴刊》是由查阜西、彭祉卿所编，《琴人题名录》中不仅包括当时健在的琴人，对于当时已经殁世的琴人，也多有存录。试想，"彭杨沈顾"既曾长期共事，则彭祉卿于编辑《今虞琴刊》之时，焉有不于《琴人题名录》中登录杨友三之理？而湘潭与浏阳密迩相近，湘潭杨界宾和浏阳杨友三是否有亲缘关系？

《琴人题名录》中对杨界宾介绍极简"男，湖南湘潭，同上"[12]，"同上"指的是杨之题名录乃是由湖南茶陵琴人谭中蕃代转的，甚而言之，关于杨界宾的相关信息，可能是谭中蕃代为填写。因此，即便杨界宾与杨友三果有亲缘关系，谭中蕃或并不知晓，或匆匆不暇尽为代填，而这，也为我们留下了永远的疑问。

[10] 江帆、艾春华，《中国历代孔庙雅乐》，中国国际广播出版社，2001 年 10 月第 1 版，第 159 页。
[11] [12]《今虞琴刊》，民国二十六年五月今虞琴社编印，2006 年 12 月 20 日，中央音乐学院"中国古琴音乐文化数据库"编辑委员会承印，第 242 页。

附一：

湖南洗心社雅乐部在雅礼大学音乐大会演说词[1]

杨树森

杨树森先生曰：今日贵校开音乐大会，为扩充国民小学起见，诸君热心公益，令人钦佩之至！

兹承召敝社同人，略献雅奏，不得不勉附骥尾，谨竭一知半解，聊以说明。

孔门之教，立于礼，成于乐，礼乐之教化人也微，其止邪也于未形，故历代重之。尧时九官，命夔典乐，以教胄子。成周礼明乐备，《关雎》、《鹿鸣》之什用之乡人，用之朝廷，用之邦国，后夫人亦以为房中之乐。盖无所往而可离。是以有斯须不可去身之训。夫乐之有五音，曰"宫商角徵羽"，合乎人之有五声，

宫	商	角	变徵	徵	羽	变宫
上	尺	工	凡	六	五	乙
F	s	r	c	a	z	m

曰"喉舌唇齿牙"。所以古人云：要之宫，舌居中。要之商，口大张。要之角，舌缩脚。要之徵，舌拄齿。要之羽，唇上取。然音有正亦有变。羽宫之间，收一音曰变宫。角徵之间，收一音曰变徵。故谓之"二变音"。助五音以成七调。是乐之有五音，犹人性之有五常，人身之有五事，圣人以之致中和之用，赞化育之道，胥本乎此也。然祇知五音二变，不以六律，则不得中和之声。昔黄帝命伶伦截竹于嶰谷，制十二管，以听凤凰之鸣。雄鸣为六律，曰：黄钟、太蔟、姑洗、蕤宾、夷则、无

射；雌鸣为六吕，曰：大吕、夹钟、仲吕、林钟、南吕、应钟。故名凤箫，一名排箫，此声之所由始也。《虞书》曰"同律度量衡"，曰"声依永、律和声"，又曰"予欲闻六律五声八音"，律，阳也；吕，阴也；律为体可以统吕，而吕为用祇可助律，均以黄钟为本，故孟子曰"不以六律，不能正五音"。

黄钟气候应夏历十一月冬至，取天开于子之义。一阳应候，而得天数之始，管长九寸，而备天数之终。一阳五阴为奇数，其卦为复，是一阳来复，律中黄钟，故以黄钟主宫。人乃一小天地，其声之高低，按月之中气，适合中和，毫不牵强，此乃天地自然之道也。至十二月交大寒气，二阳四阴为偶数，其卦为临，律中大吕，即以大吕主宫，其音较黄钟稍高半调之谱。人生适合中气，自然中和，此为还相为宫之法。余律主宫，按月中气类推。盖律与历相通，音律之道，本与气候冥合，为天之自然之声。凡按时用律，月建已临，而中气未至者，尚不可用以主宫，记曰：当其可之之谓时，不陵节而施之之谓孙，其斯之谓欤？

其余众乐，曰：篪、龙笛、洞箫、笙、竽、埙、匏、编钟、编磬，须分别律吕制，以及琴瑟均以凤箫为标准，故凤箫为众乐之祖。自衰周以来，雅乐失传，几成绝响，所以凤箫之制不定，则律吕不明；律吕不明，则诸器失度；诸器失度，则古乐莫复。敝邑浏阳邱谷士先生，于前清嘉道间崛起，寻求坠绪，旁搜博采，得候气之捷法。于静室内掘一坎，将木版开数孔，以过周尺九寸，参差数，管纳孔中，管口覆素纱，置葭灰于上，安放坎内停止。候交冬至，气至则恰应中度之九寸管，葭灰飞动，是以律生度，而黄钟之管以成，由是上生下生，三分损益，而制法始定。至于取音之法，莫妙于半律三，曰：半黄钟、半太蔟、半姑洗；倍律三，曰：倍蕤宾、倍夷则、倍无射；半吕三，曰：半大吕、半夹钟、半仲吕；倍吕三，曰：倍林钟、倍南吕、倍应钟。三而六之，六而二之，合六律十二管，六吕十二管，共得二十四管之多。由是以一而神体，与本管各殊其长短，以两而化声，与本管别具乎高低。长短殊，高低别，而后七音生；七音生，而后变宫出；变宫出，而后还宫之义著；还宫之义著，而半倍之体裁。仍不出律吕之法度，不出律吕之法度则二十四管不啻十二管，不啻十二管故不曰"二十四管"，祇曰"十二管"，亦犹言五音，而二变在其中；言六律，而六吕亦在其中。自此隔八相生之法备，而八音克谐矣。浏阳二丁之乐，遂名天下，不佞学术谫陋，于乐理未能深造，惟是从事黉宫弟子之后，四十余年矣，于制器审音，还宫转调，粗有心得。曾承乏长沙府学宫及中路师范高等学校、高等师范教席。今得此知音，足以阐明谷士先生之蕴奥，良用庆幸！先生著有《律音汇考》八卷，前清光绪间收入《四库全书》，崇祀乡贤。至于雅琴，昔神农氏所作，练朱五弦。虞舜时尚弹五弦琴。至周加二弦，为少宫、少商。今谓之七弦琴，有大琴、中琴之别。其音最古雅，亦必按月气还宫，非同江湖派，不讲求还宫，祇图动听而已。盖琴者禁也，所以禁人之邪心。雅瑟，昔庖牺氏作五十弦，黄帝使素女鼓之，其音悲，改为二十五弦，为郊庙大瑟。朱襄氏使士达制五弦瑟，其音寂。加作十五弦，为小瑟。复增八弦为二十三弦，为中瑟。均为燕饮之瑟，其法亦须按月气还宫，定弦施柱均以高低相应，取双声配合以便双鼓。惟琴与瑟，程度极高，音韵最雅，可以陶淑性情而和正人心也。记曰："君子无故不撤琴瑟"，兹特略述大概，与诸君共相研究，庶不失我中国素称为礼乐之邦，则幸甚矣！

此次谨将雅乐分为三部，一、管乐部，合奏管乐和歌祝词；一、琴部，合弹《普庵咒》一操；一、瑟部，合鼓《鹿鸣》一章，以助大众之清兴，异日承平雅颂，此为嚆矢。想诸君子亦必乐为赞扬也。

附二：

《送杨君友三入晋》二章[1]

黄巩

一曲熏风奏管弦，由来师旷有斯传。

郢中属和无多者，留待赓飏入太原。

频年云树赋榛苓，翘首西归望美人。

惆怅楚才多晋用，歌风更不竞南音。

次子固先生赠行韵

杨树森

赢来白发弄歌弦，雅乐浏阳属再传。

昔日虞廷今日晋，熏风引曲入中原。

尼山道味胜参苓，涵养中和天地人。

当日门墙师冕见，万年弦诵有知音。

[1] 按：黄巩诗前本有小序，见《杨友三传》正文，兹不赘。以下四诗俱刊《东莱报》，1921年，第173号，第23—24页。

赵炳麟（1873—1927）

一、生平

赵炳麟，字竹垣，中年后号"养真子"，亦号"柏岩"，晚岁自号"清空居士"，有慨于清朝之颠覆，申"我清人也，万事皆空"之意也。广西全州县绍水镇乐家园人。

赵炳麟生于官宦之家，其父赵润生（1850—1905），字钟霖，号柳溪，光绪二十年（1894）进士，一生任职湘中，颇有政绩廉声，事载《清史·循吏传》。竹垣自幼聪慧，受到良好的家庭教育，其父对竹垣青眼相加，以为能续家学。竹垣《北上别父》诗追述了早年随侍父亲左右的情景，生动如画，情真意切，其中有句云"儿自能行时，即绕慈亲膝。始从湘西游，儿年方十一"，又云："父尤爱儿慧，《诗》《书》读已毕。既成七字联，解学五言律。侧耳听讲章，任口无遗失。父曰有子哉，吾道或能述"[1]。从这些诗句中，不难看出赵炳麟父子感情笃厚，竹垣自幼得父教甚夥、甚深。

赵竹垣既禀天资，又逢严父，加之发奋力学，故其科举之途颇平坦，一路腾踔而上，他十五岁中秀才，十八岁中举人，二十二岁中进士。尽管在中进士之前，竹垣亦曾经过"居京年复年，儿试黜又黜"[2]的磨折，但以廿二之岁卓立场屋，

赵炳麟

[1] [2] 分见赵炳麟，《赵柏岩集》（下），广西人民出版社，2001年1月第1版，第148页、第149页。又，"父尤爱儿慧"，原作"父犹爱儿慧"，疑误，径改之。

则不仅可见竹垣之高才硕学，亦并见命运之神对他的垂青。

赵炳麟赴试之年，适逢甲午之战中国惨败，李鸿章赴日签订丧权辱国的《马关条约》。彼时也，全国士民义愤填膺，怒不可遏。南海康有为遂联合在京举人一千三百多人，联名上书，提出拒和、迁都、练兵、变法等主张，史称"公车上书"。在此背景下，赵炳麟应试的策论，言辞极其恳挚、激切，满溢着爱国情怀，受到光绪帝的赏识，原本竹垣被列为三甲，因"策论熟娴"，如指诸掌，被光绪帝破格提拔为二甲第十一名，直接遣入翰林院任编修。

戊戌年（1898），康有为、梁启超在京鼓吹变法，组织和领导了保国会，赵炳麟毅然参会。变法失败后，康梁逃亡东瀛，六君子引颈受戮，赵炳麟险遭钩党之祸，作诗述怀，曾有"爱国热心成小梦，维新大业托空言"之叹。如果说，谭嗣同的"我自横刀向天笑，去留肝胆两昆仑"所表现的是烈士的豪迈与视死如归，康有为的"小臣辜负传衣带，碧海波涛夜夜心"表现的是孤臣的内疚与回天乏力，那么赵炳麟的诗句则表现出一种历史的深度，它摆落了戊戌变法之具体事件、结果对个人生命历程的冲击，立足于中国之大势，爱国之心，宛然一梦；维新强国，徒托空言，他似乎已经意识到，要实现富国强兵，就得寻找一条新路，而向这条新路挺进的过程中，又将遇到无数的艰难险阻。

赵炳麟任职翰林院十余年，悉心考察古今政治得失、中外利弊，为保存晚清一段真实历史，也为后人提供资鉴，赵炳麟利用内廷文献（包括当事人奏章及相关历史记录），融合自身之切身感受，撰成《光绪大事汇鉴》十二卷，此著作为后人研探清代历史、政治兴衰，提供了极其宝贵的真实可信的资料。

光绪三十二年（1906），年仅三十余岁的赵炳麟改任都察院侍御史，兼掌福建道、江南道、京畿道监察之职，因立身坚卓、刚正不阿，被时人誉为"年少气盛，蹈厉风发，遇事敢言，不畏权贵之'铁面御史'"。又因与同僚江春霖、赵启霖同声相应、同气相求，敢于犯言直谏，虽危身而不顾，"三霖"之名遍京华，被时

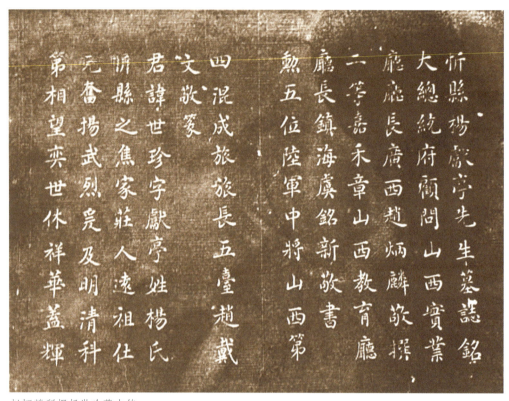

赵炳麟所撰杨世珍墓志铭

人许为"三块布袍论政"。

方赵炳麟改任侍御史时，适值清廷论议筹备立宪、革新官制，朝野上下，歧义纷纭，各抱己见。赵炳麟生逢季世，上任伊始便抱定"持大体、言大事"之决心，纵然"身居沧海横流日"，也要力挽狂澜，障川流强回即逝之波。因此，他在履任的第二天便上疏力谏预防立宪之弊，他先将立宪之本质及中国之国情作一细致分析，随即提出欲立宪，则有当预备者六端，分别为：正纲纪、重法令、养廉耻、抑倖进、惩贪墨、设乡职。他所以提出此六端，是因为"凡事不讲求精神，徒见人有一官我易一官之号，人有一署我增一署之名，犹袭泥马以学良骥，人皆知其必不行也"，说到底，在名实之间，赵炳麟更重实，以为实至而名归。履任的第五天,赵炳麟再次上疏痛陈立宪所需预防之弊端,锋芒直指觊觎当轴之权的袁世凯,终于使袁"为太后面责,遂出京",应该说,赵炳麟是极具政治远见与审事辨人的洞察力的。

光绪三十四年(1908),赵炳麟上疏弹劾袁世凯,使袁"开缺回籍"。宣统二年(1910),赵炳麟上疏弹劾庆亲王奕劻,这一次,其奏折被留中。其后,赵炳麟多次上疏指陈时弊,奏折均被留中。翌年3月12日,赵炳麟被清廷"开缺,以四品京堂候补",为防止赵炳麟再次强谏,军机大臣徐世昌劝说时任总理内阁大臣的奕劻暗中操作,致使4月21日又有"嗣后裁缺候补人员,均不准具摺奏事",可见其用心之深险。

为了打击赵炳麟,奕劻、徐世昌等人甚至不惜违反清廷祖宗家法,强行调派赵炳麟督办广西铁路。依满清祖制,台谏官员只能钦派,不能奏调,也就是说,言官应保有专摺奏事、拾遗补缺之职责、权利,不可遽而"奏调"他官以削除其专摺奏事之权。赵炳麟满怀郁愤,请辞督办之职而朝廷不允,遂愤而去职。同年,辛亥革命起,清廷朽屋顷刻坍圮,海啸山颓,玄黄巨变,赵炳麟归园田居,以遗民自命。

民国初年,赵炳麟蛰居故乡,从事农矿维持生计。他静观世势,发觉独山西一省治内谧如,于是慨然应允阎锡山之礼聘,于1917年9月8日履任山西实业厅长,直到1925年9月10日始调任北京,两年后,病逝于北京。

二、著作

赵炳麟学宏识博,才情骏发,一生著述颇富,今存《赵柏岩集》中计有:

(一)《光绪大事汇鉴》十二卷。此《汇鉴》起自光绪二年(1876),迄于光绪三十三年(1907),其中详细记述的重大史事有:法越之役、伊犁之役、中日之役、戊戌之变、拳匪之变、立宪大略。这些重大史事贯通光绪一朝，且事件之间，多有因果脉联之关系。此书可贵之处在于，赵炳麟充分利用翰林院之相关奏疏、档案等并结合自己的亲身经历，为我们留下了极为细致、生动的史实。兹举一例，他在"中日之役"中述平壤战役，先叙平壤之形胜地势，"平壤为韩巨镇，南北绵长十数里，东西南大江环绕，北枕崇山，倚山崖筑城，东江水绕山南，迤西而去。西北平原，为义州大道，自满珠入韩者道焉"；其后简述叶志超、聂桂林、左宝贵等将领屯兵万余人驻守此地，于战中，则详述叶志超之腐朽猥琐，左宝贵之慷慨爱国，叶志超在中秋之夜"置美酒，弄胡琴，拥妇女，欢宴月下"，忽报日军增兵来袭，叶志超不思力战，在其余将领四处出击痛歼敌人，日军遭受重创之时，作为主帅的叶志超却命令军兵"拔队回城守"，遂使"日兵乘势渡江，抢登山顶，凭高为垒"，此时左宝贵督军力战，然日军已据建瓴之势。宝贵命运来巨炮，亲自测量炮准，展开循环、连续的仰攻，双方坚持四昼夜，日军渐渐不敌。亦在此时，日军调来大炮，向清军俯击，左宝贵中弹落马，犹大声疾呼"吾已矣，诸君勉之，不可不为国家尽力"！当左宝贵奋勇杀敌之时，瑟缩在城中的叶志超并未增员一兵一卒，在左宝贵殉国后，叶志超悬白旗请求停战，并纵容部将盗运饷银，为自己预备后路，随后狼狈出城逃窜，以至于朝鲜军民恨志超等入骨，"乘我军出城，自城上炮击之，伤亡无算"，万余人投入鏖战，待逃至义州，所剩仅数百人。赵炳麟记述史事，层次有序，脉络井然，冷静客观，允称良史。

（二）《宣统大事鉴》一卷。此著为竹垣退隐乡居时所撰，体例与上书全同，书首有题识，略陈宗旨："余于官京师时，手编光绪朝大事为汇鉴十二卷。辛亥归桂林，政体遽变，因思宣统御宇虽仅三年，而新陈递嬗，关系尤巨。甲寅匿居全县柏树墩，开垦荒地，空山寂然，长夏无事，仍用《汇鉴》书法，总辑宣统间大事，为《宣统大事鉴》一卷。虽乡僻无书，纪载太略，然信而有征，藏之名山，传之后世，亦汲冢、郑井之遗也"。此书记录宣统一朝史事，亦研探晚清史之极宝贵资料。竹垣以汲冢书、郑思肖《心史》拟之，不惟可见其载录一朝史迹传诸后人之用意，亦可见其以遗民自命之心态。

（三）《汇呈朱子论治本各疏》一卷。此为竹垣任监察侍御史时所编，此编将朱熹论政奏疏辑为一册，编者在各疏之末尾或紧要段落之后酌加按语，申明段落、奏疏大旨，以备"皇太后、皇上圣览"。此书虽为编著，但竹垣所加按语，多能据朱熹之论引申发挥，征引古典今事，颇堪启人深思。

（四）《兴亡汇鉴》一卷。宣统二年，赵炳麟奉诏为溥仪讲授《皇朝文献通考》及《先正事略》，"而列朝圣训御制诗文集及《名臣奏议》、前朝史册等书，皆包括于《皇朝文献通考》之《经籍考》中"，于是竹垣决心"荟萃群书，考其精意，著为讲义，略备法戒，以为泰山河海之一助"。其要目有：国初用人之善（附明末用人之失），国初行政之善（附明末行政之失），国初纲纪整饬（附明末纲纪倒置），国初政事皆有精意（附明末政事皆为具文），国初财政之裕（附明末财政之绌），国初军事之强（附明末军事之弱），国初之爱民（附明末之扰民），国初大臣为国求才（附明末大臣为己植党）。表面上，讲义的每一部分，皆以满清初年政治与明末政治相对照，比较优劣，而实际上，论明末之非，即是藉以言清末之非，竹垣用心可谓良苦。

（五）《谏院奏事录》六卷。此六卷为奏疏，乃炳麟为言官时所作，苟利国家，不计死生，其弹劾袁世凯、奕劻之文字皆在此六卷中。是著乃赵炳麟一段心血之寄注，亦为天地间一股浩然元气。

（六）《柏岩文存》四卷。此为竹垣平日所作文章之辑录，包括：序、跋、书信、墓表、传记、游记等。因其中涉及不少名流要人，如康有为、岑春煊、梁启超等，故亦颇具史料价值。

（七）《潜并庐杂存》二卷。此为竹垣为官山右时所著文章之合集，所含文体大略如上著。

（八）《柏岩诗存》四卷。此为竹垣诗作之辑录，内中不含入晋后作。

（九）《柏岩联语偶存》一卷。此为竹垣所作联语之辑录。

（十）《潜并庐诗存初续》二卷。此为竹垣居官山右时所作诗歌之辑录。

（十一）《柏岩感旧诗话》三卷。此非论诗之著作，乃是记录与自身相关之诗歌、今典之书。此著文采斐然、涉及不少历史细节。

除上述外，《赵柏岩集》中还包括炳麟之父赵润生所作《庭训录》一卷。

《赵柏岩集》通书近八十万字，是研究晚清民国史、民国山西人物之重要文献，惜至今尚未得到相关研究者之重视，故在此略为表而出之，以为知人论世之助。

三、诗歌

在今可考知的所有元音琴人中，赵炳麟诗学功力最深湛，成就最超卓。他的诗风，既有谪仙之纵横恣肆，复挟少陵之顿挫沉郁，旁挹昌黎之跌宕排奡，时杂白傅之轻快平适，兼容并蓄，融化贯通，最终形成独一无二的赵竹垣诗。汪辟疆在《光宣诗坛点将录》中以"地正星铁面孔目裴宣"属胡思敬，亦属赵炳麟。其评语云："退庐（德恒按：胡思敬号）骨鲠之士，晚清末造，早决危亡。平生大节，自有可传，诗则不甚措意。惟吐辞属事，自是退庐之诗，他人不能有也"[3]。实际上，胡思敬与赵炳麟匪特人生轨迹大多类似（部分甚至重合），而且交情款密，乃期牙之知音，情怀略同，皆忠耿之国士。因此，汪辟疆点将光宣诗坛，以铁面孔目属胡思敬，亦属赵炳麟，并非随意，乃有其深刻之虑度。今存赵炳麟诗中有数首涉及胡思敬，试读《题胡漱唐同年思敬庚子记事诗》：

[3] 汪辟疆，《汪辟疆诗学论集》（上册），南京大学出版社，2011年4月第1版，第124页。

苍凉世事付悲歌，读未终篇感慨多。景定诗章须铁匣，中原纪载续荆驼。芦间有集江山破，堵上行吟涕泪过。最是吾侪当记念，仓皇车驾幸滹沱。[4]

诗写庚子之变，联军侵华，太后皇帝西狩，中原大地，一片荆榛，破残山河，铜驼荒冢，所南心史，藏之铁匣。赵炳麟亲历庚子之变，有极深切之体会，故读胡思敬诗能够感同身受，诗中最后两句，曰"吾侪"，是将胡视作同道、同志，而末句的"仓皇车驾幸滹沱"则是一段风雨飘摇、国破家亡之痛史的剪影，苍凉沉郁，悲慨万端。

炳麟与思敬不仅同年，且同居台谏为言官，尤可称述者，两君俱怀忠耿，许国不复谋身，这是他们交情深厚之根基。辛亥年，胡思敬以国事难为，意欲归隐，赋诗赠竹垣以言志，炳麟作诗挽留：

廿载都堂庆盍簪，何当别我入荒浔。皇天有意怜中国，吾党不应遂陆沉。患难正堪存大节，艰贞期莫负初心。循环剥复寻常事，赖有孤阳敌众阴。[5]

此诗鼓励思敬艰难之际，需砥砺待变，天怜中华，则正气自有伸张之日。通篇以《周易》语典贯穿而下，若"盍簪"[6]、"艰贞"[7]、"剥"[8]、"复"[9]，剥卦除上九一爻为阳外，其余五爻皆阴，乃小人道长，君子道消之象；复卦除初九一爻为阳外，其余五爻皆阴，乃反复其道，不远而复之象，此亦正与末句"孤阳敌众阴"相应，乃激励胡思敬以"复"卦初九之阳爻自诩，期在君子道长，小人道消也。

[4] 赵炳麟，《赵柏岩集》（下），广西人民出版社，2001年1月第1版，第192页。
[5] 赵炳麟，《赵柏岩集》（下），广西人民出版社，2001年1月第1版，第203页。
[6]《周易·豫》"勿疑、朋盍簪"。
[7]《周易·明夷》"明夷，利艰贞""利艰贞，晦其明也"。
[8]《周易》第二十三卦。
[9]《周易》第二十四卦。

赵炳麟挽留无果，胡思敬终将离去，竹垣乃赋六十韵长诗送别[10]，其中"始敦元白谊"、"交深通药石，言臭比兰荃"、"携手长途送，伤心别绪牵"等句，皆可见胡赵志同道合，交情深契。

赵炳麟与胡思敬既曾同为谏官，赋诗俱陈忠耿之志，"平生大节，自有可传"。竹垣且有"铁面御史"之号，则汪辟疆以"铁面孔目"属之二人，实为允切。

赵炳麟诗今存四百余首，无一弱笔，多数篇章，虽精金良玉，无以拟其美。竹垣诗大抵以辛亥国变为界，可分为前后两期，前期诗作，敢拈大题目，写大意义，抒吐家国悲情，沉挚深厚，时或借吊古以伤今、托忆往而感事，恋恋家国，情深意切。后期诗，主要为仕宦并州时所作，沧海鱼烂，天荒地变，故国已为陈迹，作为遗民，只能将内心的凄痛打叠深埋，暂置一边。竹垣后期诗，酬唱、题画、记述生活琐事之作陡增，论其诗艺，乃依旧雄隽深迈，亦时显白傅之平妥，挥毫泼墨，尽是一颗遗民悲心之表呈。

竹垣为诗，诸体均善，而尤以七言律诗并七言古诗冠其集，此处择要述论其七律及七古之特征、风貌，他体暂不及。

1、七律

竹垣七律，遣词深稳，凝练密栗，语势泱漭沉挚，尺幅之内蓄万里波涛之势。

《大东沟战事志感》（1894）：

峨舸巨艑大江流，白浪青磷一望愁。洪范联营终误国，平清入寇竟降州。侦师惟敬原无策，料敌张禧反系囚。可惜辽阳根本地，虫沙满眼塞垣秋。[11]

此诗写丁汝昌与日寇大东沟海战，结果丁氏旗舰先乱，其余船舰或逃窜、或自焚、

[10] 诗名《送胡敬堂同年告身南归》，见赵炳麟，《赵柏岩集》（下），广西人民出版社，2001年1月第1版，第204—205页。
[11] 赵炳麟，《赵柏岩集》（下），广西人民出版社，2001年1月第1版，第147页。

或触礁而沉，汝昌陷敌，不堪迫胁，服毒而亡，北洋水师十年之功，废于一旦。诗中用典繁复，而语势流走自然，用而不觉其用。洪范，用洪茶秋（1244—1291）、范文虎（？—1305）东征日本典。元至元十八年（1281）正月，忽必烈命洪范率兵十万渡海征日，八月，洪范舟师海上遇台风，溃全军而还。平清，用丰臣秀吉（一名平秀吉）、加藤清正于万历年间率军入侵朝鲜，夺取汉城、平壤等地典。惟敬，沈惟敬，万历年间日本侵略朝鲜时，沈曾作为使节与日本交涉，未能坚持原则，最后引颈受戮。张禧，洪范征东，遇风将还，张禧力劝之，以为台风虽摧残将士过半，然未死，皆壮士，尚可一战。洪范不听，率良船先逃，张禧率残军被倭寇击败，为俘虏。竹垣用这些典故，可能皆暗寓今典时事，所以出语至为沉痛，用典密栗而人不觉其用。

《闻德人据胶州》（1898）：

中原有客泣新亭，听说狼烟煽柏灵。铁舰乘风来地角，羽书连日报天廷。徒劳说士当持梃，可奈将军愧挈瓶。寸酒牢愁歌代檄，江山如梦暮烟青。[12]

清光绪二十四年（1898），德国强行租借山东半岛之胶州，赵炳麟闻讯作此诗以抒慨。诗中既有对德人强占胶州之激愤，亦有对"无能将军"的严斥，而笼罩全篇的则是不能自已的悲怀。此诗语言凝练整密，发语沉郁顿挫，堪与杜甫《诸将》颉颃肩随。

《瀛台恨》（1898）：

日暮瀛台水不温，秋风吹叶满黄门。曾无季产扶王室，那有安阳护至尊。爱国热心成小梦，维新大业托空言。不堪月落西钟下，望断舻棱有杜根。[13]

[12] 赵炳麟，《赵柏岩集》（下），广西人民出版社，2001年1月第1版，第141页。
[13] 赵炳麟，《赵柏岩集》（下），广西人民出版社，2001年1月第1版，第152页。

戊戌变法失败后，以慈禧太后为首的"后党"，疯狂反扑，屠杀维新志士，六君子喋血京城，康梁逃亡东瀛，光绪帝则被囚禁于瀛台。赵炳麟是戊戌变法的积极参与者，《柏岩感旧诗话》记云："戊戌，德宗变法，时康有为、梁启超在嵩云草堂，会知名志士数百人讲演。同乡岑春煊、于式枚、关榕祚、王鹏运、龙焕纶及余等皆入会"，[14] 可见竹垣对戊戌变法之态度。在赵炳麟看来，变法意味着图强，光绪帝代表着进步力量。变法失败，光绪被囚，瀛台遂成为一典型历史意象，它不仅表呈着一代帝王之凄惨经历，更表呈着一页中华痛史——失去一次自强的机会。赵炳麟《光绪大事汇鉴·戊戌之变》对光绪受囚瀛台记述颇详，"太后遂令上居瀛台，易监侍上，击杀六导上行者。瀛台孤峙南海中，四面水环之，板桥通出入。每召对大臣，引见百官，架桥引上出。及入，则撤其桥。禠二妃簪珥，不得与上俱。上尝见秋风吹海水，波澜映咽若泣，慨然曰：'此真求为长安布衣而不可得也'！"[15] 孤苦无依的光绪，孱弱不振的国家，仓促失败的变法，星散云飞的志士，爱国不能强国，热心冷于腔中，愁肠百煎，哀恨万端，全藉密致坚苍、沉郁悲凉之诗语托出，论其体格、风标，不逊杜陵诗史。

2、七古

竹垣七古，多为题画、咏物之作，骋豪情于细物，涉笔成趣，即物取神，词采飙发，笔势雄横。

《在虞和钦亲家处见章一山文存，中有先大夫国史列传，为此诗寄一山》（1920）：

战云弥满桑干河，千军万骑肩相摩。黄埃不到并州市，朋侪文艺犹堪磋。偶来城南访虞子，书峰案上堆嵯峨。素签列有一山集，立论严整无偏颇。我把一函信手阅，皇然惊起涕滂沱。先君曾入《循吏传》，三湘父老尝讴歌。未知国史何人笔，十年倏

[14] 赵炳麟，《赵柏岩集》（下），广西人民出版社，2001年1月第1版，第336页。
[15] 赵炳麟，《赵柏岩集》（上），广西人民出版社，2001年1月第1版，第242页。

忽白驹过。当时我已罢言职，桂林叱犊耕烟萝。赤伏真人方六岁，万事诡谲如回波。海水枯竭白石烂，茫茫禹域皆兵戈。河汾欲访文中迹，晋游四载一刹那。快睹奇文志吏绩，仿佛暗室辉羲娥。愿向一山乞一册，子孙继志资搜罗。九州他日倘同轨，青史纪载无舛讹。海上飞鸿时有便，惠我片纸期无他。申门若遇黄岩喻，为告竹垣发亦皤。[16]

竹垣此诗笔力奇横恣肆，诗风老健遒劲。开首先言时局之混乱、凄惨，战火绵延、兵戈不止。继则言并州一地，尚称晏安，可以谈文论艺，彼时山西为"模范省"，此亦一证。到城南访问虞和钦，孰料意外发现《章一山集》，信手翻阅，又不曾意料书中竟有关于老父之记录，于是想到往事，记忆的闸门划然大开，往日情景联翩而至：父亲居官湖南，多有惠政。清末自己罢官回乡，隐居桂林。小皇帝溥仪年幼，不久清王朝覆灭，此后军阀混战、兵戈遍地。因山右一隅尚称晏安，乃受聘山西实业厅长。因睹一山之书，想到如许往事，于是亟向一山乞赠一册，以作为子孙宣扬祖德之明证，同时附笔说明自己已老，如见到昔日友人，可代为告知。这首诗的情节并无甚奇，奇的是竹垣纵横的笔势、驰骋的遐思，尺幅之中，竭力顿荡，飞扬跋扈，气雄力健，虽然内容写的是沧海桑田不堪回首之往事，但是予人的却是一种震颤灵魂、摇动心旌的沛然之力、雄强之气。这说明，赵炳麟驱驾语言、谋篇布局的能力极强，才思笔力，足与所写之物、之事深契密副。

赵炳麟学养深厚，笃志好古，《来复报》（第163号）中即载有他与郭象升（允叔）等一起鉴定古物之报道。因此写起古物来，竹垣之笔尤为得心应手，而七古笔势灵活多折，适足骋其奇想，曲折周至地表现古物之来历、特征等。

《题顾西梅美人残幅》（1921）：

钱塘秀才名顾洛，惯将彩笔绘闺阁。何时画此娇媚姿，共倚栏杆采芍药。四围剥蚀无遗缣，剩此婵娟双影托。怪哉蠹子亦知情，不使铅华尽零落。长者艳似梅兰

[16] 赵炳麟，《赵柏岩集》（下）．广西人民出版社，2001年1月第1版，第297页。

芳，少者美君同秀弱。柏岩见画倈怀人，斗室悬之慰寂寞。忆昔兰芳十五时，云和堂上流霞酌。仿佛寒梅初著花，又疑玉树初开萼。廿年光景一刹那，梅郎誉起云间鹤。去年京门得美君，腰如束素肩如削。对帖能临大令书，挥毫漫拟将军蹇。美君堕溷固堪怜，梅郎颜色亦非昨。柏岩近颇悟禅宗，是空是色毋穿凿。红颜白发俄项间，何如爱宠画中索。[17]

因观赏残损的美人图，遂生出如许腾天照渊、绮丽夭矫之情思，与其说是图画令竹垣感慨深沉，不如说是竹垣借图画逗才抒情，发泄自己的一腔海桑之感、刻骨悲情。但是，尽管如此，仍需特别指出的是，竹垣此诗，语势流走如弹丸行盘，情节婉转、虚实交错、腾挪变化、无不如意，虽是借题发挥，确为雄丽之作。

约而言之，竹垣诗，以七律、七古为最优，其中七律多为清亡前作，结体雄整，大笔如椽，记录重大史事，深寄国家衰亡之沉痛；竹垣七古多为清亡后作，以睹物思人、赏物骋情为特色，笔势雄横，折叠山河、摩戛星日，蕴沉痛于幽情，借体物而言志，才情飙发，骨韵皆高。

特别值得一提的是，才情浩瀚的赵炳麟还是民国山西韬园诗社的建社元老、社中骁将，为繁荣三晋诗学做出重要贡献。山西韬园诗社创立于1923年重阳节，这一天，阎锡山麾下要员贾景德[18]约集山西军政界、文化界名流凡十人饮宴太原纯阳宫，登高骋目，寄托幽情。躬与这次宴会的诗人，除贾景德外，余者为赵炳麟、江叔海、常子襄、郭允叔、赵意空、鲍振镛、张晓琴、张少岷，另有熊寄龛[19]，虽因事未能参会，但次日即邮示分韵所题之诗。在这次宴会上，时任山西实业厅长的赵炳麟把酒临风感慨殊多，挥毫而成《感怀十七韵》，随后，席间诸君遂以顾炎武《酬王处士九日见怀》诗之"离怀销浊酒，愁眼看黄花"句分韵赋诗，贾

[17] 赵炳麟，《赵柏岩集》（下），广西人民出版社，2001年1月第1版，第299页。
[18] 贾景德，字煜如，号韬园，1880—1960。
[19] 龛，一作堪。

贾景德

静聽松聲領鶴行

閣評琴價留僧話

贾景德书法

景德分得"浊"字，赵炳麟分得"愁"字。贾赵二诗一豪健、一沉郁，且皆能采遗音于少陵，激哀声于变徵，词情真挚，寄注了浓郁的家国情怀。贾诗颇长，兹节而录之，《九日登纯阳阁谦同社诸公分韵得"浊"字》：

高阁城南隈，去天不一握。
昔岁喜登临，往来亦颇数。
兹游值重阳，健腰便腾踔。
当门藤蔓延，叠石山荦确。
振衣凌青冥，返首谢笺促。
失敬回道人，神仙吾未学。
横空秋色来，苍然见西岳。
鳞鳞万瓦房，俯视失薏楉。
压城遍黄云，当风鸣画角。
霜清蟹正肥，秋老枣先剥。
十载远壶觞，甖盎今朝浊。
结社追白莲，[20]烹饭杂芳药。
词流多老苍，名理雅朗卓。
欲作辋川游，茱萸肆采擢。
河汾诸老亡，遗山实先觉。
谁能继陈吴，风雅再扬榷。[21]

由以上所引可见，贾景德的这首重阳登高诗，不仅将登临纯阳宫的情景崭然表呈在读者睫前，

[20] 自注：是日约庄客起诗社。
[21] 贾景德，《韬园诗集》，近代中国史料丛刊续编本，文海出版社，1943年12月版，第107页。

而且也如实记录了与宴名流"结社追白莲"，创建"韬园诗社"之史事，诗风雄劲豪举，合杜韩为一手，文学、史料价值俱高。如果说，贾景德的诗尚只是于"压城遍黄云，当风鸣画角"一句隐隐逗出忧伤时事的意绪，那么赵炳麟的登高诗，则直截坦率地表呈了一己忧国伤乱的心事：

> 九日登高作胜游，主人载酒集名流。江山有恨惟余泪，天地无言忽过秋。
> 回首故园皆战垒，伤心往事尽浮沤。光阴容易成今古，满地黄尘举目愁。[22]

由贾、赵两位韬园健将的诗中不难发现，寄情家国、感怀身世，以结社为方式，以扬榷风雅为依归，这是民国山西志士诗人在特殊历史境遇中对自身诗歌创作之定位，这也是韬园诗人所秉持的理念、宗旨。

韬园诗社创建以后，一度雅集频仍、诗会繁盛，诗友间的赠答、酬唱更是络绎不穷、蔚为大观。如赵炳麟有《贾煜如近建韬园诗社，以诗见赠，依原韵为七律二首和之》、《题郭允叔汉瓦砚得神字》、《和意空道人水镜楼原韵》、《癸亥十月十二日，韬园访贾煜如并柬北京虞和钦》、《常子襄得傅真山画鸭索题赋此》、《和郭允叔见赠原韵》、《晓声四首并序》（序中云诗为和韬园诗社同人郭允叔而作）、《上巳与韬园诸君文瀛湖修禊》、《韬园诗社第六集喜张衡玉先生至分韵得迹字》、《韬园诗社以"销夏杂咏"为题，余夏间可纪者四事，曰潜庐聚处，曰壮室吟诗，曰文湖夜坐，曰城东赏花，为四七律咏之》、《甲子（1924）九月九日，韬园主人邀集太原纯阳宫登高，主人组织诗社，自去年重九登高始至今，盖一年矣》等；贾景德有《九日纯阳阁登高分呈同社诸公九首》、《秋夜不寐感赋柬赵竹垣厅长即次九日长律原韵》、《允叔主韬园诗社第二集置酒水镜楼奉题三首》、《次韵赵竹垣过访韬园》、《子襄新得傅青主雨中花鸭赋诗索和》、《次韵郭允叔说诗一首兼柬意空道人》、《次韵和江叔海见赠二首》、《送江叔海先生还京师六十四韵分得后字》等。其他韬园诗人亦有多首参与韬园诗会以及彼此

[22] 赵炳麟，《赵柏岩集》（下），广西人民出版社，2001 年 1 月第 1 版，第 240 页。

酬唱之什，在此不一一列举。即便从以上所引据的赵、贾两人诗歌的题目中实已不难发现，韬园诗社在创立之后，确实唱酬众多、雅集频繁，诗友以诗歌交流思想、慰藉心灵，时或祖道送别、偶亦把酒挥毫，"嘤其鸣矣，求其友声"，韬园诗人以自己切实的诗歌创作再次表征了"诗可以兴"、"诗可以群"的古老命题。

韬园诗社创立后，社友不断增多，至翌年的上巳文瀛湖修禊雅集，除贾景德、赵炳麟、江叔海、鲍振铺、张晓琴、郭允叔等建社元老外，与会者尚有陈芷庄、郭伯铭、冯振邦、曾铨初、王菊初、陈柱丞、杨赓韶、王式如、萧子灵、李伯仁、于梓材、熊寄龛、马笠伯等十三人。于此足见韬园诗社发展之速、影响之广。

民国山西韬园诗社为振兴三晋诗学、恢弘华夏诗教做出重要贡献，作为开社元勋、创作骁将的赵炳麟功劳卓著、奉献良多。

需要补述的是，所谓"韬园"，本是山西教育厅长虞和钦的私人别墅，名"莳薰精舍"，虞氏离任后，莳薰精舍归贾景德，贾氏易其名为"韬园"，并以之自号。贾景德《韬园诗集》卷一有《移家韬园，允叔亲家往过，赋诗见赠，率成四律奉答，并柬杨阶三厅长》诗[23]，对韬园景致有传神的描绘，兹移录如下，以存历史影像。

卜居且喜得乌窠，犹枉崆峒驾屡过。赤地后时移蔓草，淤泥满载种池荷。
花成具物宁求好，水下空塘总不多。乐与素心共晨夕，小园风月足婆娑。

西山绝好对平台，邻舍垂杨拂面来。城郭万家余落照，浮图三级护香苔。
一区容我安樗栎，半亩因人阃草莱。共说鹊巢费规画，驻晖亭畔任徘徊。

碎石平铺过半塘，桔槔声里水琅琅。两三亭馆神常往，四十年华意已苍。
敛迹风尘寄丘壑，扪心灰冷挂名场。晚来藤几颇移徙，闲看疏星纳夜凉。

[23] 贾景德，《韬园诗集》，近代中国史料丛刊续编本，文海出版社，1943年12月版，第29—31页。

酒熟更阑放短歌，文章余事胜人多。

安排卧榻分花柳，整顿骚心上薜萝。

历劫相期诗作课，收身那管道生魔。

久知伯起耽幽寂，一样闲门有雀罗。

民国韬园，实即太原皇华馆，位于迎泽区柳巷中。

民国太原皇华馆

四、琴事

赵炳麟与古琴之因缘当结于其仕宦晋阳之时，尽管在他的诗中有"记携琴剑来三晋"之句，但似为泛说，不可为其入晋之前既已雅善琴剑之证。在他存世的诗文中，有很多涉及到当时山西的琴人、琴事，可知其琴缘结于山右。

赵炳麟第三子赵成武夫妻俱从顾卓群学琴，故其结缡之日，张芹荪、彭祖卿所赠贺诗中有句云"从此闺房添韵事，读书声和鼓琴声"。[24] 后来，炳麟自己在诗中亦云"媳能琴瑟儿吹笛"、"命媳鼓琴水云现"，可见其儿媳之琴学具有一定造诣。

赵炳麟第四子赵钦武亦学琴，江东布衣孙森曾于十年前得井陉古桐木，允诺以之斫琴，赠送钦武，不意公事繁忙，迟迟未葳事，竹垣乃寄《催江东布衣孙靖尘造琴》诗催之，"告我良工得异材，荷花生日送琴来。于今荷诞将弥月，犹未琴声放忽雷。案牍料应防韵事，暑炎或亦扰清裁。柏岩居士焚香待，聊把诗当羽檄催"[25]。待江东布衣孙森将所斫之琴送来，竹垣复写诗表陈谢意，"为考宫商定轸徽，幼儿得此悟真机。井陉桐木天然籁，多谢江东老布衣"[26]。

1922 年夏，赵炳麟在太原市场购得康熙时孙良臣之古琴，乃赋诗纪事云："午夜香烟缕缕清，冰弦声和步虚声。小楼新月凉于水，只许嫦娥入座听"。[27] 午夜焚香，青烟缥缈，操缦之声拌合着梵呗之音，明月印天，苍凉如水，此情此景，诚属雅人高致，而内心之无奈、苦寂，亦藉此表呈无遗。

竹垣所购孙良臣古琴有破损，乃请其亲家虞和钦督工修理，并赋诗陈谢，且镌之琴腹，"荏苒年光白发侵，河汾晦迹得同心。小窗兀坐闲无事，指点家僮补破琴"[28]。

同年 6 月，顾卓群《元音琴谱》撰成，赵炳麟为作《序》，畅论声音之道与政治、人心之关系，奖赞顾卓群"精于琴学"、"授琴数年，弟子满河汾"。

8 月，赵炳麟携四子钦武游五台山，游览期间曾与九嶷山人杨时百相约鼓琴万山之巅，不意时百冒风先还，竹垣作《茅棚访杨时百不遇》诗叹之，"约我弹琴巀岭间，如何先我冒风还。我来君去如劳燕，为访茅棚一怅然"[29]。同年 9 月 10 日，元音琴社举行第三次大型古琴雅集，赵炳麟与会并致辞，对声音与政治相通之道略作阐发。

赵炳麟栖迟并门，本有吏隐、避地之意，古琴音律舒缓，适合消散精神、涵养性情，此正与竹垣之初衷不相背悖，矧以三子成武夫妇、四子钦武俱习琴于元音琴社，而竹垣自身亦写有多首与古琴相关之诗，则其与古琴结缘之深，实属自然之冥契、事理之必至。谓为琴人，孰曰不然。

[25] [26] 赵炳麟，《赵柏岩集》（下），广西人民出版社，2001 年 1 月第 1 版，第 301 页。
[27] [28] 赵炳麟，《赵柏岩集》（下），广西人民出版社，2001 年 1 月第 1 版，第 300 页。
[29] 赵炳麟，《赵柏岩集》（下），广西人民出版社，2001 年 1 月第 1 版，第 304 页。

李官亭（1876—1953 ？）

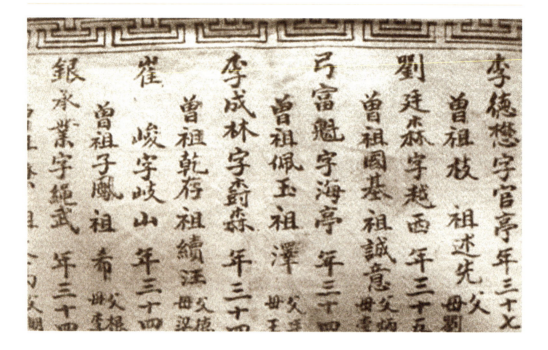

李德懋与革命党人结拜的金兰谱

　　李德懋，字官亭，以字行，山西大同人。据辛亥革命时期山西同盟会会员结盟革命的兰谱，其中载"李德懋，字官亭，年三十七岁，曾祖枝，祖述先，父口[1]，母刘氏"。此结盟《兰谱》作于 1912 年 10 月 14 日，逆推三十七年，知官亭生于清光绪二年（1876），其卒年无考，或云为1953，姑存疑。孙森《元音琴社回忆录》一文中作"云中李冠亭"，孙氏为李德懋代写的《琴人题名录》中亦作"冠亭"。云中为大同之古称，而清代、民国时人，为示对所写之人的尊重，往往在书面文中书其字之同音字或音近字，以代替其本字，故"冠亭"实即"官亭"，或作"官厅"，疑误。

[1] 按：此字不清晰。

李官亭自幼习武，功夫高强。他早年拜飞刀门马德胜为师，习少林拳、练飞刀技法，与山东双刀李凤岗、形意拳名家韩慕侠师出同门，而论其武艺则迥出群伦。又曾向著名梅花拳师武祥学习"武氏挑手"，深得武氏功法之精髓，技艺大进。李官亭身高一米八余，魁梧矫健，膂力过人，擅使长枪，所向披靡。他还擅长轻功，据说能飞檐走壁、窜房越脊。

李官亭是辛亥革命时期的大同同盟会会员，曾躬身参与山西大同的革命活动。先是，由孙中山领导的同盟会积极在大同发展势力，以备革命之用，山西崞县（即今原平）人、同盟会会员续桐溪在大同主持开展革命工作，因大同民风剽悍，习武之人众多，于是续桐溪等便将开展革命工作的重点放在了发动当地习武社团组织上，努力向它们宣传革命思想、激其斗志，以期发现人才，为我所用。李官亭当时正在绥远、得胜堡、杀虎口一带开设武场，他与续桐溪等人倾盖如故，结为至交。

1911年10月10日，武昌起义爆发，同年10月29日，太原起义爆发。续桐溪闻讯，赶紧返回家乡招兵买马，并亲率新招募的两千多起义军攻打雁门关。大同与雁门，密迩相近，唇齿相依，得知雁门被义军进攻后，大同总兵官王得胜匆忙抽调大同城中清军前往增援雁门，大同城遂空虚，形同虚设。李德懋等大同同盟会会员觑准时机，于11月30日晚上发动大同起义。起义军由同盟会会员率领，分批次、从不同方向对大同的镇台衙门、知府衙门、知县衙门展开猛烈进攻。由于大同守军大多已被抽调雁门，突如其来的暴风骤雨，使得清军营寨大乱，无所措手足。大同总兵王得胜只得与知府李德炳、知县葛尚礼乘乱仓皇出逃。次日（12月1日），大同起义成功，各界代表开会议事，宣布成立临时军政府，李德懋被公推为临时军政府都督。

大同起义的成功，李官亭居功至伟。他受爱国思想之感召，加入中国同盟会，以开设拳场、武馆为掩护，广交爱国志士，加强革命力量，宣传革命道理，积极培养后劲，同时他还自创"八法拳"，以之培训起义士兵，大大提升了军队的战斗力，经过四年准备，终于一举功成。

　　大概在1911年底到1912年初阎锡山"北伐"期间，李官亭正式投入阎锡山麾下，并受到阎的重用。由于阎锡山原配徐竹青婚后一直不孕，1914年，阎锡山谨遵其父阎书堂之命，谋划再娶。当时李官亭正任阎锡山副官长，于是阎父遂差遣他赴大同为阎锡山寻找一身体健康、能生养的女子。到大同后，李官亭很快和许琨猷议定，许愿将女儿嫁给阎锡山。许琨猷的女儿就是后来为阎锡山育有五子（中有两子夭折）的徐兰森[2]。1917年，阎部大将商震征湘不利，盘桓汉口，观望形势。阎锡山先派荣鸿胪前往汉口、岳阳等地了解情况，获悉详情后，即派时任副官长的李德懋亲赴汉口劝说抚慰，李官亭剖诚相劝，商震至为感动，遂与李一同返并。1924年，直奉第二次大战以后，为保境安民，阎锡山第二次扩军，李官亭出任第十一旅旅长。1928年，南京国民政府军事委员会统一北伐军序列，准备继续兴师北伐，晋军被改编为第三集团军，李官亭任骑兵第七师师长。"七七事变"后，猖狂的日军自南口侵入雁北，天镇、阳高相继失守，岛夷步步进逼，晋军望风溃散，大同、绥远随即丢失，雁门一带岌岌可危，阎锡山驻旌岭口，在得知晋军作战不利、一触即溃后颇感恐慌，遂派李官亭亲赴崞县，力邀张培梅出掌执法总监，以振军心，挽回颓势。

　　史料有阙，见闻有限，李官亭之后的生平行事，笔者迄无所知。

　　在山西太原元音琴社的历史上，李官亭具有极其重要的地位，做为元音琴社创始人之一，李官亭对发扬三晋琴学、恢弘民族音乐做出了巨大贡献。

　　据孙森《元音琴社回忆录》所载，民国太原元音琴社得以创立的一大因缘契机便是李官亭学琴于傅侠仙，同时练习射击，于是在体育馆为傅侠仙安排住宿，恰好体育馆与孙森公廨为邻，因孙森遂得识招鉴芬，又因招鉴芬而得识顾卓群，由仰慕顾卓群之琴技，而"集同好，聘顾君来晋，谋立琴社，提倡三晋琴学"。

[2] 按：徐竹青之父徐一敬将兰森之姓改为"徐"，以示亲近。

商震

阎锡山和徐兰森

可以说，正是做为阎锡山副官长的李官亭"言之当道"，才有后来顾卓群入晋传琴、创立元音琴社之壮举，从这个意义上说，李官亭对山西元音琴社实建有不可磨灭之殊勋。

在孙森代写的《琴人题名录》上，基本没有留下任何与李官亭相关的重要历史信息。赖《来复报》相关记载，使我们得以略窥李官亭之琴技到底达到何种程度、善弹哪些古曲。1920 年 11 月 14 日下午，元音琴社在陆军审判处东园举行第一次大型琴会，李官亭携唐琴月下松风与会，独奏琴曲《长门怨》。1921 年 7 月 3 日，元音琴社同人在陆军审判处东园再次举行大型古琴雅集，李官亭独奏琴曲《潇湘水云》。据招学庵为张少阶《琴操二十二首》[3] 所撰跋文可知，至 1928 年，李官亭已常年奔走于军事，大概已无暇鼓琴操缦。1920 年东园雅集时所摄的"太原元音琴社雅集图"上[4]，可以确定其中必有李官亭，依据其琴社创始人之地位、高大魁梧之身形以及年龄等特征，笔者怀疑前排左三大约为李官亭，惜无其他影像可供比勘，不敢遽定。

[3] 《今虞琴刊》，民国二十六年五月今虞琴社编印、中央音乐学院"中国古琴音乐文化数据库"编辑委员会承印，2006 年 12 月 20 日，第 307—309 页。
[4] 图见本书《顾卓群传》。

附一：

我的晋军军旅生活[1]

戴昭然（一九二三年）

七　自省堂，个人讲话

太原军队中有一个团人的地方，一定有座"自省堂"，好像学校中的礼堂一般。我于礼拜日，曾参与此会一次。那天由督军署的某参谋来演讲，他的题目是："在三百米达以外，不要放枪。"我初听此题目时，不大十分了解，幸好有个兵为我讲解。据他说，现在山西军队中，各军官极力教兵士若遇敌时，切不可在三百米达以外放枪。因为距离太远，不能中的如意，倘若敌近时，设或无子弹应用，则必受制于敌人的雨弹。他们提倡这种"三百米达以外不要放枪"的主义，是由日人所著一本书名《肉弹》而来。是书大约述日俄战争时，日人完全以精神和血肉胜俄人的快枪大炮。

我听那位参谋演说了许久，我虽然懂得他的题目中的意义，但他的长篇演说，实在使我闻所未闻。他开口说不要乱放空枪，闭口说不要乱放空枪，结题说不要乱放空枪，重重复复，均是不放空枪。我听糊涂了，只见他眼动口动而已。好容易等他洋洋演说完毕，另外又有一人按风琴以助雅兴，清醒大家。音乐完了，某参谋教各兵士军官俯首"自省"1分钟。我也俯首"自省"了一会儿，但"省"不出什么东西，只听全"自省堂"的咳嗽声而已。某参谋听不过了，下命令"不准咳嗽"。此时全堂稍现一点沉寂的气象。

---

[1]　按：孙森《元音琴社回忆录》中云李官亭曾在体育会"练射艺"，文中亦提到"自省堂"，这里迻录一则材料，藉以观窥当年晋军军队中"自省堂"之一斑（此与孙森文中的"自省堂"并非同一处所），至于材料中提到的那位"督军署的某参谋"是不是阎人副官李德懋，疑以存疑，见仁见智，或有高明，诚祈赐教。本文引自苏华、何远编，《民国山西读本·政闻录》，三晋出版社，2013年8月第1版，第86—87页。

孙 森 (1878—1936 后)

元音琴社始创地民国太原体育会

孙森，字净尘，号江东布衣，亦号菊痴、三雷之徒、二百琴斋，江苏丹阳人。据《今虞琴刊》所载《琴人题名录》，知孙净尘在 1936 年时已五十九岁，由此逆推，可定其生年为 1878 年。孙森伯祖名成章，顺天乡试举人；祖父名绳武，因平捻匪功，保至参将，善制火器。绳武以武人之身而雅爱丝桐、昆曲，咸丰、同治年间驰名清淮，颇得时誉。净尘之父名逢春，字青阁，攻探申韩之学，又得其父之传，善昆曲、箫笛。孙森祖述家学，好古文、喜申韩之术，亦能昆曲箫笛。清末应山西当局之召，执掌军法二十余年，复出任稷山县长，调省任特种刑事临时会审处处长。孙森调任特种刑事临时会审处处长约在 1935 年至

1936 年间。

受祖父和父亲的熏染，孙森除善昆曲、笛箫外，能诗善书，并好金石绘画，且爱种菊养鱼。孙森幼年时曾在淮上师从陈诗舫学琴，调弦审音，颇为熟稔，虽在幼冲，已入琴径。

1920 年仲春，泛川派古琴名家顾卓群与孙森、李德懋、傅侠仙、招鉴芬等谋立琴社，命琴社之名为元音，由孙森亲自书写匾额，悬于太原体育会，彼时顾卓群、傅侠仙俱在体育会下榻。

顾卓群入晋以后，孙森即从其学琴，深得泛川派古琴技艺之精髓，能弹奏三十多首古琴曲，而以《潇湘水云》、《平沙落雁》、《醉渔唱晚》、《普庵咒》、《忆故人》五曲最有心得，经常弹奏。1920 年 11 月 14 日下午，由顾卓群主持，在孙森的公廨陆军审判处之东园举行元音琴社第一次大型古琴雅集，孙森携所藏宋徽宗龙门风雨琴与会，在会上与顾卓群合奏琴曲《醉渔唱晚》。1921 年 7 月 3 日午后，元音琴社在陆军审判处之东园举行第二次大型琴会，孙森再次携龙门风雨琴参会，与顾卓群合奏《平沙落雁》，与其女孙竹荪合奏《醉渔唱晚》。亦是在这次琴会上，孙森所著《五均图说》张挂壁上，既助琴人研磨，亦助琴会雅兴。1922 年 9 月 10 日，为欢迎古琴大师九嶷山人杨时百入晋传琴，孙森邀集元音琴社同人在东园举行第三次大型琴学大会，会上孙森曾做发言，对元音琴社所举行的历次琴会略加回顾，据孙森所说，自 1920 年琴会始，至 1922 年，三次琴会，琴人数量不断增多，由初次的"寥寥数人"[1]，至第二次"逐渐增多"，到这次琴会，"琴社同人又多至数十倍，合男女两界学生计之，且将过百数"，他以为所以能够如此，一是古琴名家入晋传琴之功；二是组织琴会之影响力使然。在这次琴会上，孙森独奏琴曲《汉宫秋月》，并与孙竹荪等琴箫合奏《阳关三叠》，由孙森度箫。

习琴之外，孙森并亲自伐木刨桑斫制古琴，同时戮力于收集琴谱，购藏古琴。

[1] 按：实际为十六人。

孙森监制的"梦醒潇湘"琴

　　自 1920 年至 1923 年，数年之间，孙森共造琴二百一十二张，制瑟十余张，每斫一张琴瑟，必精心研探制法，是以成品多为美器，同人以必得为快。孙森制琴，取材极严，择定之后，将琴材放入长釜以宽水烧煮十日夜，换水十次，将木中之液全部去尽，再于烈日之中暴晒一年，其后称量之，若分量不减毫厘，则用以斫琴。森所制琴以伏羲式最多，其次为仲尼式，其他样式亦间有所作。孙森每制一琴，皆亲笔于琴腹中题八分字，注明此琴式样、制年等信息。又曾试验以美国松斫琴，取材异地，收效上佳。森又撰写《五均图说及问答》、《二十五弦瑟音位说》，从理论上阐明琴瑟斫制之法。孙森斫制的古琴，在三晋大地多有流传，上个世纪四十年代，李庆中追随高寿田学琴之时，李老的同学张亮垣即曾以九元大洋购得孙森所制古琴一张，据李老说，张氏购得的那张琴，琴体很大，发音清亮响脆，是一件音质上佳的琴器。

　　孙森收集琴谱不懈余力，所获亦丰，据《今虞琴刊》所载《琴人问讯录》，孙森收集琴谱的情况为，"凡传见于世者大都皆备，惟无松弦馆"[2]，由兹可见孙森收集琴谱之力以及孙氏爱好古琴文化之深。

　　孙森购藏古琴亦夥，且所购藏之琴多有传奇经历。据《琴人问讯录》，净尘收藏良琴九张，其中，益王琴两张、宋徽宗琴一张、明琴五张，这八张琴音韵皆佳，不同凡响。孙森所购置的宋徽宗琴名龙门风雨，连珠式，通体长三尺七寸八，肩宽七寸。孙氏购得此琴的过程颇为传奇。1919 年，孙森与顾卓群亲赴榆次，就徽宗琴所在地试上新苏弦，鼓之，音韵不佳。于是孙顾二人拒绝购买，驰返太原。在回太原的路上，孙顾二人进餐之时，忽然随身所携带的月明沧海琴四弦不弹而断，两人于是为月明沧海换新苏弦，换毕鼓之，其音不佳。此时两人突然大悟，知道榆次所售之徽宗琴所以音韵不佳实乃新苏弦之故。于是二人急匆匆返回榆次，恰值售琴人即将蹬车返京，几乎失之交臂，于是赶紧购下此琴。其后，孙森在参加元音琴社同人大型雅集时，曾携此琴与会。孙森所购置的两张益王琴，其中一张原属英国来华著名传教士李提摩太，此琴为仲尼式，据龙池中所刻"大明甲子获古良材益国潢南

[2]　按：即《松弦馆琴谱》。

李提摩太

道人制"字样，可知此琴斫制于明嘉靖四十三年（1564）。李提摩太曾于光绪四年（1878）到山西救灾并传教，离晋之时，将此琴售于陈某。几十年后，陈某的女婿孙省伯[3]为同事孙森向岳丈易得此琴，时在1918年，孙森的琴友南海布衣招鉴芬极赞许此琴。另外，净尘还收藏有被蛀蚀的唐琴一张，此琴本为淮安叶伯樵家藏，后赠与孙森。经重修后，孙氏题其名为"蝌蚪"，以象虫纹，并刻铭文以记之，铭曰："惟兹琴，美在中。虫穴之，其腹空。纹成古篆而声若霜钟，陶吾情以淑吾性兮，一弹再鼓愿抱此以终"，其事在民国九年，净尘之师顾卓群亦题字证明此琴确属唐琴。

　　做为元音琴社的创始人之一，孙森为提倡三晋琴学、发扬华夏传统音乐做出了不可磨灭的贡献。和其他几位琴社创始人不同的是，孙氏除苦练琴艺外，还钻研斫琴之法，并躬自实践，撰写论文、制造美器，为学琴之士提供了方便，极大地推促了三晋琴学的繁荣。在元音琴社的历史上，江东布衣孙净尘具有极其重要的地位，他之于琴社，厥功至伟，不可泯没；他载录于《今虞琴刊》的一文一信，则成为我们今天考证民国山西元音琴社创立时间、创始人，以及发展流变等情况的重要史料，嘉惠琴学，泽及今人。

[3] 按：此人生平不详，仅知其于1922年创办太原通讯社，二十年代末停办。

附一：

元音琴社回忆录

孙净尘森

春回岁转，绿柳才黄，南窗寄傲，风拂琴床。

回忆十六年前之今日，正太原元音琴社诞生之日也，今昔之感，未免百端交集，不禁援笔而书《元音琴社回忆录》。

缘民国七年，以论画而识南海布衣招学庵，以言诗而识侠仙傅雯绮，两君皆精于琴学。复以云中李冠亭学琴于侠仙，兼练射艺，因于体育会为侠仙下榻之所。斯会与予公廨为邻，朝夕过往，而学庵亦频来煮茗焚香，风清月白，时常鼓动冰弦，虽萍水之相逢，而心神契合，已订莫逆之交矣。

冠亭复赞学庵指法。学庵逊谢，称"西蜀顾卓群，超妙入神"。冠亭因集同好，聘顾君来晋。谋立琴社，提倡三晋琴学。复言之当道，以顾为琴社主讲，并担任自省堂鼓琴[1]。因此又得与顾君识，立琴社之名为元音，[2] 森书其额，署于体育会，顾即于此下榻焉。斯时傅君因事回北平。得一友而去一友，众同志虽觉黯然，复又欣然。

次年，当道谋振兴雅乐，顾君与张公芹荪推荐吉安彭君祉卿、浏阳杨君友三、杭县沈君伯重，并顾侄梅羹，由长沙相偕莅晋，济济一堂。（于是）育才馆设雅乐班，有志复古者争先恐后投入肄习。彭杨沈顾各出所学，撰述乐理讲义，分门别类，既详且尽，并授琴操指法，一时三晋乐风为之一正。

[1] 斯时当道设洗心社，每曜日上自省二时，促人涤虑作新也。——按：以上这句话，原接于"鼓琴"之后，揣其语意明显是用来解释"自省堂"的，因此将其移做注释，以保持文意脉贯。

[2] 按：孙森此处行文不密，自上段"民国七年"之后，文中遂无时间提示语，致使容易令人误为元音琴社成立于民国七年。而实际上，民国七年，仅是孙、招、傅相识相交之年，而绝非元音琴社创立之年。

各处琴学家来赴琴会者甚众。九嶷山人杨时百亦来与会，并住教育厅苛熏精舍半载有余。

森不禁技痒，遂研究造琴，并撰《五均图说及问答》、《序二十五弦瑟定弦法》，其实凑一时之趣而已，于琴学无补也。众学子虽志在高山，而无器不成，森所造之琴瑟正合所需，不无有功焉。三年共造琴二百余床，瑟十数床。每造一床，必研求制法，同人以必得为快，故散之各省海外者亦复不少。

雅乐班三年有成，彭杨沈顾皆一时之英才，怀抱不凡，各有素质，正乐不过出其余绪耳，于是功成而去，从此天各一方。招君嗣亦调沪上邮务总局会计长。其后卓群亦南旋。

现时太原 (琴学) 不复当年之盛，而森与李冠亭、荣甲三、冯运青，尚为当年老同社，其余皆后学诸人矣。所幸傅侠仙脱离宰官之身，回省任省府科长，旧友重逢，何快如之！然此数同志均各居要职，当值国步艰难之日，当道励精图治，方针所指，自然变文事为武功。风雅之道，当无暇顾及。于是琴会吟坛久停音韵。想各友在工余退食后，良宵月下，或偶一抚弄，不过聊以自娱而已。

最不堪回忆者，顾君卓群、杨君时百，先后物故。社中小友吴季宏，画家吴西侨之子，青年赴召，实可痛心。书至此，欲不搁笔而不能矣。[3]

[3] 按：上文据《今虞琴刊》（民国二十六年五月今虞琴社编印、中央音乐学院"中国古琴音乐文化数据库"编辑委员会承印，2006 年 12 月 20 日，第 21~22 页。）迻录，段落划分、标点符号偶有酌改，语意连贯不紧密处，据文意补加词语，以括号括之，以示区别。孙森这篇文字，细节上偶有微疏，如"最不堪回忆者，顾君卓群、杨君时百，先后物故"，此句即不甚精确，顾卓群卒于民国二十四年 (1935)，杨时百逝于民国二十二年 (1931) 十二月十五日 (此据李静《祭九疑先生文》，载《今虞琴刊》)，故"先后物故"当作"后先物故"。又，文中说"傅侠仙脱离宰官之身"，检《民国职官年表》，当时任职北洋政府的部级、副部级高官中为傅姓者，仅傅增湘、傅岳棻二人，而两人字号、生平均与傅侠仙凿枘难合，是则傅侠仙在京所任官职尚不及副部级。依此，说侠仙"脱离宰官之身"，似未切当。凡此虽系小疵，亦可见孙森此文撰作较仓促，构思欠精密。

附二：

孙净尘君来信

祉卿仁兄先生道席：

久违雅教，慕念实深。顷奉大札，藉悉阁下任事南中，复与旧社友组织琴社，发行社刊。雅人韵事，令人羡甚。

弟自稷山卸任，复荷阁主任不弃，委任特种刑事会审处处长，年来公务繁冗，日无暇晷。对于昔年绘事弹琴，久已置之高阁，无此心绪。兼以旧社友星散，聚首无由，即与明复兄亦不常晤面。回思前事，不禁怅惘。因而对于贵社日前寄到调查表录，未能及早填寄。旧社友处，有事者均无暇答覆。所嘱为社刊著述事，弟当函催各友，不知其能发生效果否。至弟处一份，容稍暇可于年内填寄。知注用特奉覆。诸希见谅，无任企盼。尊此并颂琴祺。[1]

愚弟孙森拜覆

廿五年十二月二日

[1] 按：本文录自《今虞琴刊》（民国二十六年五月今虞琴社编印、中央音乐学院"中国古琴音乐文化数据库"编辑委员会承印、2006年12月20日，第332页）。信中之"明复兄"，即吴明复、上世纪三十年代家居太原小红坡十二号。据孙森此信，可知净尘与吴明复关系颇密近。吴明复生平不详，仅知其曾参与山西元音琴社雅集。再、孙森信中之所以说"容稍暇可于年内填寄"，乃是因为民国二十五年三月今虞琴社成立后、同年十月即有琴刊征文之举、截至次年一月底，稿辑已富，于是由彭祉卿从事编辑，原计划于琴社成立周年之纪念日出版。（本彭祉卿撰《今虞琴刊》"编后语"）由此可知，今虞琴社向琴人征稿的时间区间当为民国二十五年十月至次年一月底，这应是孙森信中之所以说"容稍暇可于年内填寄"之缘故。此处需说明的是，据陈垣《二十史朔闰表》，民国二十六年以二月为正月，是以琴社征稿期限实即民国二十五年十月至同年底、彭祉卿《编后语》中所说的"次年一月底"，乃是以西历言。又、从孙氏这封信中，已足可窥见彼时孙森确实极其繁忙、疲于奔命，由此也就不难推想他写作《元音琴社回忆录》时的状态，这应该就是《回忆录》一文偶有细疏之原因。

附三：

《选美国松斫琴音韵清越喜而赋此》[1]

孙森

异域良材有古松，琴工巧处夺天工。

唐圆试仿雷威式，胜似长沙猿授桐。

音韵如听万壑松，精心构造喜良工。

奇材满地需真赏，何必千金觅古桐。

《和孙净尘选美国松斫琴诗二首》

叶伯樵

梯航运到万年松，拟作良琴付乐工。

流水高山随意谱，浑如秋雨滴梧桐。

万里重洋产古松，庀材异地此鸠工。

弹来一曲惊风雨，绝胜龙门百尺桐。

《和孙君净尘韵并谢其赠琴有序》[2]

刘仁航

孙君名森，苏人。长山西陆军审判。研精琴学，因古琴难得，得之又罕适用，乃按各琴谱而悟造琴之法。又试用以美国松代桐，造成，赠余琴一张。余素好乐教，未能学之，今后当自勉也。讶其巧思，感其厚谊，和韵以志之。

[1] 以下四诗俱见《来复报》，1921年，第121号，第28页。

[2] 《来复报》，1920年，第123号，第32页。

琴材创制用洋松，初信人工代化工。

好奏熏风成雅乐，会看丹凤舞清桐。

论交古道指青松，惠我牙琴费苦工。

与君共听三生曲，大地山河露滴桐。

《孙净尘雨中送大丽花四盆诗以报之》[3]

贾景德

云气濛濛上林木，小园暑雨霏霖霂。

孙侯贻我大丽花，入眼仿佛见秋菊。

繁英蓓蕾蟹爪黄，翠叶离披鸭头绿。

细看巨瓣肥若脂，胜似秋花瘦盈掬。

来从印度入东瀛，名曰牡丹冠天竺。[4]

卷发碧眼波斯胡，再传三传手植畜。

初以朱殷变嫩红，渐有黄白含芬馥。

锡名大丽从主人，托根中土繁其族。

并州六月秋信速，略有山花绕吾屋。

孙侯嗜花欲逐逐，慨惠奇葩饱眼福。

东邻老农贵蔬菽，五亩年年种芦菔。

赠诗若遇半山翁，侯自养目渠养腹，

才为物役同一哭。

[3] 贾景德、《韬园诗集》，近代中国史料丛刊续编本，文海出版社，1943 年 12 月版，第 63 页。
[4] 自注：日本名天兰牡丹。

附四：

陪孟禄考察山西教育记 [1]

王卓然　十月十九日　太原

一、孟禄与督军阎锡山之谈话（略）

二、督署午餐与雅乐

席散之后，阎请我们到督署隔院"育才馆"听中国古乐。按"育才馆"是阎督军特别办的学校，学生约三百余人，资格等于高等专门学校，专授普通法律，培植各县办理新政的人才。如各县署之科长、科员、登记员及新政调查员、劝导员等等。这作古乐的人就是育才馆的学生。乐器有古琴、古瑟、排箫、龙笛、凤箫、洞箫、笙、搏埙等物。两个学生用古琴合奏"平沙落雁"一阕。奏的时节，大家屏气细听，声调抑扬婉转，有时隐隐约约，有时惨惨凄凄，如怨如诉，好一个悲戚苍凉的曲。作完这个曲之后，又奏"普庵咒"一阕。正在奏曲的时候，阎锡山紧闭两眼，随琴调之抑扬，头上下转动。孟禄因说看督军这样喜好古乐，玩味音调的样子，很是富于修养。阎因对孟禄说，人的好战心，有这种乐可以克治之。孟禄答说，西国好战之民，正需要此种古乐。阎又说，古时孔子闻此乐"三月不知肉味"。听乐完后，大家合摄一影，以作纪念。我们乃兴辞而出。孟禄对于阎督，甚露赞美佩服之态度，并说中国各地督军如皆像阎督，中国不患不强。

[1] 按：孙森在《元音琴社回忆录》中说"育才馆设雅乐班，有志复古者争先恐后投入肄习"，又云"雅乐班三年有成"，赵炳麟在《柏岩感旧诗话》中亦道"山西考定雅乐，聘张芹荪鸿藻、彭芷卿庆寿，随梅羮烹莘等来晋，于育才馆内设雅乐科厘订之"，那么，当时的育才馆雅乐班是一派什么景象呢？兹逐录王卓然写于民国十年（1921）的《陪孟禄考察山西教育记》之一部，精窥一斑。王文见苏华、何远编《民国山西读本·考察记》，三晋出版社，2013年8月第1版，第60—61页。又，文中"洞箫"原作"词箫"，今酌改。

虞和钦（1879—1944）

一、少年心志，实业报国

虞和钦，名铭新，以字行，又字自勋，1879年12月11日出生于浙江镇海县海晏乡柴桥的一个儒商世家。虞和钦的高祖、曾祖均为清代国子监生，虽以经商为业，而雅擅诗文。其父虞景璜（1862—1893），字澹初，专修儒业，早岁考取秀才，光绪八年（1882）中举，次年试礼部不第，遂灰心仕途，专心修习学问，且开馆授徒。

虞和钦

虞景璜艰于一第，仕宦不达，遂将曩昔的人生理想寄托在虞和钦身上，希望他继承家学、奋发图强、光耀门楣。虞和钦七岁师从其父攻习经书，揣摩词章，至1893年其父病逝，虞和钦之学问已小有所成，在经学、诗文方面皆具一定造诣。父亲死后，虞和钦遵母命转从父执虞本初读书。翌年，其母复病笃，奄奄一息之际，目光凝注于虞和钦兄弟身上，气绝而目难瞑。虞和钦大惊失色，强忍悲痛，跪地告慰："吾兄弟二人，当立志读父书，谋自成学，请吾母勿忧"，言讫，虞母双目方渐瞑。父母的殷殷希冀、谆谆教诲，对虞和钦人格和学问的养成起到了非常重要的作用，他日后能成为中国杰出的科学家、教育家实可谓其来有自。

甲午中日战争后，外患频仍，仁义之干橹不足以对抗夷狄之坚船利炮，有识之士乃致力于西

虞和钦译《中学化学教科书》

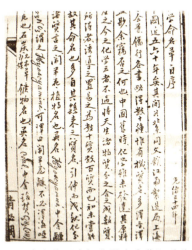

虞和钦《有机化学命名草》手稿

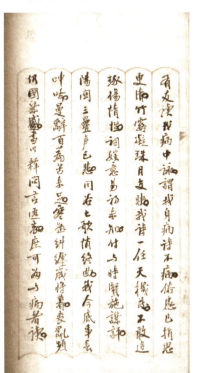

虞和钦诗稿

学，希冀从中找到富国强民之路。虞和钦投身时代大潮，戮力西学，先后在家乡柴桥、鄞城、上海等地从事科学宣传与实业救国活动。1899年，他和钟观光、钟衡藏等人在家中创立"实学社"（即"四明实学会"），专力探研声、光、化、电诸科学。为深入了解、探究西方科学，虞和钦等购置了大量译著、期刊，努力钻研，不舍昼夜，并依照书中所示方法进行试验。不久以后，他们用骨灰和硫酸试验制造黄磷成功。这一成就使得虞和钦等颇为振奋，他们想到，黄磷是制造火柴的重要原料，若能开设专门的黄磷制造厂，以之挽回利权，岂不是大有益于国家。1900年，虞和钦等赴上海面见时任商务大臣的盛宣怀，申请制磷专利，盛宣怀遂派遣专人考察，最终得出"制造得法，不让外洋"的结论，于是准许专利十五年，批准设厂制磷。1901年3月，虞和钦与钟观光邀集张之铭、林涤庵等商议设厂制磷事宜，随即集资一万元，租赁上海南池胡同（寻迁浦东烂泥渡），创办我国自行设计、自筹资金的第一家造磷工厂——灵光造磷厂。由于缺乏必要的仪器设备和原料，虽有虞和钦等惨淡经营，灵光造磷厂还是在半年后因亏损过多而不得不停业。

造磷厂停办后，虞和钦留在上海处理善后事宜，钟观光、张之铭远赴日本考察，得知新法造磷多用电解，旧法成本太高，难与新法竞先争胜。

于是再次召集同人，决定创办科学仪器馆。1901 年 12 月 8 日，虞和钦等以五千两纹银为资本，在上海五马路（今广东路）宝善街开设科学仪器馆，这是我国第一家以专门经营、制造科学仪器为职志的仪器馆。

1902 年夏，虞和钦参加由蔡元培等发起成立的中国教育会，并于本年冬至次年春义务为爱国学社、爱国女校教授理科课程。1903 年初，虞和钦在科学仪器馆创办《科学世界》，介绍科学新知，这是我国最早以"科学"命名的综合性自然科学杂志。

1905 年初，虞和钦负笈东瀛，在东京帝国大学（今东京大学）专研化学。三年后，虞和钦学成归国，通过部试、廷试，任清廷学部图书局理科总编纂、游学毕业生部试格致科襄校官，并以"硕学通儒"身份钦选资政院候补议员。

在晚清黑暗、腐朽的政治环境下，虞和钦不惧艰难，与友人一起，思以科学实业实现复兴中华之伟志，创办实业、宣扬科学，启黔黎之愚蒙，接世界之轨辙，虽百折而不挠，终积渐而有成，上个世纪三十年代，即有学者称虞氏为"今日中国化学界之鲁殿灵光"，功成在我，褒扬由人，虞和钦的努力获得国人至高赞许。

二、壮岁生涯，游宦四方

民国时期，虞和钦腾天潜渊之才情自科学转而移注于政治，他先后担任过北洋政府教育部主事、视学、编审员，山西、热河省教育厅长、绥远实业厅长等职。

虞和钦所任职事虽然皆与学问、学术、文化相关，但光有学问、学术修养，缺乏实干才能，也绝难称职有为。虞和钦自 1917 年 9 月 21 日出任山西教育厅长，至 1923 年 2 月 24 日卸职，在任近六年，六年中，虞和钦兢兢业业、奋发有为，积极响应阎锡山的号召，在山西大力兴学，新增小学两万五千所，增加学生五十多万人，同时设立专门学校、中学、师范学校等十余处。在民国人所写履晋游记、日记中，尚保留着虞和钦任山西教育厅长时的相关史料。1921 年 10 月 5 日，王卓然陪同孟禄自北京出发赴太原考察山西教育，在北京车站，适遇赴京办事的虞和钦，在孟禄一行到晋后，虞和钦亦曾作陪，并回答相关问题。现在，不妨摘举几则《孟禄与山西教育界人士谈话录》（1921 年 10 月 8 日）中虞和钦的言语："江浙两省的教育，有许多的地方比山西好。但所办的学校数目少，所消耗的金钱数目多。以多量的金钱，办少数的学校，学校的教员自然容易请，学校的设备，自然容易比较完备，所收的效果较好，自是当然。若以同样数目的金钱，去办更多的学校，学校聘人与设备，皆限于经济，自难把学校办好。实行强迫教育，学校数目加多，一时经济力与人才皆感不足，教育实不易办好。故在今日的情况下，想使学校数目多，教育就不能办好。想把教育办好，学校的数目就不能多。二者不可得兼。江浙两省的情形，无有好教员时，则学校宁可不办。在山西省，我与阎督军的意见是先办强迫，不论其好坏。都开办之后，然后再谋渐渐的改良。因为我们信小学教育如人生的衣食住，不论贫富全不可缺。经济与人才充足办教育，不过如富人衣食住较好一点。经济与人才不充足办教育的，同贫的人一样，衣食住不妨少俭陋一点。但是绝不可少的。这是我对于山西省普及教育的意见"。"小学教师的资格，可以分为四种：（一）完全的旧时学者，即科举时代私塾出身的人；（二）旧时学者兼受一点师范讲习所的教育；（三）山西国民师范的毕业生；（四）师范毕业生，就是五年毕业的"。"山西于寒苦村落的教育，尚有两个法子：（一）使寒苦村落的子女，到近处大村就学，食宿于其地。惟做父母的，多不愿他们的子女远离，所以试行之后，成绩也不甚好；（二）把学龄六岁延长到十岁，以便儿童胆力少壮，每日便可跋涉就学"[1]。由以上引文可知，虞和钦对当时的山西教育，有目标、有途径、知得失、善应对，这充分体现出虞氏并非埋身故纸堆、皓首穷经的冬烘学者，而是学以致用、具有匡世济民之才的国之伟士。

亦是在晋为官之时，虞和钦与古琴结缘。虞和钦既有深厚的中国传统文化修养，复有留学东洋，接受新知的经历，诚然是晚近不可多得的杰出人才。他对化学学科

[1] 苏华、何远编，《民国山西读本·政闻录》，三晋出版社，2013 年 8 月第 1 版，第 56—60 页。

的钻研、宣播，体现出一个在新思想潮流影响下
睁眼看世界的学人之视野；他对古琴艺术的执着、
习练，则表呈着一个中国传统士大夫修身理性、
返璞归真的人间情怀。

　　虞和钦之琴艺受自九嶷山人杨时百。1921 年
7 月 3 日，元音琴社在陆军审判处之东园举行第
二次大型琴会，虞和钦与会，或曾着围棋、吹洞箫，
但未鼓琴，可以判定，彼时虞和钦尚不通琴道。
1922 年 9 月 10 日，元音琴社在陆军审判处举行第
三次大型古琴雅集，欢迎古琴大师九嶷山人杨时
百琴旌莅晋，在这次琴会上，虞和钦演奏琴曲《长
门怨》。《长门怨》是一支适宜初学者的短曲，
可知此时虞氏刚刚接触古琴不久。亦是在这次琴
会上，虞和钦发表讲话，自称与杨时百为"前清
学部旧同寅，相识已十余年"，因此，在九嶷山
人入晋后即下榻虞氏的莳薰精舍，虞氏并广告众
人"若诸君愿来研习者，可分部学之，如《渔歌》、《胡
笳》等，各人认定一曲，方得专精，时间即自行
酌定"。据孙森《元音琴社回忆录》，杨时百住
教育厅莳薰精舍"半载有余"，那么在这半年多
的时间中，虞和钦自不免向九嶷山人多多请益、
钻研琴艺。1923 年 4 月 26 日，杨时百、虞和钦等
人在北京举行岳云别业第四次古琴雅集，虞和钦
上午与杨葆元合奏《秋鸿》，下午独奏《空山忆

虞和钦所制"蕉雨"琴

故人》，时人评云"下指严谨"、"不同凡响"、"颇极缠绵悱恻之致"[2]，由是可知，此时虞和钦琴学造诣已较深湛。值得一提的是，在这次琴会上，虞和钦所斫古琴亦翩然侧身其间，用助雅兴。虞和钦斫琴技艺得自杨时百仆人秦华，虞氏所斫之琴名"虞韶"，统一百张，当时名流多为题咏。

居晋之时，虞和钦与赵炳麟相识、相知，交情款密，且结为儿女姻亲。赵炳麟四子，长子恩赐，未成年而夭，余三子依次为：元武、成武、钦武，其中，成武结婚之时正值顾卓群、彭祉卿等琴人寓晋授琴之日，赵炳麟自述其"子媳皆从卓群学琴"[3]，但成武之妻显非和钦之女，这是因为，在赵炳麟作于 1920 年的赠虞和钦的诗中，已称和钦为"亲家"（诗即《和钦亲家以潘思牧＜种梅图＞见赠，赋此纪之，并怀故友江杏村》，参下文），而彭祉卿入晋传琴时在 1921 年晚秋或冬月，彼时竹垣与和钦早成亲家久矣。依此，若是竹垣子娶和钦女，则男方必是元武无疑。又，1922 年 9 月 10 日，元音琴社举行第三次大型古琴雅集，时有虞雅女士演奏琴曲《醉渔唱晚》，不知此虞雅是否即和钦之女也。惟现今经笔者寓目之相关资料中，未见竹垣有女之明确记载，亦未见和钦有女之显明痕迹。文献不足征，以上推测只能姑备一说。

虞赵交谊之深，可由二人互赠诗歌觇见之。今虞和钦诗集寻觅无处，试举赵炳麟集中相关篇目，以见虞赵交情之一斑。《旅居文瀛湖虞和钦馆丈以诗见戏依原韵赋此答之》：

陆沈久已惜神州，尘土功名三十休。悯世管宁原避地，忧时王粲强登楼。轻投黑白怜庸手，苦战玄黄到劫头。日课农桑官亦隐，看书教子本无愁。[4]

《和钦亲家以潘思牧＜种梅图＞见赠，赋此纪之，并怀故友江杏村》：

[2] 引文俱见《今虞琴刊》，民国二十六年五月今虞琴社编印、中央音乐学院"中国古琴音乐文化数据库"编辑委员会承印，2006 年 12 月 20 日，第 14 页。
[3] 赵炳麟，《赵柏岩集》（下），广西人民出版社，2001 年 1 月第 1 版，第 344 页。
[4] 赵炳麟，《赵柏岩集》（下），广西人民出版社，2001 年 1 月第 1 版，第 282 页。

莲巢善画一樵继，两潘并美名如雷。　我昔曾遇吴门客，鬻我便面同琼瑰。

梅阳山人偶见之，为题数语重低徊。　年光一瞬十余载，神州浩荡飞尘埃。

自从吏隐来山右，订交得子心无猜。　文瀛湖上几联句，傅公祠前数举杯。

更有一癖同好古，零缣断幅搜罗堆。　君今赠我一樵画，点缀烟云费妙裁。

感君雅谊不敢却，披图百感从中来。　梅阳种梅三百树，树树含有冬青哀。

江郎一去不复返，梅花万古犹长开。　风雪练神冰练骨，寒香弥满空山隈。

子山园小花偏茂，蒹葭露白堪溯洄。　并门一隐忽三岁，荒我花圃生莓苔。

曾当匿迹春明去，夜雨西山好种梅。[5]

《答虞和钦自北京寄柬》：

我本清湘灌园叟，无端游宦来幽并。　几年学吏似学佛，幸有俦侣心为倾。

滔滔岁月去不返，六载新旧若楸枰。　朱徐已死君归去，感念畴昔衷怦怦。

颇思桂林耕钓处，万松环绕襟期清。　昨宵得君山谷语，朗诵字字如瑶琼。

琴儿大好洵堪乐，我闻犹为浮一觥。　临池作字盘秋蚓，吹箫低唱啼春莺。

寄语东风善维护，毋令妒雨摧红英。　我家云儿偏工懒，惟操井臼陪山荆。

岂徒字画久不理，昔年此曲亦荒生。　我说琴儿作劝勉，伊言家俗毋轻更。

听讲君诗只憨笑，一言托慰琴儿情。　柔存刚折守老训，万事如此君莫惊。[6]

事无巨细，无所不谈，甚或款款叮咛，足见两人交情之深密。

虞和钦于 1923 年调入北京，任财政部参事上行走，后应冯玉祥之邀，任陆军检阅使署秘书，其时冯玉祥同外界联系的重要函电均由虞和钦拟定。1924 年虞和钦开始兼任陆军检阅使署编辑审查会主任。公事之余，虞和钦模山范水学习绘画，临摹魏碑苦练书法，还对《道德经》注入精力，钻研不辍，颇有心得。冯玉祥对虞和钦

[5] 赵炳麟，《赵柏岩集》（下），广西人民出版社，2001 年 1 月第 1 版，第 291—292 页。

[6] 赵炳麟，《赵柏岩集》（下），广西人民出版社，2001 年 1 月第 1 版，第 235—236 页。

冯玉祥

极为尊重，即便自己吃窝窝头，也要用馒头、肉菜招待虞和钦。冯虞二人常在夏夜息迹柳下池边，倾心长谈。

1924 年 9 月，直奉战争爆发，冯玉祥奉曹锟之命任讨逆军第三路军总司令，率领军队出古北口入热河，虞和钦仍驻使署办事。10 月 22 日，冯玉祥回戈讨伐贿选总统曹锟，逼其下野，随即通电全国，组织国民革命军，自任总司令兼领第一军，推段祺瑞为元帅，由黄郛组织临时内阁。曹锟嫡系吴佩孚闻讯，匆忙率军回天津讨冯，虞和钦受冯命与日本顾问松室孝良奔赴前军张之江行营参赞军事。经过三天激战，吴军仓皇败退。

冯吴战争结束后，冯玉祥实力大增，势倾全国，虞和钦协助冯接见各省使者，处理日常函件。段祺瑞上台，冯玉祥改任西北边防督办，驻军张家口，虞和钦随行，为西北军筹饷事奔走于京、张之间。段祺瑞重和钦之才，乃暗示财政部委以帮办之职。当段祺瑞、冯玉祥之间出现分歧、摩擦时，和钦即代表冯玉祥拜谒段祺瑞，解释谣言、疏解段冯关系。参赞冯玉祥莲幕期间，虞和钦还曾为冯撰拟《救国十策》，惜段祺瑞政府未能依策而行。复受冯玉祥派遣，赴苏联考察军事、政治，归国后，虞和钦写成《游苏视察记》一书，详细介绍苏联政治、军事以及各阶层人民的生活、思想状况。

1926 年 1 月，冯部大将宋哲元任热河都统，虞和钦参赞宋幕，任热河教育厅长，入住避暑山庄，同时兼职于热河市政筹备处，对热河货币猛跌进行有效处理。2 月，专任教育，在两个月内创办国民师范、女子师范、模范小学以及通俗讲演所，大开民智。同月，张作霖率奉军大举入关，吴佩孚卷土重来，兴兵图豫，两股势力联合攻冯。冯玉祥通电下野，张之江继任西北督办，调动军队阻击张吴，风云突变形势骤紧。动荡之际，虞和钦抱定"多办一日事，即为民多造一日福"之信念，坚持振兴热河教育，毫不懈怠。张吴步步紧逼，宋哲元欲退兵多伦，又恐承德城内变生肘腋，于是定计雇佣数十泥工粉刷省府墙壁，并嘱虞和钦于 2 月 16 日选择避暑山庄著名景点设宴款待全城士绅名流，以安众心。当日，酒过三巡，虞和钦弹奏古琴助兴，并轮流邀请宾客歌唱北曲。当此时，宋哲元大军已在觥筹交错、琴声宴乐中北撤。宋哲元与虞和钦等随从人员七八名后行，途中数次遭遇小股吴佩孚部队，虞和钦不惧艰危，毅然持枪对射，力抵吴军。到达张家口后，虞和钦改任西北边防督办公署参议，继而又兼任西北军财政委员、京绥路商货统捐局总办等职。8 月，西北军退兵绥远，宋哲元就任绥远都统，委任虞和钦为实业厅长兼垦务总办并清理官产处坐办。

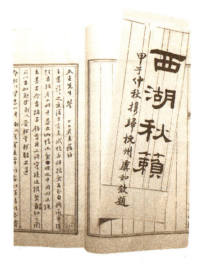

虞和钦著《西湖秋籁》书影

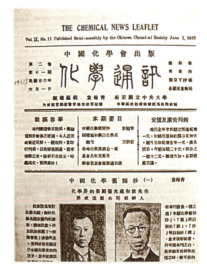

1937 年《化学通讯》报道虞和钦

在半年多的战争中，西北军损失惨重，势力骤减，虞和钦中心感伤，遂写诗寄给远在莫斯科的冯玉祥，"商吹凛烈风雨霜，大军西戍何遑皇。曳兵散出云中道，阡陌什伍不成行。有若河决侵巨野，冲津赴渚任汪洋。元戎北溟绝消息，虽有诸将难周防"，愁郁之情，溢于言表。

西北军与阎锡山讲和后，让出绥远，由阎部大将商震主绥远政。虞和钦之前既曾做过山西教育厅长，人望、才干俱高，商震早有所闻，至是乃力请和钦赞成其事。但虞和钦久历戎马艰辛，已然厌倦政事，1929 年，商震改任山西省主席，和钦不愿随行，乃辞官赴北京，后于 1930 年 4 月南下上海。

三、晚年遭际，孤岛余生

虞和钦既厌军政之事，乃重返上海，决心就其所长，提倡化学，重拾旧业，实业救国。经认真考察，他决定先在上海开办硫酸厂，此举得到孔祥熙与何应钦的特准。1930 年秋，虞和钦在上海设立开成造酸公司筹备处。同时一面在银行贷款，一面向挚友借钱，三个月后，购地置厂，一边招商引资，一边建筑工厂。那时候，很多人对化工实业毫无概念，虞和钦早出晚归，四处集资，收效却并不理想。世态炎凉，固所饱尝；唇枪舌剑，家常便饭。虞和钦抱定"临大难不惧，受奇辱能忍"之决心，艰难奔走近一年，终于筹足股金六十万元，硫酸厂正式投入生产，经多次试验，产出的硫酸质量甚好，销路广阔。创业虽艰，但是随着情况的好转，董事会中矛盾重重，性情孤特，深怀雅量高致的虞和钦不愿与人争蝇头之利，乃致函董事会，请求辞职，同时推荐方液仙代替自己继任公司经理。

辞去硫酸厂经理职务后，虞和钦在蕴藻浜租屋隐居，以垂钓、著述、鼓琴、养花自娱，过起了"诗书塞座外，桃李罗堂前"的洒脱、隐逸生活。时或传琴课徒，以缓解行将燃眉的经济压力，复设华亭书屋，出售自己家藏图书，偶尔也鬻售自作书画。

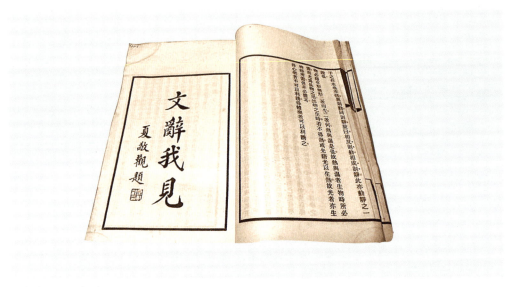

《文辞我见》书影

"八·一三"事变后，虞和钦自沪东移居沪西，深居简出，每天关注上海抗战实况，作诗述怀，后裒辑得诗一百六十六首，编为《沪战杂诗》。日寇侵华，炎黄罹难，躲进小楼成一统以作诗遣怀排忧的虞和钦，其内心日夜被愁苦所煎迫，不能为国效力，中心感到惭愧。后来，在其子的建议、鼓励下，虞和钦筹款建设开明电器厂，随后得友人资助，于 1939 年 2 月开始生产电灯泡，由于产品质量较好，一度远销东南亚各国。电器厂盈利后，虞和钦复在上海开办葡萄糖厂，竭尽全力以实业报效灾难深重的祖国。

1944 年 8 月 12 日，身患胸膜炎的虞和钦在上海寓所病逝，时年六十六岁。

虞和钦学富才雄，除在化学专业卓有建树外，他的诗文、琴艺、书画俱达极高境界，造诣超凡。《和钦文集》总计十八种，其中《诗文集》、《性理说》、《文辞我见》、《诗板臆论》俱已刊行。他为杨时百《琴镜》所作《琴镜释疑》附于杨氏《琴学丛书》之《琴镜续》后刊行，此书体现出虞和钦对古琴指法，尤其是"吟猱"的独特、细微的见解。

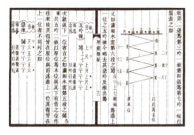

《琴镜释疑》书影

虞和钦诗集书影

在古琴演奏上，虞和钦对杨时百颇为推崇，《琴镜释疑序》云"余幼好诗，凡古人之诗无不读。中岁兼好琴，闻有擅弹者无不访。晚遇杨子时百，始得操缦之正，而知昔之所习者皆非也"[7]，又云"余于诗最爱杜，以为古今之诗莫杜若；于琴最爱杨，以为今人之琴莫杨若。杜以诗、杨以琴，其沉郁顿挫、周折规矩，举无以殊。故曰琴之杨，诗之杜也"[8]。

在民国山西琴人中，虞和钦身世最为传奇，他多才多能，无论从政从商，俱有高卓建树。他足迹遍南北，学问贯中西，无奈生逢乱世，凌云雄才未克尽展。他死后，其至交好友桂铸西尝作挽诗一首慨其生平，颇堪概述其波澜壮阔、沉郁顿挫的一生："蛟门屹立虎蹲雄，旷代奇才出个中。游学十年渡东海，归来一试捷南宫。山西桃李栽都遍，冀北骅骝顾已空。遭世乱离成永诀，伤心不见九州同"。

[7] 杨宗稷编著，《杨氏琴学丛书》，湖南教育出版社，2007年12月第1版，第483页。

[8] 杨宗稷编著，《杨氏琴学丛书》，湖南教育出版社，2007年12月第1版，第484页。

顾卓群（1881—1935）

一、琴学渊源

山西元音琴社 1920 年雅集图：前排右四顾卓群，后排右一冯鹏翯，后排左二招鉴芬。

　　顾荦，字卓群，又字敏卿，号琴痴，以字行。祖籍四川华阳，生于湖南长沙。顾卓群琴学功力深邃，招学庵曾赞誉其琴艺"超妙入神"。惜现今可以见到的有关其生平之史料极寡，难以窥睹其全幅神貌。

　　卓群之父顾玉成字少庚（1837—1906），家学渊源深厚，其父顾庚山为清代道光年间成都著名书画家。少庚幼承庭训，多历熏陶，年甫十九，在成都与欧阳书唐、谭石门诸友学琴于青城山道士张孔山，尽得张氏琴学，其中尤以张氏所创"七十二滚拂流水"精湛逸伦，堪称绝艺。清光绪元年（1875），顾玉成举家迁居湖南长沙，任知县。

顾少庚学识广博、琴艺精湛，实为华阳顾氏琴学家族之奠基人。履任湘中之时，顾少庚传琴于长子顾隽（字哲卿）、次子卓群，以及侄儿顾熙（字劲秋），并与彭祉卿之父理琴轩主彭家骧（筱香）彼此切磋、相互传琴。顾少庚室名百瓶斋，故其所著琴谱名《百瓶斋琴谱》，此琴谱凡四卷，未刊行，由后人手抄以传。[1]

顾卓群幼得乃父琴学真传，年既长，遂与其兄顾隽独张一军，广结琴缘，琢磨琴艺，发愤琴学。1912年，顾氏兄弟在湖南汇聚琴友，创立南薰琴社，社员凡十人，除顾氏兄弟外，余者为：安县陈六奇，湘乡曾曼云、曾兆泰，长沙何静涵、周吉荪，以及顾隽子梅羹、卓群子国屏、镜如。南薰琴社初始社员虽少，却开湘中琴社之先河，为湘中琴学有社之嚆矢。1917年，顾卓群又与彭祉卿联合主持创立愔愔琴社，社员除南薰旧人外，多为顾卓群、彭祉卿之琴弟子。

1919年，顾卓群入晋传琴，从此开始其琴学生涯的新篇章。

二、传琴河汾

1919年，顾卓群受聘入晋，任山西自省堂鼓琴。关于顾卓群入晋时间，现在能看到的最早涉及其履晋行实的史料是孙森在《古琴征访录》中所记述的1919年，孙森、顾卓群一同赴榆次购琴，中途虽小经波澜，终得宋徽宗良琴"龙门风雨"（事在《孙森传》中）。但顾卓群入晋之初，似有一较短时期只从事自省堂鼓琴，直到1920年，才开始公开授琴。此有当时报道为证：

琴为我国最古之雅乐，能以移情淑性，澄虑净心。惜乎古调不弹，《广陵散》

---

[1] 按：2015年11月，在当代斫琴名家、著名古琴演奏家王鹏先生的大力帮助下，顾氏《百瓶斋琴谱》终于由中国书店影印出版，此次影印的底本为四川琴人唐中六所藏，顾梅羹先生毛笔手抄本。

几成绝响。顷者湖南南熏琴社社长顾卓群先生莘，以之江旧族，巴蜀名流，游踪暂羁晋中，愿以七弦问世。为赓续本国绝学起见，闻将得有心人而传授之。成连已来，子期安在？

惟愿吾晋士夫亟抱绿绮以相从，勿失此交臂之良机可也。记者日前曾聆先生之雅奏于洗心社大自省堂，初为《五知斋琴谱》之《普庵咒》，继抚《醉渔晚唱》[2]。一则浏亮静穆、闻之怡旷；一则沉郁苍凉，有海山天风之概。俗耳一洗，胸次为快。平生幸事，无过此已。[3]

1920年《来复报》报道顾卓群入晋传琴。

由以上引文，可知当年顾卓群入晋传琴，乃是与三晋振兴雅乐密切相关的一件大事。

亦在此年仲春，为扩大古琴影响，推促三晋雅乐之昌明，顾卓群与三晋琴人孙森、李官亭等创立元音琴社，由卓群任琴社主讲。

顾卓群琴艺高绝，能弹二十余曲，以《潇湘水云》、《墨子悲丝》、《昭君怨》最有心得。三晋琴人，若孙森、荣鸿胪等俱尝从其学琴，同时，顾卓群也在元音琴社开班教授古琴学生，培养山右琴学后劲。

方元音琴社组建创设之际，元音琴人招鉴芬之友人巴陵张少阶自湘入晋探望学庵，文酒之余，琴社同人乃一弹再鼓，共奏二十二曲，这二十二

[2] 按：当作《醉渔唱晚》。
[3] 《中国雅乐之昌明有望》，《来复报》，1920年，第103号，第13页。

1920年《来复报》报道元音琴社同仁雅集。

曲中，多数当为顾卓群所奏，或由顾卓群之琴弟子所鼓，其中《潇湘水云》、《墨子悲丝》、《昭君怨》赫然在焉。

顾卓群既掌元音琴社，则造育琴学良材，恢弘华夏正声自属义不容辞之职志。为此，他与孙森等琴家曾组织过三次大型古琴雅集，以扩大雅乐之影响，扩充古琴人才之阵容。

1920年11月14日下午，顾卓群召集元音琴社同人在山西陆军审判处之东园举行大型雅集，与会者凡十六人。会上，顾卓群独奏《风雷引》，并与林元复合奏《阳关三叠》。在琴会行将结束之际，顾卓群复用唐琴"月下松风"与宋琴"龙门风雨"两奏平生所擅的《潇湘水云》，一弹再鼓，其潇洒神貌，令人神往流连。

1921年7月3日午后，顾卓群复主持召开元音琴社同人雅集，地点仍为东园。由于此次琴会距离元音琴社成立时间已经一年有奇，顾卓群晋中授琴已初见成效，因此本次琴会参与人数骤然增至数十人。这一次，他主要通过与琴人合奏来提升合作者的琴艺，并藉以展示琴社的实力及人才储备。在琴会上，顾卓群分别与窦翘芝合奏《普庵咒》，与段忠甫琴箫合奏《阳关三叠》，与招学庵合奏《潇湘水云》，与孙净尘合奏《平沙落雁》，与孙异同合奏《风雷引》，而他自己仅独奏《孔子读易》、《墨子悲丝》两曲。

1922 年 7 月，顾卓群所撰《元音琴谱》由阎锡山为之刊行，赵炳麟为之作序。同年 9 月 10 日，以顾卓群为主席，元音琴社同人在陆军审判处举行第三次大型琴学雅集，欢迎古琴大师九嶷山人杨时百入晋传琴，到会者百余人。会上，顾卓群率先发言，申明本次琴会之宗旨，并演奏琴曲《潇湘水云》，其子顾国屏演奏琴曲《孔子读易》。

顾卓群主持召开的元音琴社三次大型古琴雅集，对三晋琴学的推动鼓扬起到极其重要的作用，元音琴人孙净尘在第三次琴会上曾说"（本年琴会）琴社同人又多至数十倍，合男女两界学生计之，且将过百数。三数年间，乃能发达至此，可见开琴会之效力，真可以促进一般人之兴趣，鼓励后进者热心"[4]。实际上，元音琴社在上个世纪二十年代所举行的三次大型琴会，前两次主角均为顾卓群，第一次可视作顾卓群以个人魅力及琴学造诣扩大琴社影响，第二次实为顾卓群教学成果的集中展示。只有第三次，因彼时开会之宗旨即为欢迎古琴大师杨时百，且彭祉卿、顾梅羹等琴家皆已入晋，所以顾卓群仅奏一曲，角色不甚突出。

顾卓群在三晋传琴甚久，1924 年，"雅乐班三年有成"，彭祉卿、杨友三、沈伯重、顾梅羹相偕返湘，而顾卓群依然栖迟山右，操缦授徒。1925 年秋，顾梅羹在湘中与愔愔琴社同人会琴麓山，作《乙丑重九前三日与琴社同人会琴麓山》，中有句云"有叔有弟滞晋阳"[5]，可知此时顾卓群及其子国屏依然息迹并州。顾卓群具体于何时离并，目前难以考知。

卓群卒年，亦存异说。据《琴人问讯录》顾荦条，顾荦"卒于民国廿五年丙子岁，得寿五十有五，葬长沙"，而孙森条则云"卓群故于民国二十四年"。窃意孙森之

[4] 《元音琴社欢迎杨时百先生志盛》，载《来复报》，1922 年，第 221 号，第 10—13 页。
[5] 《今虞琴刊》，民国二十六年五月今虞琴社编印、中央音乐学院"中国古琴音乐文化数据库"编辑委员会承印，2006 年 12 月 20 日，第 310 页。

记乃是凭借传闻、记忆而书，顾莘条下的信息则当为卓群湘中亲属之笔，其可信度自然更高，以此，卓群之卒年当以 1936 年为正。

顾卓群毕生以琴为伴，早年习琴于父，既长，与乃兄联袂自树旗帜，张扬琴学，复与湘中友人切磋琢磨，培植后劲。壮岁入并，立琴社、传琴艺、撰琴谱、育琴才，为恢弘拓进山右琴学不辞劳苦，立下卓越功勋。

如果说，顾卓群在湘中的琴学活动还只限于琴友朋好间的切磋自娱、愉心悦志的话，那么入晋以后，由于阎锡山的大力推鼓，乘着山西振兴雅乐之契机，顾卓群之琴学生涯乃焕发出一种勃然生机：它突破了一己哀乐之抒述表呈，突破了知音相赏、闻弦辨音之意涵，乃演变为以造育新人、保存国粹、复兴华夏礼乐淳化世道人心为目的的具有大意义、大内涵、大担当的行为。同时，由于山西元音琴社的创立，以及育才馆开设雅乐班、国民师范开设雅乐研进社，教琴、传琴的个人行为，演变为一种有组织、成规模的教琴、传琴活动，这就为广育琴学弟子，发扬华夏琴学奠定了坚实的制度保障。1922 年，时任山西实业厅长的赵炳麟为顾卓群《元音琴谱》作序，称赞他"授琴数年，弟子满河汾"[6]。由此可说，顾卓群入晋传琴对山右乃至华夏古琴艺术之振扬都起到重大作用。

[6]　赵炳麟．《赵柏岩集》（下），广西人民出版社，2001 年 1 月第 1 版，第 132 页。

招学庵（1884—1965）

一、家世

招学庵，名勋，字鉴芬，号学庵，又号南海布衣、邮亭老卒，广东南海横沙（今属广州白云区）人，清代著名画家招子庸（1793—1847）之后（一说鉴芬为子庸族孙）。

广州城西，以增涉河为界，旧属南海县境，其地有大岛名浔峰洲，即今之金沙洲。岛上沙贝、横沙两村（现均已划归广州）声名颇著。沙贝是明末陈子壮的故乡，而横沙则孕育了清代著名画家、文人招子庸。

招子庸，原名功，字铭山，号明珊居士。生于书香门第，其父招茂章少年孤忤，忙于生计而艰于一第，故训子极严，对招子庸寄予厚望，勉励他"勿使家声坠"。其母潘氏亦知书懂礼，擅长持家、教子。

招子庸文笔矫健，善骑射，能挽强弓，嘉庆二十一年（1816），中武举人，然其后屡次应考进士不第。无奈之际，遂与文友于广州结成诗社，彼此唱和。在此期间，招子庸搜罗青楼歌伶所讴咏的民间唱词俚句，以粤语韵律加以变调整理，著成《粤讴》一书，全书凡99题，121首歌谣。《粤讴》之内容，多为男女爱情之事及沦落青楼之女子的怨苦之词。招子庸以其杰特的文笔，将男女

招鉴芬

招子庸画作

情事及悲苦之词写得凄婉动人，且具有浓烈地方文化色彩。同时，由于招氏精通音律，故他编著的这些"粤讴"音乐性极强，且雅俗共赏，遂在坊间广泛流传，颇得时誉。《粤讴》刊刻于道光八年（1828），光绪三十年（1904）由当时的香港总督金文泰将其译成英文，更名《广州情歌》，绍介到欧洲。撰成《粤讴》之后，招子庸以"大挑一等"[1]分发山东，任临朐知县。铭山不修边幅，然有干济才，勤于吏职。其后潍县发生马

[1] 按：所谓"大挑"，"（乾隆）十七年，始定大挑制，于会试榜后举行，仅乾隆三十一年、五十二年两科于榜前挑选。大挑六年一次。资格初为经过会试正科四科者，嘉庆五年改为三科，到遇挑之年，取其同乡京官印结，族人取其本管佐领图片，呈请由礼部查造清册，注明年岁咨送吏部。届期吏部堂官先过堂验看，然后请旨派王大臣于各省举人内公同挑选，重在形貌与应对。"文见商衍鎏，《清代科举考试述录》，故宫出版社，2014年4月第1版，第123页。

招子庸画作

刚造反大案，清廷派铭山侦断。铭山以单枪匹马
入潍，擒其贼首，遂改知潍县。后曾一度升任知府。
道光二十一年（1841）因受友人案牵连，子庸罢官
归里。道光二十六年十二月十六日（1847 年 2 月 1
日）子庸病逝于家乡横沙。

铭山匪特文笔绝佳、谙熟律吕，且精于绘事。
他最擅长画的是竹、蟹，以及人物、兰花、蝴蝶
等。他的画风受宋人尤其是苏东坡影响较大，师
法自然而以己心融化领悟之。他的家乡竹林极多，
故今存铭山画作中，以竹为素材者较夥。他曾自
题其所绘竹图"画竹应师竹，何须学古人。心眼
手俱到，下笔自通神"。这和苏轼"作墨竹，从
地一直起至顶"（米芾《画史》）的画法异曲同工。

横沙地近珠江，潮汐涨落频繁，每当潮退之时，
便有群蟹横行于沙滩，这为子庸提供了真实的绘

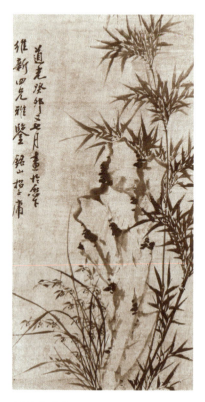

招子庸画作

蟹标本。他笔下的群蟹神采奕奕、栩栩如生，而琐屑毛介、曲隈芒缕，无不备具。

子庸亦擅绘人物，尝仿金冬心《无量寿佛》，状佛之姿态奇伟而静穆，迥非凡手可及。释惠洪《题东坡画"应身弥勒"》云："东坡居士游戏翰墨，作大佛事，如春形容，藻饰万象。又为无声之语，致此大士于幅纸之间，笔法奇古，遂妙天下。殆稀世之珍，瑞图之宝。相传始作以寄少游，卿上人得于少游之家。二老流落万里，而妙观逸想，寄遇如此，可以想见其为人"。（《石门文字禅》）据此，则铭山之仿绘佛像，或亦有所寄托耶？

在1937年编印的《今虞琴刊》中，有《琴人题名录》一份，其中录有招鉴芬，在"家世、职业"一栏中，赫然地写着"板桥后身招铭山孝廉之后，邮政"[2]。谓招子庸为"板桥后身"，是因他所绘兰、竹，颇有郑燮风致。尽管，现在尚无直接证据可以证明招鉴芬在音乐、绘画方面的杰出造诣受到乃祖影响，但是任谁都无法否认家族的记忆会在一个人的成长过程中起着极其重要的作用，从这个角度来说，招子庸对招鉴芬的影响，必然是既大且深的。

二、湘中习琴

招学庵生于横沙，但因祖上在沪经商，家资殷实，故他年轻时随父寄居上海。招学庵一生从事邮政局工作，遂以"邮亭老卒"为号。

1913年，招鉴芬调任湖南长沙邮局，大约即在此时，学庵开始师从寓居湘中的泛川派古琴名家顾卓群学习古琴。先是，顾哲卿、顾卓群昆仲于1912年在湖南长沙创立南薰琴社，发扬华夏古乐，社员共有十人，除顾氏昆仲外，尚有：安县陈六奇、湘乡曾曼云、曾兆焘，长沙何静涵、周吉荪，顾氏子弟梅羹、国屏、镜如。湘中琴学之有社，自南薰始。学庵之得以师从顾卓群，当是由于同处长沙，耳闻南薰琴社

[2] 《今虞琴刊》，民国二十六年五月今虞琴社编印、中央音乐学院"中国古琴音乐文化数据库"编辑委员会承印，2006年12月20日，第242页。

之名，故欣然师事之。

数年之间，学庵自顾氏处习得《潇湘水云》、《昭君怨》、《梅花三弄》、《平沙落雁》、《阳关三叠》、《忆故人》、《醉渔唱晚》诸操，其中以《潇湘水云》一曲用功最深、最有心得。

在任职长沙期间，学庵亦可能受琴于彭祉卿。彭祉卿最擅长弹奏的琴曲为《渔歌》，而招学庵自述所能弹奏的琴曲，唯《渔歌》非传于顾卓群。

1917 年 11 月，顾卓群、彭祉卿集合湖南能琴之士，成立愔愔琴社，以为研习琴学之所。琴社成立之日，同人合影留念，学庵为作《愔愔琴社雅集图记》[3]。据学庵此文，当时参加愔愔琴社的能琴之士有：顾卓群、彭祉卿、蒋子坚、顾哲卿、沈伯重、顾国屏、顾镜如、顾梅羹、周吉荪、饶省三、李亚盦、招鉴芬。共计十三位琴人。学庵在《图记》一文中先论述古琴之功用及古代琴人艺事之精湛："琴之学废久矣。自虞舜孔子之徒，或来薰风、或却强暴，其气平、其心和，故其艺精，而其感物也亦速。厥后宓子贱鸣琴以治邑，伯牙鼓琴而志在山水，是皆善琴者也。迨蔡中郎之识焦尾，是亦能揣琴中之玄秘者也"。随后感慨晚近之世礼崩乐坏："耳之所听，无非卫淫郑靡之声。求一二知音之不可得，遑问以琴学鸣于世者哉"？最后，他陈述愔愔琴社的创立宗旨："华阳顾子、庐陵彭子辈，当礼衰乐敝之后，慨然以研究琴学，号召当世，其潇洒出尘，不与庸耳俗目竞一时之毁誉。其志量自不可及。是将由伯牙子贱以上窥虞舜孔子之门，岂特蔡中郎能识焦尾也哉？"

学庵在《图记》中所申述的琴社宗旨，并非耸人听闻，亦非故作矫情，而是具有现实针对性的。晚近以来，随着西学不断东侵，中国固有文化面临空前灾难，遭遇史无前例的重创。于音乐而言，则是国乐消退，西乐泛滥，甚至有人昌言"将来吾国益加进步，而自觉音乐之不可不讲，人人毁其家中之琴、筝、三弦等，而以风琴、

[3] 《今虞琴刊》，民国二十六年五月今虞琴社编印，中央音乐学院"中国古琴音乐文化数据库"编辑委员会承印，2006 年 12 月 20 日，第 14—15 页。

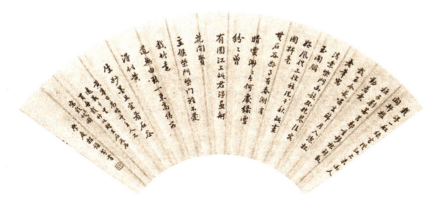

招鉴芬书法

洋琴教其子女，其期当亦不远矣"（沈心工，《小学唱歌教授法》，1905 年版）[4]。形势如此严峻，则彭顾等人创立琴社的中流砥柱意义就显得越发重大，不容小视。

招鉴芬在湘中追随顾卓群、彭祉卿习琴，为时最多不过五年，但已奠定他成为民国古琴大家的基础。

三、山右立社

1918 年，招学庵入晋，供职于太原邮局。就在这一年，招鉴芬与孙森因皆喜好作画而得以相识。而孙森复以论诗而与傅侠仙结交。其时也，李冠亭学琴、射于傅侠仙，侠仙因此暂居太原体育会。当时孙森的办公地点与太原体育会毗邻。故招鉴芬、孙森、傅侠仙、李冠亭，时相过从，一起焚香品茗，清谈操缦。冠亭叹羡学庵操琴时精妙的指法，学庵谦逊地表示自己琴艺尚未精纯，同时盛赞本师西蜀顾卓群的琴技，以为顾的琴技已经"超妙入神"。

令招鉴芬没有想到的是，他发自内心地对业师顾卓群的称赞，竟一下子引起李冠亭的浓烈兴趣。李冠亭那时候正热衷于古琴，在他看来，傅侠仙、招鉴芬的操琴技术已经十分了得，现在招鉴芬居然说顾卓群的琴技"超妙入神"。这当然令李冠亭倍感好奇，于是约集了好琴之士孙森、招鉴芬、傅侠仙等共请顾卓群来晋，创立琴社，提倡三晋琴学。

尽管诸人对聘请顾卓群来晋皆无异议，但问题是，既然是"聘请"，那么就必须付以酬劳，解决顾的生计问题。孙森等好琴之士，除招鉴芬外，其余皆是山西的政府官员。招鉴芬虽不在政府部门工作，但是他供职于太原邮局，也自有职事。调弦操缦，不过是这些人的业余爱好、文人雅趣。现在要聘顾卓群来晋，当然要为其解决生活问题。

民国山西太原自省堂

1917 年 3 月 11 日，在阎锡山的倡导下，由赵戴文、孟炳如等人发起，在太原宗圣总会内成立了"洗心社"总社，推举阎锡山担任总社社长。此后，各地纷纷仿效，在各县成立分社。洗心社内设有"自省堂"，供人们反躬自省、悔过自新。太原洗心社总社建了一个能容纳五百人的大型"自省堂"，堂内正面墙壁上悬挂着阎锡山亲笔题写的"悔过自新"四个大字的牌匾。每周日是当时例行的"洗心日"，届时，洗心社派一人主持，阎锡山率领属官到会，集体进行自省。自省的程序有：参加者全体静默十分钟；由选出的讲长作"洗心"演讲，主要是对儒家经典、宋明理学进行阐发。此外，洗心社也允许基督教传教士在会上演讲、布教。

由于有阎锡山的推行，洗心社在山西一直风行到 1925 年，省内各地分社才相继停办，洗心活动也逐渐停止。

孙森等人以为，古琴是雅乐，音律舒缓，风格静穆，很适合作为洗心社自省堂活动时的背景音乐。于是他们集体向阎锡山请示，希望聘请顾卓群入晋担任琴社的主讲，同时兼任自省堂鼓琴师。

1920 年仲春，碧草始芽，绿柳丝黄，顾卓群由湘入晋。于是孙森等人在太原正式创立琴社，命名"元音"，由孙森书写匾额，悬挂于体育会。顾卓群与傅侠仙同时在体育会下榻。但傅很快即因事回北平，直到十几年后，才重返太原。初创时的元音琴社，主要成员有：李官亭、顾卓群、窦翘芝、招鉴芬，以及孙净尘（森）、孙异同昆仲。

山西太原的元音琴社，是民国时期创立较早的琴社之一，在它之前，比较有名的琴社似只有湘中顾氏昆仲联袂创建的南薰琴社，以及顾卓群、彭祉卿联手创立的愔愔琴社。元音琴社踵武南薰、愔愔，是民国初年创建的第三个琴社，与其他琴社不同的是，元音琴社得到了当时山西主政者的大力支持，随着彭祉卿、杨友三、沈伯重、顾梅羹以及琴学泰斗杨时百等人的相继入晋，最终形成"中国此时琴学之盛，当推晋阳"的繁荣局面。

元音琴社创立后，于 1920、1921、1922 年连续举办了三次大型古琴雅集，在这三次大型琴会上，招学庵分别演奏了琴曲《平沙落雁》、《潇湘水云》（与顾卓群合奏）、《昭君怨》。演奏次序皆仅次琴社主讲顾卓群之后，可见其在琴社中举足轻重的地位。

邮局的工作，待遇优厚而工作清闲，爱好古琴的招鉴芬在供职晋阳期间有过一次关于古琴的奇遇。1921 年冬，招鉴芬赴太谷游赏庙会，在古物店肆中发现一张古琴，近视之，这张琴鬓漆晶莹，纹作疏影横斜之状，赫赫然梅花断也。学庵大喜，急询其值，偿以三十元购得。携琴归来，招鉴芬爱不释手，反复把玩，发现这张琴腹内腹外皆无题识，不知是何代何人斫制，亦不知何代何人曾抚。欣喜至极的他为此琴重新安弦调轸，以手弹拨，音韵清幽，迥异凡响。骤得嘉器，对于嗜琴的招学庵来说，无疑是人生之大幸。他常常在黄昏月下，正襟危坐，横琴操缦，奏《梅花三弄》，此时琴音清幽，茶香缥缈，人处其间，不知今夕何夕；清夜独啸，恍若凭虚御风。唐人李白《黄鹤楼诗》有句云"黄鹤楼中吹玉笛，江城五月落梅花"，琴有梅花断纹，学庵遂命以"江城笛"，题识岳山之上，款镌南海布衣。自此琴与人朝夕相随，珍若连城。

最晚在 1926 年春，招鉴芬调任上海邮务总局会计长，从此远离晋阳，与元音琴友天各一方。

四、海上琴话

招学庵于 1926 年离并抵沪，至 1935 年已供职南昌邮局。他居沪时间约有十年。招学庵在上海的琴学活动现在难以考知，但他留下了数则关于琴、笛的佳话。

居沪期间，学庵得古琴二、铜笛一。

1926 年，学庵自其绘画教师吴衡之处得良琴征鸿。此琴为仲尼式，体长一百二十二点五公分，肩阔十九点二公分，琴型扁而厚。琴身上铁青灰胎甚薄，隐隐然透出流水并牛毛断纹，螺钿为徽，玉石作轸，紫檀岳尾，桐木掌足，声音洪透，穿空遏云。龙池内朱书"大明壬辰获古良材益国黄南道人雅制"。这张琴的琴徽略呈鸿雁之形，颇勾起招鉴芬鸿爪雪泥、天涯羁旅之感，于是将其命名为"征鸿"。

就在这一年的夏天，学庵偕友人避暑江苏焦山，归来时路过邗沟，在那里购得一管铜笛。这管铜笛色泽黝黑、光润无比，上镌"开元四年"字样，审其笔意在篆隶之间。笛长六十一公分，内径一点五公分，管厚一点五公厘。尽管仅凭"开元四年"字样难以遽断此笛为唐代之物，但以此笛制作之精绝超卓，发音之清亮准确，亦可必其为稀世之珍。

1929 年，学庵复于上海大庆里中国书店偶然购得嘉琴玉涧鸣泉。此琴亦为仲尼式，体长一百二十三公分，肩宽十八公分，琴型扁而薄。漆色微紫而略带黑色，断纹为小蛇腹兼流水。这张琴声音松透，清亮而悠长，阔大且洪浑，琴背有秦蕉菴铭跋，定其为唐琴。

学庵供职沪上之时，彭祉卿主持的今虞琴社尚未创立，尽管彼时的上海琴人众多，且《晨风庐琴会记录·琴侣通讯》上已有招学庵的名字，但是由于他当年并未参会，因此在居沪期间，恐怕并没有多少知音与他琴瑟相和、吟唱流连。或许正是由于这个原因，学庵在居沪之时才将精力贯注在绘事上，写出了《国画花卉源流考》（1926 年 8 月）、《题蒋文肃花卉册》（1929 年 3 月）等论析画作的文章。

居沪期间，学庵尝于 1932 年携其平生挚爱的古琴"江城笛"南返广州，寻以家中失窃，宝琴被盗。学庵痛心疾首，连年踪迹，终难复得。此事成为学庵一生隐痛，直到 1936 年，他在著文时仍然感叹"惜学庵所藏梅花断琴，已为知音窃去"，若果落知音之手，物得其主，亦复何憾？只是，所谓"知音"，不过是学庵一厢情愿的自我慰藉罢了。

在今虞琴社历次的雅集记录上，从未见招学庵的名字，因那时他已供职于南昌。但是在上世

约 1930 年末，今虞琴社同仁合影，后最高者为招鉴芬。

纪三十年代末，学庵曾在上海与今虞琴社同人合影留念，大约那是他专程赴沪参加今虞琴社活动时的影像。

五、洪都栖迟

招鉴芬长期供职于邮局，其中工作时间最长的是在南昌邮局，他最后做到江西邮务局代理局长，据说与蒋经国等军政要员也颇有往来。学庵在洪都的事迹现在难以考知，但关于琴箫的轶事却仍有值得一书者。

1935 年，招鉴芬在南昌结识浙江人周益之，周藏有美琴、铁箫各一。

周益之所藏古琴，传自乃父亚侨先生。这张琴周身蛇腹断纹，琴背龙池之上镌刻"峄阳孤桐"四字，其下镌刻晋代殷仲堪所撰赞文，行楷，凡五行，每行八字，款署"子昂"，下镌"赵氏子昂"篆文四字，并钤小印一枚；凤沼镌"相赏有松石间意"七字，"兰雪斋印"四字，亦篆文也。此篆文两印书法精妙、刀工朴茂，确为上品。"赵氏子昂"其实就是由宋入元的著名画家赵孟頫，子昂是他的字。招鉴芬由此判断这的确是一张宋琴。这张琴不仅外形美观，而且音韵极其清亮，达到了形下之器与形上之道的完美结合。

周益之所藏铁箫，周身嵌以银丝，管之上下饰以龟纹，其余部位则镌以龙凤之纹。此箫全长六十点五公分，厚度二公厘，内径一点九公分。这管铁箫制作古拙，其管空与孔之距离不甚匀正，但发音洪亮而圆润，七音亦极其精准，招鉴芬由此判断此箫乃宋前之物。古人制器之精，可于此箫见之。

招鉴芬栖迟洪都的时间当有十余年之久，1944 年，六十一岁的招鉴芬自邮局退休，从此长期寓居广州。

六、凄惨晚景

自湘中随顾卓群习琴始，招鉴芬与古琴结下极深情缘。晚年的招学庵寓居广州，犹时念琴事。

上个世纪五十年代初，整理古琴史料的风气勃然而兴，当时的古琴大家查阜西先生曾多次赴广东演出并收集琴学资料。查先生每次抵粤都躬赴广州海珠南路，到学庵府上拜访。在查阜西的鼓励和推荐下，招鉴芬曾在广州剧院进行过好几场公开的古琴演出。同时，他还应当时的广州市长朱光之聘，成为广州市第一批文史馆员。此一时期，招鉴芬经常与广东古琴名家孙慕唐、杨新伦、周桂菁等聚集一处，探研琴艺。

六十年代初期的几年中，在"双百"方针的倡导下，文艺界一派繁荣景象，广东琴坛也逐步走向兴旺。在此期间，中国音乐协会广东分会曾先后组织两场内部古琴音乐演奏会，由招鉴芬、杨新伦、周桂菁等琴人负责演出，也是在这一时期，广东文史馆文史学院开设古琴科，招收学员，传授琴艺。

晚年的招鉴芬除了鼓琴、传琴之外，还精心收集、整理古琴文献。其中较著者乃是他花费绝大力量考证《古冈遗谱》。

古冈即广东新会，清初始改今名。《古冈遗谱》与岭南古琴文化之关系极其深密，它基本上可以视为广东古琴文化之滥觞。南宋德祐元年（1275），元军铁骑攻陷临安，谢太后奉传国玉玺请降，宋恭帝被俘至燕京。宋室皇子广王赵昰、卫王赵昺从海路南逃。祥兴元年（1278）六月，赵昺被拥立为帝，驻马新会崖山。次年正月降将张弘范率元兵合围崖山，断其粮饷、水源，鏖战阅月，宋军大败，丞相陆秀夫背负少帝蹈海自尽。宋亡以后，为缅怀当年崖山之役，表呈心向故国之志意，很多宋室遗臣、士族名流隐居于珠江三角洲，朝洒遗民泪，夜闻海哭声。这些亡宋遗民从中原携来大量文物，其中即包括琴器和琴谱。元代初年的宋遗民，追念前朝，戮力哀辑宋室古琴遗谱，最终编成《古冈遗谱》四册，内含二十四曲。《古冈遗谱》为广东古琴文化植基开疆，具有极其重要的意义。招鉴芬《古冈遗谱考》云："故老传称正始之音由是而南，得以保存于十一，故一时琴学称盛，遗琴亦多是邑"。只可惜到明代中叶，元刊本《古冈遗谱》已难觅见。为使《古冈遗谱》重现于世，招学庵或远足踏访、或鸿雁传书、或躬自抄录，对《古冈遗谱》的版本流传情况以及所存曲目皆做出了较为细密周至的考订，这些成果集中呈现在招作《古冈遗谱考》一文中，至今嘉惠学人，是研探《古冈遗谱》不容绕过的坚实之作。

上个世纪五十年代初，招鉴芬亦曾响应时任音乐家协会主席的吕骥提出的联系各地古琴家齐力研究《碣石调·幽兰》的号召，为这一现存的最早古琴谱的成功弹奏做出一定贡献。

不忘琴事、执着琴事，这只是招鉴芬晚年生活的一个侧面，或许老琴家生命的另一个面向，才更令人触目惊心、毛骨悚然。

《幽兰研究实录》第二辑目录载招学庵给查阜西的信

招学庵退休之时，适逢抗战进入反攻阶段，大陆经济通货膨胀，一夜之间，由小康之家退居贫困线下。日寇投降以后，招学庵依靠出售国画度日。解放后，招学庵由其子（化工工作者）赡养。学庵一生育女甚多，却只有一独子。1952年"三反"运动起，招学庵的独子不堪折磨自杀身亡，并被追去"赃款"三十万元。此事使招鉴芬的精神深受打击，身体每况愈下。儿子死后，招鉴芬老病无托，反有媳、孙之累，赖婿、女、远亲、朋好之接济勉强维持生计。1965年，在山雨欲来风满楼之际，八十二岁高龄的招鉴芬服毒自杀，结束了自己天涯羁旅、四海蓬转的一生。

　　招学庵在漂泊湖海的岁月里，收藏了大量的珍贵古琴以及琴谱，其中古琴在他生前大多已无偿捐赠广东音乐协会或赠送朋友学生。据说，广东著名古琴家谢导秀先生尚藏有学庵古琴一张，琴名"山中雷"，琴面镌刻着"听梅楼长物"五字，乃是一张元琴。至于琴谱以及书画，则于文革中被"红卫兵"全部抄走，当家属苦苦恳求红卫兵，希望他们将老琴家所藏的古琴抄本留下时，叫嚣跋扈的红卫兵小将指着看不明白的古琴指法谱道："这肯定是反动会道门的密码，琴谱都是数字符号，怎么是这样子的呢？"焚琴煮鹤寻常事，怅望千秋泪一滴。在那风雨飘摇、指黑为白、不辩牛马、鬼神横飞的年代，招鉴芬之凄惨晚景正似一幅历史的浮雕，尽管时过境迁，它依旧透发着刻骨的悲凉，迫而视之，已是悚然而惊，稍一碰触，顿觉不寒而栗。

荣鸿胪（1885—1966）

荣鸿胪字甲三，山西浑源人，祖上世代以耕读为业，据《琴人题名录》，1936 年，荣氏五十二岁，由此逆推，知其生于光绪十一年(1885)，荣氏卒于 1966 年，享年八十二岁。

荣鸿胪早年就学于山西陆军小学，后入保定陆军军官学校，为该校第一期骑兵科毕业生。1914 年，荣鸿胪与保定军校同期毕业生杨爱源、孙楚、周玳、傅汝钧、徐黛毓、孟兴富等人入并投奔阎锡山，加入晋军效力。

荣鸿胪

1916 年，袁世凯死后，阎锡山一举清除了袁世凯安插在山西的势力，摆脱了袁的钳制，同时投靠段祺瑞，自称弟子，其在山西的地位随之巩固，大权独揽，于是以扩军的办法来加强、统一军权，此为阎锡山第一次扩军。此次扩军最大编制为旅，以下为团、营，荣鸿胪任独立第九团团长，这个团是训练干部的学兵团，其编制和番号，皆自成特色。

1917 年，商震征湘失败后，内惧阎锡山降罪严惩，外受湖北督军王占元之延揽，一度盘桓汉口，观望形势，阎锡山遂派荣鸿胪先后赴汉口、岳阳探析情形。荣鸿胪到岳阳后，以电文将滞留湖南的晋军情况向阎锡山作了比较详细的汇报。荣鸿胪的电文汇报成为阎锡山决策、处置商震及湘中晋军的重要依据。由此亦可见阎锡山对荣鸿胪的倚重。

1918 年，阎锡山在省城太原设立了斌业学校，实即学兵团干部训练队，由荣鸿胪担任校长。次年正式成立学兵团，荣鸿胪任团长。1919 年，经亨颐入晋考察，每天记录履晋见闻，在"十月十五日"的日记中对学兵团有比较详细的记述："至学兵团参观。团长荣鸿胪招待颇周，自己得意。查山西陆军学兵团，即陆军步兵第九团，系中央承认，每月经费约二万余元。内聘北京高师毕业生十数人，月脩七十元，教课以外概不闻问。询悉学兵团将来之出路有四：在太原就近斌县特办一半截中学，在学兵团二年后，有志升学者入该中学，补足中学校课程；此学兵团一种最正当之出路。如不升学，又有三种出路：一、退伍，每月给洋一元，自由营业；一、充宪兵；一、军队留用。其结果，英才必留用，未必升学。巡视两营，多系军官授课，严肃无待言。细视学兵年龄颇大，据云定为十八岁以上始合格，其中高小毕业生占三分之二，中学未毕业生占六分之一，其他亦曾在学校肄业者。据荣某曰：督军以兵士无道德观念，故有此举"[1]。学兵团培养了千余名兼具文化知识与军事素养的军官，大大充实和加强了晋绥军的干部队伍。

1924 年，直奉第二次大战爆发，为反抗直系操控大政，奉系、皖系，以及南方孙中山结成反对直系的"三角同盟"，在这种形势下，直系将领冯玉祥临阵倒戈，遂使直系军阀曹锟、吴佩孚惨败，退出中央政治舞台。冯玉祥随即与奉系控制了北京局势，并请段祺瑞出山组织执政府。1926 年，奉军、晋军与直系吴佩孚势力联合"倒冯"，冯玉祥的国民军从北京西撤进围山西，三晋局势岌岌可危。在"倒冯"胜利后，晋军拓土开疆地盘增广而实力损伤严重，兵少地多。加之冯玉祥国民军之逼迫，形势极为不利。面对危局，阎锡山第二次扩军，以备战保境。荣鸿胪升任独立第九旅旅长，同时兼任第十七团（学兵团）团长。这次扩军使晋绥军迅速强大起来。

1927 年，四·一二反革命政变后不久，阎锡山接受蒋介石的委任，任"国民革命军第三集团军总司令"，于同年六月就职，随即将山西省学兵团改造为北方军官

并州学院校门

学校，由荣鸿胪任校长。北方军官学校中设步兵、骑兵、炮兵、工兵各科，两年毕业。原本在学兵团军事专门部深造的学员，直接改为北方军官学校第一期学员，同年招收中学毕业生近千人做为第二期学员。次年，又招考数百名学员为第三期。北方军官学校的全体学员，由校长荣鸿胪统一作介绍人，集体加入国民党，但这只是个形式，实际上，集体入党的在校学员基本没有参加过组织生活。

1929 年，荣鸿胪任国民政府军事参议院参议。这一年七月，私立山右大学与兴贤大学合并为并州大学（后因专业设置不称"大学"之名，乃易名并州学院），荣鸿胪对于并州大学的创建贡献较大，在三十九人组成的董事会中被选为副董事长（赵戴文为董事长）。

1930 年，阎锡山、冯玉祥讨蒋失败，军队缩编，北方军官学校停办。荣鸿胪改

防空司令荣鸿胪致词

上世纪三十年代的晋祠

任太原警备司令、太原绥靖公署参议。

1937年夏初，荣鸿胪曾与杨效欧、孙楚、王靖国等晋绥军高级将领在晋祠饮宴，宴毕回太原后，第三十四军军长兼第六十六师师长杨效欧暴卒。亦在本年，太原举行防空大演习，时任防空司令的荣鸿胪向士兵训话，申明演习的重要意义。这一年冬天，荣鸿胪突然被阎锡山免职，遂逃往山西上党一带，闲居三年。1941年，荣鸿胪迁徙西安，投闲置散达七年之久，在此期间，他曾给阎锡山去电报，表示希望回前线，为抗日救国效力，但阎一直没有回复。荣鸿胪未收到阎的回电，不敢擅自返晋，眼看家国幅裂，空自扼腕叹息。

抗战胜利后，荣鸿胪于1947年被批准退役，任中将参议这一闲职。

自強不息

榮鴻臚題

荣鸿胪书法

遊幷寶筏

榮鴻臚題

荣鸿胪为《太原指南》题词

新中国成立后，荣鸿胪留居太原，曾任山西省政协委员、山西省政府参事室参事等职。1966年，正是神州有事时，做为故国旧将军的荣鸿胪不堪受辱，服毒药而死。

荣鸿胪戎马半生，却没有亲历过一次真枪实弹的战争，方日寇侵华，家国蒙难之际，又被阎锡山废弃不用，始则上党，终则西安，投闲置散十年，昂昂武夫，浩气消沮，一代人杰，埋愁无地。

荣鸿胪学琴于顾卓群，与孙森为知交，是元音琴社的老社员。但是民国时期山西元音琴社的三次大型古琴雅集，均无荣鸿胪与会的记载，大概那时他还没有开始学琴。

据《琴人问讯录》，荣鸿胪能操古琴曲统十八种：《渔歌》、《潇湘水云》、《普庵咒》、《秋寒吟》、《阳关三叠》、《平沙落雁》、《渔樵问答》、《长门怨》、《梅花三弄》、《山中忆故人》、《风雷引》、《凤求凰》、《高山流水》、《孔子读易》、《胡

王念祖（左）与父王梦曾及长子王道平（王静若提供）

荣鸿胪花园

筘十八拍》、《梧叶舞秋风》、《春山听杜鹃》、《秋江夜泊》，荣鸿胪自述，对于前十四曲最有心得，由兹可见其琴艺功力之湛深。

荣鸿胪收藏古琴颇夥，其中唐、宋琴各一张，元琴两张，明琴五张，清琴七张，复有今琴三张，就中以唐宋两琴为最佳。他还收藏有《自远堂琴谱》、《青山琴谱》、《琴学丛书》、《德音堂琴谱》等琴学著作，对古琴颇为用心。

除倾心古琴外，荣鸿胪亦擅京剧、胡琴，且精于武术，1934年国术大家沈家桢入晋表演杨派太极拳，荣鸿胪参观并发表讲话，在其后数日的国术会晚宴毕后，荣鸿胪表演剑术，李德懋则表演其自创的"八法拳"。荣鸿胪亦爱好品茗、赏花、养鱼、书法等，雅人深致，才兼文武，令人欣羡，晚近山西著名诗人王念祖曾作诗描述荣氏别墅，"小筑邻悬瓮，村居即隐居。青山当户牖，水绿到阶除。吠日原无犬，听琴正有鱼。人生名与利，到此尽成虚"，荣氏情怀，可见一斑。荣鸿胪的书法取魏碑一路，笔势厚重坚苍，刚劲振拔。荣氏的很多雅好与江东布衣孙森颇为接近，大概彼此之间互有浸润。

民国太原北门街（赵桂溟提供）

山西著名琴家李庆中先生曾亲口告诉笔者，上个世纪三十年代，幼年时的李老与荣鸿胪的女儿荣嗣贞为小学同学，在放学的路上，他经常看到这样一幅场景：两个威武挺拔的卫兵大踏步迈进，其中一个手牵一条机警威猛的军犬，另一个怀抱一张古琴，那古琴的七条穗子却扎在一起，成辫子状。军犬之凶悍、古琴之肃穆，形成一组强劲的张力，引来不少路人的目光。据说他们就是太原警备司令荣鸿胪的卫兵。

斜阳影里，物是人非。荣鸿胪曾居住过的太原北门街二道巷一号，如今已是堂燕远去，王谢离巢。再不见雄姿英发，只添得商贩三五。

附一：

载有荣鸿胪讲话内容的报道 [1]

本市国术界欢迎沈家桢，沈氏表演杨派太极拳，极为精彩，邱渝川、荣甲三、项道觉等均参加。

【民信社讯】本市爱好太极拳人士，以北平军分会查验委员长沈家桢，为国术专家，现任化平 [2] 国术会董事，对于杨派陈派郝派宋派各种太极拳，均极精娴，为杨国侯大师之高足，此次因公来并，下榻正大饭店，本市爱好太极拳人士，特于一月二十日，假青年会北楼，开会欢迎，并请指导，届时到财政整理处处长邱仰潜，警备司令荣甲三，警务处长项道觉，绥署秘书梁化之，国术促进会二副会长朵王，及国术促进会太极组全体会员百余人云。

沈氏表演。首由邱渝川致欢迎词，并略事介绍后，继口由沈氏讲演国术，沈氏对太极拳奥蕴，发挥綦详，计分即习太极拳之方法程序，及练习太极拳十二字诀，分五大纲阐明后，各欢迎人士，齐集国术促进会第二练习场，当由沈氏表演杨派太极拳，工夫老练，出手娴熟，表演极为精彩，观众掌声雷动，旋即由国术会太极组分别表演太极拳，沈氏颇为嘉许，继即由国术界人士，临时表演太极剑，八卦，形意，少林等拳，时已五时三十分。

荣氏讲词。警备司令荣甲三，对太极组会员作极诚恳之勉励，略谓中国民族不振原因，在民众不健康，按现在鸦片金丹料面，几乎遍地，此实为民族前途上最危之点，大家能热心练习，实为救亡图存之要道，至于要学得好工夫，只有苦练勿自足，实事求是，"不装"，"不吹"，此外大家应注意，除了自身练习以外，还要对国术加以提倡，领导大家云，直至下午六时许，始行完毕，闻国术促进会，亦于日内

[1]《山西国术体育旬刊》，1934年，第1卷，第13期，第7页。
[2] 按：化平当作北平。

开会欢迎，并请沈氏莅临讲演云。

又据【中外联合通讯社】本月廿六日上午十二时，本市国术促进会，在上官巷该会欢宴沈委员及太极名家，李香远，袁秀臣，及形意形拳 [3] 名家侯玉林，并军政界爱好国术之荣司令甲三，项处长道夔，耿厅长桂亭，本社马社长，及各国术名家与该会各教授宴毕，由会长邱渝川，特请沈委员，李香远，袁秀臣等表演太极拳，侯玉林表演形意，荣司令练剑术，李冠亭练八法拳，以次该会各名教授，均挨次表演拳技及枪刀剑戟等，莫不精神焕发，手法纯熟，博得全场鼓掌称赞，至下午三时半始行散会云。

【又讯】二十八日绥署军法处王念文处长，耿桂亭厅长，项道夔处长，公宴沈委员及李香远，军政界各要人及国术界各名家，均列席作陪极一时之盛况。

本社马社长欢宴

沈委员刘定五及李香远

军政界各要人及国术家多人作陪

【新新社二十九日讯】北平军分会委员沈维周，及太极拳名家李香远等莅晋以来，本省军政界各要人，连日酬酢往还，颇为忙碌，今（二十九日）国术旬刊社社长马立伯，因与沈李二君，均属友好，适陕西革命前辈刘定五先生亦来并，故特在精营东二道街私宅，设筵欢宴沈李等，作陪者有荣鸿胪，朵珍，耿步蟾，邱渝川，张汉三，王怀明，项道夔各处长并本市各国术名家二十余人，席间互谈提倡国术，及练习国术之精义，宾主杯筹交错，颇为欢恰，午后二时席散云。

[3] 按：第二个"形"为衍文。

蒋介石夫妇在铭贤学校

山西铭贤学校出版委员会全体委员摄影（1931年5月）

铭贤中学校长孔祥熙与其夫人宋霭龄

[1] 《铭贤校刊》，1929年，第8卷，第1期，第9—13页。

附二：

荣鸿胪在铭贤中学的演讲词[1]

荣甲三司令演讲词　王志均，蔡秀文笔记

前边有何方等诸位先生，把紧要的话，说的皆很透澈明白，兄弟为一武人，说话无秩序。不过略略的说几句罢了。兄弟记得八九年前，山西开运动会的时候，贵校夺了锦标，当时兄弟维持大会的秩序，看了非常惊奇，从各方朋友问讯，听说铭贤中学办得很好，今日第一次来到贵校，一看，果真名不虚传，兄弟希望这样好的精神，贯澈（彻）下去就更好了。

兄弟今天对于"校风方面"要略略的贡献几句，试观古今中外之多数国家，其兴衰与否，全视人民智识之程度如何，而人民之智识开放与否，则视其教育发达与否为断，我国从前就没有学校，直至英，法，联军攻北京之后，才有人极力提倡教育，设立学校，以振兴教育为救国之惟一出路，自此才有学校，辛亥革命之成功，亦设学校之功也，然今之学校如何呢？较之辛亥以后的学校有什么不同呢？可以直接的说，今日之学校，办校的成绩远不如从前，为什么呢？试观今日之校风，学生们，不用功于学业，而只图嬉游，整日不务正事，放辟邪侈，无所不为，到考试之时作弊带小抄，只求其分数及格则足了。其他的都不要。毕业之时，学校只要赐给一张毕业证书，这就够了，学生们在学校中，只求学分及格，毕业证书得到手里，这就是求学的目的。而实在之学识，没有得着，真正的本领，没有学成。到社会上是很不能办事的。然而这种自由惯了的学生们，虽无真正学识：然在社会上，还想得一地位，这可就难办了，给他大事情作，他没有学识不能胜任，给他小事情作，他又看不起来，所以这般学生，只好闲着成为高等游民，这是现在办学校的成绩。受过教育的学生，成了高等的游民，好不可惜！如前几年一个从太原工业专门毕业的学生，出来不会按 [2] 汽管子，由此可知，他在学校中受的是纸片教育，而不注重实际练习，这是近年来办学的大错误，中国处此危急之环境下，教育的内容是这样空虚，这是如何的可惜呀！

中国的教育，近年来固然是不良；然而推其远因，则不能不归罪于政治不上轨道，政治既不上轨道，故学校亦随之而不良了，然而；这样的恶现象，就此一往吗？国家的基础在人民，而人民之智识在教育，故教育为富国之源，强国之本，不可不振兴教育，改良学校。然欲改良学校，使其办理有法，学生有实在的学识，能适用于社会服务国家，必须先改良"校风"。

今日校风之嚣张无人不知，无人不晓，别处的学校兄弟不大明白，至太原的学校，兄弟是很明白，学生之罢课者有之，闹风潮者有之，驱校长者有之，打教员者有之，任意而不上课者，更多不可言，这是今日太原诸学校"校风"之大概，这样的"校风"如不改良，中国的教育无发达之一日，中国的强盛，无达到的希望，这种恶劣的校风，非改良不可，兄弟知道贵校的校风很好，故敢言于此地，在太原学校中，他们的校风既是不良，然而不受别人的批评，指导。你如在其校堂中说其校风之恶，一般学生，必发怒不已，不定发出什么言论来，毁谤演说的人，所以因此一来，人都不愿对校风发表什么见解。贵校开办，已有二十余年之历史，总没有起过风潮，这是很好的现象，希望诸位同学，要使这 [3] 种精神贯澈（彻）到底，那才更好呢。

[2] 按：当作"安"。
[3] 按："这"字残缺，据上下文意补。

元音琴意图（陈旭东绘）

中国之教育欲想发达，必须先整顿校风，在山西办教育，兄弟以为对于体育，应当特别注重，因为山西的人种太软弱，与他省人比较起来，则不如人家强壮，这是很不体面的一件事情。所以在山西办教育，设学校，尤当注重体育，推究山西人软弱的原因，有多种，而其中很著者：

（一）山西人不耐劳。山西人不耐劳的原因，是从前山西省特别富庶，人民多营商海外，或外省，赚钱很多，以后则不劳而食，久之遂养成了一种不耐劳的恶习惯。

（二）山西人之吸大烟，金丹者过多，大烟金丹，皆为有害之物，吸之过多，则有损于身体。

（三）山西人好缠足，缠足之害，人人皆知，非有害于自己，且有损于后代，此亦山西人软弱之一因也。现在固然是好的多了，但是有的地方，还没有办到。

（四）山西人好睡热炕，睡热炕亦是有害于身体的与健康的，故此亦为山西人软弱之一大原因。兄弟从前为学兵团之校长时，每年招考学生，在检验身体之时，本省人的体格，总不及外省的好，故弟对于此项，颇为明白。知道山西人的体格差次。故有见于此，以为山西教育，应当特别注重体育。此次华北运动会，山西之失败，兄弟以为是应当的，因为失败之后，才知提倡，才知体格不好，是我们的最大羞耻，应当极力振作起来挽救才好。

此外，兄弟对本省的天然富源，亦要说几句，山西省之平原少，而山地多，农业不振，而矿产则非常的多，最著名者为，煤，铁，煤油，等，这几种的天然矿产最为丰富，如果有方法尽量的开采出来，则山西之富不可言状矣。望诸位同学，要努力，勤苦，用功，勉励学业而尚实在的练习，不要只受那纸片的教育，要励求实在，以备来日贡献社会，服务国家，兄弟讲演就此为止。

冯鹏翥（1890—1944）

一、家 世

冯鹏翥字运青，号天骄，山西代州（今代县）人。代州冯氏自明代中叶迁居代州以来，诗书传家，世有闻人，是有着深厚国学修养的文化家族。据光绪《代州志》，冯氏家族入清以后，"进士十八，举人五十四，贡生七十余，秀才不知凡几"，其中尤著者为冯如京、冯廷承、冯志沂、冯曦。

冯鹏翥（冯占军提供）

冯如京，字隐秀，号秋水，明末清初代县名儒。崇祯元年（1628）由拔贡授滦州知州，三载后迁永平同知，顺治初年升任永平知府，后迁陕西按察副使、江南布政使。冯如京在陕甘浙任内俱有政声，颇得时誉。他未及花甲便致仕还家侍奉老母，七载后母亲亡殁，三年居丧未满，如京亦卒，享年六十七岁。如京诗文兼工，著有《秋水集》十六卷、《春秋大成》二十一卷、《圣贤正帝》十卷。其二子冯云骧、冯云肃亦为清代名儒，弟兄二人著述甚丰，且同年登第，士林称美。

冯廷承为清代乾隆时期名儒显宦。乾隆朝著名诗人袁枚曾在《随园诗话》中称赞他"学颇渊博，居官以廉闻"。冯廷承曾任台湾道台，主持台湾政务，在任期间，他抚恤凋敝，裁剪苛政，整顿吏治，以民休息，并巩固边防，充实外卫，为台湾的建设作出重要贡献。乾隆四十九年（1784），冯廷承以中寿之身殉职于湖北按察使任上，其后有人为撰《墓志铭》，中有"完然白璧，君子之躬"的美誉，可见其持身之正，立己之坚。

冯志沂，字述仲，亦字鲁川，道光十六年（1836）中进士，授刑部主事，时年仅二十一岁。述仲秉性耿直，笃志于学，与古文家梅曾亮、汉学家张穆皆有往来，尽得两家之学。冯志沂诗学造诣卓特，常与京都名士董文灿、邹懿辰等诗酒唱酬，名声大噪。述仲非特诗文高妙，其忧国忧民之情怀尤令人感佩。先是，述仲公然支持林则徐的禁烟运动，逮鸦片战争失败，林则徐惨遭贬谪之际，昔日友朋尽做旁观袖手之客，唯冯志沂敢为林氏祖道饯行。彼时也，众官员虽噤若寒蝉，却亦莫不为述仲之凛凛气节所折服。冯述仲一生清贫，衣履朴素，却嗜学如命，每遇古书佳帖，不惜重金购置。同治六年（1867），述仲卒于安徽宁池道任上，身后仅余俸银数两、书籍数十箱，赖友朋帮助，方获归葬祖茔。其诗文，由生前好友董文灿广事裒辑，刊刻《微尚斋诗集》六卷、《适适斋文集》二卷、《西俞山房集》八卷，另有公牍若干篇未事刊刻。

冯曦，字紫禾，代州西北街人，光绪七年（1881）生，冯鹏翥叔父。冯曦幼年聪敏好学、博览坟典，因家贫无力赴京科考，乃以优贡授陕西候补知县。辛亥革命以后，冯曦尝求学于山西太原优级师范学校并留校任教，他常以"要做大事，不要做大官"勉励学生。其后，冯曦调任山西省议会秘书长及六政考校处长，并亲赴日本考察村政。归国后，响应孙中山先生号召，远赴塞外，在绥远（今内蒙古西部）倡导"实业救国"，并身体力行。冯曦一生从未加入任何党派，先后任绥远省实业厅长、建设厅长、省代主席等职，在任绥远省代主席期间，他曾参与营救中共要人王若飞。

抗日战争爆发后，冯曦深为时局忧心，对阎锡山消极抗日极为不满，遂辞官不作，追随国民政府入川，决心抗战报国。占领山西的日伪将冯曦的财产以"敌产"尽数抄没，冯曦闻之，不为所动，并告诫子孙说："国家大事为重，民族大义为重，愿留一身清白与后辈儿孙"。

冯曦博学多才，通经史、擅书法、精诗词，洵为一代通儒。新中国成立后，他曾受聘为绥远省（后更名内蒙古自治区）文史馆员，专心著述。1961 年，年逾八旬的冯曦于北京病逝，被破例特准土葬于八宝山公墓。有诗集《紫禾诗钞》传世。

以上所述，虽非代州冯氏家族之全幅荣光，但凭之亦可见，代州冯氏家族洵为诗礼传家的文化大族，这也就无怪乎在晚清民国云谲波诡的环境中，冯氏家族会诞育出叱咤一时的晋绥军名将冯鹏翥。

冯鹏翥为《医学杂志》题词

二、生　平

冯鹏翥生于清光绪十六年（1890），冯晙长子，冯曦之侄，为代州冯氏第十七代之长男。运青自幼随严父研读经史子集，攻习书法，国学造诣精深，书法自成一格，其字气势浑厚泱莽，颇有盛唐遗风。清光绪末年，科举制废除，学子多苦晋身无路，运青独不以为然，在他看来，生逢乱世，读书做官并不能拯民于水深火热之中，遂投笔从戎，决心以军功报国。1908 年，冯运青就学于太原陆军小学，在校期间受到民主共和思想之感召，加入中国同盟会。1911 年，就读于北京陆军第一中学。同年辛亥革命爆发，运青返回山西从事革命活动，曾任晋军都督

冯鹏翥奖励士兵的勋章

府招待员、步兵队长等职。1914 年 5 月冯运青于陆军第一预备学校毕业，被派往奉天任陆军候补生，同年 11 月，就读于保定陆军军官学校第二期炮兵科。此一时期的保定军官学校诚可谓人才济济，在冯运青之前入学的，有后来成为晋绥军名将、太原警备司令的荣鸿胪；与其同时入学的则有刘文辉、陶峙岳等民国风云人物；在其后入学的则有未来的抗日名将傅作义将军（傅作义为保定军校第五期毕业生）。1916 年 5 月，冯运青自保定陆军军官学校毕业，随即返回山西，以见习排长入伍，正式开始了其军旅生涯。

1923 年，阎锡山为扩大后备兵源，分别在晋中、晋北、晋西北、晋东南成立了四个在乡军人训练连，分期训练还乡军人，冯运青担任第三连连长，驻五台县台怀镇。1924 年 11 月以后，冯运青历任陆军第一旅军务帮办、督军公署参谋、陆军第三十团团长、朔县及神池等处城防司令、炮兵第七团团长兼炮兵副司令。1927 年，冯运青改任北方国民革命军左路炮兵司令。次年任第三集团军炮兵第七旅旅长，同年 10 月任第三集团军暂编第十一师师长，11 月改任第四十二师师长。1929 年任国军编遣委员会第三编遣区第九组组长。次年 3 月升任第三方面军第九军军长，辖楚溪春、高鸿文、黄光华三个师。11 月任孟辽防区守备副司令。1931 年改任第四师师长，

寻调任第六十七师师长。1932 年兼任太原绥靖公署
副官长。1936 年 1 月 23 日授中将军衔。

　　抗战军兴，冯鹏翥将军力主抗日救国，所持
见解多与阎锡山彼此互敌、凿枘难和，冯运青雄
才难展，义愤填膺，遂与其叔父冯曦一道辞官不
做，追随国民政府奔赴抗日大后方四川，企图以
杰出的军事才能得到蒋介石的重用，以实现自己
抗日报国的宏愿。不料阎锡山心胸狭隘、嫉贤妒
能，尽管已将冯运青排挤出晋绥军体系，依然想
尽办法暗中打压冯将军，致使蒋介石放废雄才，
自毁长城。面对国破家亡、战火纷纭之世事危局，
冯运青将军自知长才难展，中心无限抑郁，在极
度绝望中与叔父冯曦流寓四川灌县。其后，将军
旧日同窗、保定军校同期毕业生四川军阀刘文辉
顾念往昔之情，慷慨相助，遂使将军得以定居于
西康雅安。骄骝拳跼，尽管温饱无忧，但千里之
志难伸，识才伯乐难寻。无尽的自身积郁与家国
幅裂的惨痛交织、凝结在一起，日日蚕食、吞噬
着将军的身心，长夜漫漫，黎明无期，无奈之中，
将军只能以精研佛学聊以排遣幽忧，在焚心夜呗
中期待着尧封复振、黎庶再安。可怜昔日丰城剑，
化作今朝梵呗音！这不仅是冯鹏翥将军一己之悲
哀，更是华夏民族整体之大不幸。

　　1944 年，年仅五十四岁的冯鹏翥将军身染癌

任太原绥靖公署副官长时的冯鹏翥

《代州冯氏族谱》书影

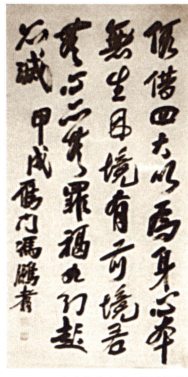

冯鹏翥手迹（田俊民提供）

症，但决意放弃治疗，——国破已如此，我何惜此身。夜半惊魂处，宝剑作龙吟。死，早死，速死，或许是一种解脱。《隋书·麦铁杖传》述辽东战役中，铁杖请为先锋，对医者道："大丈夫性命自有所在，岂能艾炷炙颟，瓜蒂喷鼻，治黄不差，而卧死儿女手中乎？"不知道，忧愁幽思中的冯将军是否在睫前脑际亦曾闪现过往古烈士的身影，但是他的坚卓之行与古之伟烈，又是何其相似乃尔。然而，令人痛惜的是，作为一名军人，一位将军，一个杰出的军事家，冯运青没能战死沙场、马革裹尸，却在心胸狭隘者的劫迫中，在无尽愁情的煎迫中，含恨逝去，埋骨边陲。

冯鹏翥将军一身正气，清正廉洁，死后家中一贫如洗，无法敛葬，刘文辉顾念同学情谊，用早已为其母亲备好的棺椁敛葬冯运青将军。21世纪初，冯氏后裔在山西代县冯将军故里为冯运青立衣冠冢，以寄注思念之情。

平情而论，阎锡山治晋自有其杰出的历史贡献，但在抗战过程中，为保一己私利，维护自己的声誉、地位，推卸抗战不利之责任，他冤杀李服膺，气死张培梅，劫迫冯鹏翥，大大减损了晋绥军抗战力量，亦有不可洗刷的历史污痕。沧桑无语，青史有征。

冯运青作为代州名门冯氏之杰出子孙，尽管投笔从戎，依旧雅爱琴书。1920 年仲春，碧草始芽，绿柳丝黄，著名泛川派古琴家顾卓群与孙森等人在太原正式创立琴社，命名"元音"，由孙森书写匾额，悬挂于体育会。顾卓群在体育会下榻。初创时的元音琴社，主要成员有：李官亭、顾卓群、荣鸿胪、冯运青、窦翘芝、招鉴芬，以及孙净尘（森）、孙异同昆仲。1920 年 11 月 14 日下午，元音琴社同人在山西陆军审判处东园举行古琴雅集，冯鹏翥用李官亭所藏唐琴"月下松风"独奏《普庵咒》。1921 年 7 月 3 日，元音琴社同人在陆军审判处东园再次召开琴会，冯鹏翥独奏《阳关三叠》。根据民国时期的"现代琴人小影"，不难作出冯运青将军琴技高绝的推断，因为"小影"中的其他琴人皆为当时琴坛名宿，如彭祉卿先生、招学庵先生、刘少椿先生、裴铁侠先生、张子谦先生、陈心园先生等等。在《今虞琴刊》的《琴人问询录》中记载着冯鹏翥将军收藏古琴情况为，"一，唐开元雷威制；二，明衡王琴；三，字迹不甚明显，无可考证"，并收藏古琴谱五部[1]。于兹可见冯运青对琴事之用心。1936 年，元音琴社的创立者之一孙净尘作有一篇《元音琴社回忆录》，其中提到："现时太原不复当年之盛。而森与李冠亭、荣甲三、冯运青，尚为当年老同社，其余皆后学诸人矣"。[2] 由此，可知直至 1936 年，冯运青尚常与孙森、荣鸿胪、李官亭等参与古琴活动，陶甄性灵，导泻忧郁。其系心古琴之雅人深趣，藉此可以觇见。

如前所述，除精擅古琴演奏外，冯运青将军国学造诣亦深，书法、作文，无不精通，是以由他主持修订与参与刊印的《代州冯氏族谱》（原刊本今藏北京图书馆）被公认为当今全国仅存的较为完整的四部家谱之一，具有极高的文献价值。

综观冯鹏翥将军一生，他生于忧患，长于军旅、一度驰骤鞍马、叱咤风云，最终泣血边陲、忧愤而卒。将军的一生，既波澜壮阔，又坎壈多折，他凄惨的命运，是吾华现代痛史的一幅剪影，表呈着悲壮，更表呈着刚强。

[1] 《今虞琴刊》，民国二十六年五月今虞琴社编印、中央音乐学院"中国古琴音乐文化数据库"编辑委员会承印，2006 年 12 月 20 日，第 257 页。
[2] 同上，第 22 页。

《先锋周刊》书影

附:

《第九军军长冯鹏翥告本军受伤官兵书》[1]

（八月一日自山东发）

亲爱的受伤官兵们:

你们为国为民，拼命杀敌，致使身受伤痕，实在是: 总理大无畏精神的表现,革命军人的特征；将来革命史上功绩不泯! 这是何等光荣呢？!

军长虽在前方，心中却时时在你们身上，祝你们迅速的痊愈与健康!

今派党部诸同志，前往慰劳；你们要即时诊治，安心调养，健全之后，再踏着我们过去的光荣；奋斗! 前进!

赠柯璜先生[2]

冯鹏翥

黄岩有异人，绿天阴里住；

小住三十年，始终行吾素。

不知有穷通，轻安双妙悟；

望尘嗟莫及，敢以传俚句。

[1] 《先锋周刊》，1930年，第93期，第26—27页。

[2] 柯璜编次、柯善文、崔卫道整理，《柯璜手订师友赠诗录》，三晋出版社，2013年9月第1版，第84页。

题讷生诗集敬赠军事杂志社 [3]

冯鹏翱

吁嗟文丧守遗篇，耀祖光宗我不贤；

贵社新生饶雅德，关山邮赠补因缘。

救国基强种，新民体育先。管挥光旧德，何必守陈编。

唤醒痴人梦，浑成问世缘。识途仗老马，使我尽流连。

《山西国术体育旬刊》应时诞生，促进建设，挽救危亡，非异人任，喜慰之余，率成五律一章，祝其前途光明，并呈力白社长请政。韵清冯鹏翱。[4]

时先生所著医书题词 [5]

无道则隐，时有逸人。春在三指，功著一针。

其节也义，其术也仁。如莲如竹，清虚远尘。

时逸人先生精医道，着手成春，誉满并门，所著寿世书，林郎满架，有作皆赠我，见赠必终读。聊赠短章，以申敬慕，不知能博一笑否？丙子夏五月雁门冯鹏翱印。

[3]《军事杂志（南京）》，1933年，第53期，第191页。
[4]《山西国术体育旬刊》，1934年，第1卷，第2期，第4页。
[5]《医学杂志》，1936年，第91期，第16页。

彭祉卿 （1891—1944）

一、甘从岁月分虫蠹

彭祉卿

彭祉卿，名庆寿，祉卿其字，号桐心阁主，别称懊侬，江西庐陵（即今吉安）人，父家骧（字筱香，号理琴轩，1852—1913）为清代循吏，立身清廉坚卓，宦游湖南三十载，两度出守衡阳，政绩卓著，复雅好操缦，精通音律，撰有《礼乐易知录》、《理琴轩琴谱》等。

彭筱香年及四十始得庆寿，故对彭祉卿珍爱有加、翼护备至。祉卿幼承庭训，博览群书，打下深厚的诗词古文基础，同时师从乃父研习丝桐、音律之学，尽得心传。

彭祉卿赋性清雅，有至情，善感多愁而心境萧疏、不慕荣利，求田问舍，素不经心。二十三岁时，遵从父亲遗命考入湖南达材法政学校。民国时期，湖南私立教育繁荣兴盛，达材法政学校则是当时私立学校中的佼佼者，毛泽东在《湖南农民运动考察报告》中曾说："开一万个法政学校，能不能在这样短时间内普及政治教育于穷乡僻壤的男女老少，像现在农会所做的政治教育一样呢？我想不能吧。"[1] 尽管是从反面立论，但是单单提出"法政学校"以申述己意，足可见当时这所学校在湖南全省的重要性、影响力。四年以后，彭祉卿以"冠军"（考试成绩第一）毕业，

[1] 《毛泽东选集》（第一卷），人民出版社，2009年11月版，第34页。

随即再次杜门苦读，不问世事，焚膏继晷，研探丝桐。这种不求闻达，甘从吾好的
至情至性，似乎已经注定彭祉卿坎壈多折、凄惨悲凉的命运。

1912 年，顾哲卿、顾卓群昆仲在湖南长沙创立南薰琴社，此为湘中琴社之嚆矢。
顾彭两家交谊深厚。顾氏昆仲之父顾玉成和祉卿父彭家骥彼此相熟，曾互相传琴，
玉成将《普庵咒》传给家骥，家骥则以《忆故人》传玉成。因此，1917 年 11 月，顾
卓群与彭祉卿联袂创立愔愔琴社，在礼崩乐衰之际，慨然以研究琴学号召当世。较
之南薰琴社，愔愔琴社的成员更多、主旨更鲜明、宏大，起衰拾坠，振兴雅乐，成
为社中琴人毕生的追求。也是在这一年的冬月，愔愔琴社成员蒋子坚偕彭祉卿将家
藏百年的良材赠送栖迟湘中的九嶷山人杨时百，并对时百执弟子礼。九嶷遂命琴工
秦华斫成良琴三张，自以为可敌唐之雷琴，乃命琴名为"百年"，三人各得一张。

主盟愔愔琴社期间，彭祉卿不仅登坛授学，发扬琴学，而且鸠工制琴，自创异制，
他以超卓的琴艺、深湛的琴学功力很快获得琴坛的赞许，随即名播海内，卓然成家。

1920 年 10 月 12 日至 14 日，彭祉卿携沈伯重、顾梅羹赴沪出席晨风庐琴会。这
是民国时期所举行的一次全国性古琴盛会，很多社会名流被邀参会观礼。郑孝胥在
其《日记》中写道："（10 月 12 日）遂应子培、梦华之约，坐客即王聘三、朱古微、
杨子勤、吴宽仲、余尧衢。周湘舲邀至道达里，所居晨风庐新宅琴会，来客数十人，
缁俗士女及欧妇数人弹琴围坐，抵暮而散"[2]。当日盛况，藉此可见。十三日，彭
祉卿奏《忆故人》，沈伯重奏《普庵咒》，顾梅羹奏《潇湘水云》。二十日，适逢
重阳，彭祉卿等受邀参加琴人雅集，彭祉卿、沈伯重、顾梅羹三人琴箫合奏《普庵
咒》，时人写诗纪盛，中有四句单道彭沈顾之技艺，"顾况与沈约，指法并苍老。
和以彭筦箫，引凤歌窈窕"[3]，由此可知，当时三人合奏，彭祉卿度箫，沈伯重、
顾梅羹鼓琴。会后，组织琴会的巨商周庆云与报人史量才邀请杨时百、王燕卿、彭

[2] 劳祖德整理，《郑孝胥日记》，中华书局，2005 年 8 月版，第 1844 页。
[3] 周庆云，《晨风庐琴会记录》上卷，木刻线装本，1922 年，第 8 页。

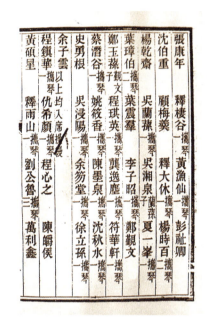

《晨风庐琴会记录》所载彭沈顾

祉卿、顾梅羹等八九位优秀琴家在上海申报馆授琴，但彭顾均未受聘华亭而是不久便返湘，"结果四川三个琴人符华轩、李子昭、吴浸阳留下来了，并且会同原来在沪的郑觐文帮助周庆云编撰一部《琴操存目》。但是三个受到供养的时间不到两年，都流落或困死在洋场"[4]。

1921 年，阎锡山欲振雅乐，育才馆教务长张芹荪与元音琴社主讲顾卓群联袂推荐彭祉卿、杨友三、沈伯重、顾梅羹入晋传琴、推行雅乐。本年 7 月 3 日，元音琴社在陆军审判处之东园召开第二次大型古琴雅集，彭杨沈顾皆未与会，可知彼时四琴家尚未抵晋。又，沈伯重《会琴麓山有感》中云"又曾客并门，良朋偕结驷"，孙森《元音琴社回忆录》亦云"吉安彭君祉卿、浏阳杨君友三、杭县沈君伯重，并顾侄梅羹，由长沙相偕莅晋"，此皆可证彭杨沈顾四琴家乃自长沙相偕入晋。彭祉卿等抵并当在同年晚秋或冬月。

彭祉卿执教山西育才馆时，育才馆开设雅乐班，习琴者颇众。祉卿与顾梅羹等编撰了《山西育才馆雅乐讲义》、《雅乐集》等著作。据查阜西编《存见古琴曲谱辑览》所载，《雅乐讲义·琴谱》中的《渔樵问答》、《普庵咒》、《阳关三叠》俱出彭氏理琴轩旧抄本，可见彭祉卿对三晋琴学之贡献。同时，彭祉卿还在山西教育厅长虞和钦

[4] 黄旭东、尹鸿书、程源敏、查克承编，《查阜西琴学文萃》，中国美术学院出版社，1995 年 7 月版，第 522 页。

的莳薰精舍教授孔庙乐舞。

1922 年 9 月 10 日，为欢迎九嶷山人杨时百入晋传琴，山西元音琴社在陆军审判处召开大型琴会，彭祉卿紧接杨时百之后，演奏了家传琴曲《忆故人》。

1924 年，山西育才馆雅乐班三年有成，彭杨沈顾四琴家相偕返湘。彭祉卿以友人之荐，稍仰旗盖，出任湘乡法院推事。不久离去，转徙江西，时或出任推事、县长等职。彭祉卿性情雅洁，腹有经纶，指挟风雷，见不惯红尘俗世的种种丑恶景象，一肚皮不合时宜，难与庸人为伍，亦不容于凡夫。天涯羁旅，时作时辍，蓬转萍飘，郁郁寡欢，沉浮宦海八年，徒然自伤潦倒。

二、致命狷狂终不悔

1931 年，祉卿原配夫人沈子贞（芝佩）病殁。沈氏生前与祉卿情爱甚笃，蓬漂萍转，矢志相随，日居月诸，不弃不离。沈氏之亡，令祉卿哀感不胜，情无所寄，乃纵酒佯狂，甚而作文自祭。其文之惨痛凄楚，诚令人一读而鼻酸，再览而魂荡：

辛未之年，己亥之月，其朔己巳，其日丙辰，待亡人愦侬谨以只鸡斗酒、菜羹麦饭，不腆之物，致祭于故处士彭君祉卿之灵前而哭之曰：

"呜呼！哀哉！四十年前，辛卯孟冬，日在己酉，日在己酉，惟君以降。暑往寒来，迭运不穷；何图今日，送君长终？繄君之生，其来有自，章贡精英，衡湘秀丽。诗礼家风，簪缨门第，宜作完人，庶几无愧。胡君一生，潦倒万状？哀哀父母，不得其养，糟糠之妻，中道而丧；终窭且贫，夫复何望？"君曰："诚然，不幸如斯。岂余自辜？天实为之！寓形宇内，能复几时？生既无补，死亦奚辞？""呜呼处士，盍言尔志？""愿在髫龄，彩衣嬉戏；十岁读书，多才与艺。二十交游，武陵豪气。三十服官，幼学壮行，四十著书，留身后名。五十归隐，入山必深；六十日寿，可以返真。""即君所言，观君始末；天之所厚，不劳而获。天之所吝，予而复夺。祸兮福兮？令人滋惑。昔生三年，免公母怀。锦衣玉食，竹马青梅。慈亲煦育，绕膝徘徊。十年儿戏，回首堪哀。出就外傅，良师既得。经史百家，咿唔咕哗。诗古文辞，咸供涉猎。十年读书，行有余力。南走赣越，北走燕京。西至太原，东至海滨。论文讲学，必友其人。交游十稔，载慰生平。手定爱书，身现宰官。五日京兆，即便挂冠。末世功名，进退两难。十年名宦，如梦槐安。倦游归来，衡门之下。逋负追呼，死亡枕藉。怀铅握椠，及此何暇。著作十年，天不以假。介推之隐，必与母偕。与妻偕者，则有老莱。无母与妻，隐胡为哉？十年归隐，期以泉台！天禄允终，奚待六十。彭殇难期，生死匪一。后之视今，犹今视昔。大哉死乎，君子曰息。或疑君死，鸿毛太轻。匹夫之谅，妇人之仁。事功未立，没世不称。溘然长逝，双目难暝。我将为君，别进一解。死重泰山，其道安在。求而得之，留以身待。求之不得，早死无悔。死而有知，其乐何如。黄泉相见，母子如初。生前夫妇，重咏《关雎》。松楸乔木，永奠厥居。死而无知，不改其乐。归之太空，付诸漠漠。天地蘧庐，人生泡沫。寂灭虚空，是谓大觉。我之与君，神形相依。我若无君，走肉行尸。君今去我，皇皇何之。愿从君死，携手同归。古人有行，必有酒食。必有赠言，或歌或泣。泪尽词穷，肆筵设席。一杯相属，来歆来格"。尚飨。[5]

平生高洁，与世多忤，既丧爱妻，心曲谁诉？沈氏亡殁后，彭祉卿借酒以浇愁，息交绝游，沮丧抑郁，沉浸在如潮如海的愁思之中，不能释怀，难以自拔。六个月后，彭祉卿偶得良琴，乃重新修缮，饰七宝以为徽，雕岳山成楼阁，以轸柱作栏楯，结七色丝绸流苏于轸下。又于琴颈篆书"共命"二字以作琴名，下刻双头鸟象形圆印，龙池刻七树隐隐成排，凤沼绘青黄赤白四荷花，以象佛土之庄严。又自题五言一章："求凤且莫歌，别鹤亦勿弹。西方有异鸟，七重行树间。双头共一身，比翼何翩翩。

[5] 本文所录《自祭文》皆据查阜西《彭祉卿先生事略》手稿，文见《七弦琴音乐艺术》，第八辑第3、5、6页并第十辑第9—10页。按：第八辑的《自祭文》部分未标页码，页码系笔者据同名期刊推定。

其寿既无量，其乐复无边。六时出雅音，五根五力宣。此土若有闻，和之以七弦。愿念阿弥陀，来参枯木禅"[6]。祉卿自述此诗"体则诗而意则偈也"[7]，又云"以此愿力，种作夙因，他生缘会，庶可期乎"[8]？结尾自署"壬申立秋待度僧记"，其心境之孤苦、凄痛，寂然表呈纸上。

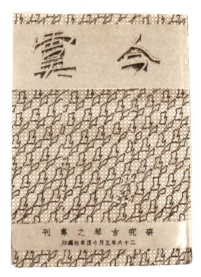

彭祉卿编辑的《今虞琴刊》

两年以后（1933），彭祉卿在长沙的祖宅不幸发生火灾，书琴俱焚、财产尽毁。丧妻之痛未愈，毁屋之灾继起，彭祉卿无限伤情、倍感沮丧，乃将儿女托付于亲仆，孑然一身，飘然入吴，投奔栖止苏州的琴友查阜西，相逢之际，念及自己坎壈潦倒不幸之生平，始则惊呼，继则涕零，满心悲慨，一腔忧郁。

1935 年重阳，查阜西琴弟子庄剑丞驰束邀请苏沪琴人以及吴中诸名家会琴于苏州怡园，在这次琴会上，素以提倡雅乐为怀的彭祉卿首倡创建琴社，与会诸琴人纷纷赞同，此后查阜西、彭祉卿、庄剑丞、李子昭、周冠九、郭同甫诸人遂开始筹划，次年 3 月 1 日，琴社正式成立，名为"今虞"，取绍承明代虞山琴学宗师严天池衣钵之意。当时苏沪各地琴人入社者凡三十余人，推查阜西为社长，彭祉卿为司文，庄剑丞为司事。为发扬琴学、振兴雅乐，今虞琴社规定每星期一小集，称星集；每月一大集，称月集。其后上海地区琴人入社者

广陵琴社欢迎彭祉卿、查阜西入扬州

[6] [7] [8] 俱见《今虞琴刊》，民国二十六年五月今虞琴社编印、中央音乐学院"中国古琴音乐文化数据库"编辑委员会承印、2006年 12 月 20 日，第 323 页。

今虞琴社成立时合影

不断增多，乃于同年12月在上海成立分社，名为"沪社"，自此每逢月集，苏州、上海两地，分别举行；但仍规定在每年的春秋两季，两社要联合举办两次大型古琴雅集，地点不以苏沪为限。

今虞琴社的琴人其琴学渊源虽多有差异，但却摒弃门户之见，且不以单纯清娱佐欢为旨归，而是措意于实际方面，戮力研探琴学，致力存亡继绝。他们对琴学的研究、探索，不仅局限在琴社内部，而且尺邮频传、鸿雁不断，与各地琴人、琴社保持广泛联络、互通声气，藉以提升琴学修养，恢弘华夏琴运。当时，苏州总社的主事者为查阜西、彭祉卿、庄剑丞；上海分社的主事者为张子谦、吴景略、沈草农。

今虞琴社既有宏大的继承、振兴华夏雅乐之目标，复有实际可行的手段方法。琴社当时预定及拟办的工作、事业有如下数项：一、切实研究关于古乐的精微乐律；二、研究造琴制弦等法；三、与各地琴社琴人互通声气以求学术上的进步；四、编印各种关于琴学的刊物；五、广为征求现代琴人事略，以备纂修近代琴人传；六、广为征求现代各家所藏古琴，及新造之琴，以备辑录古琴考；七、重印严天池先生的《松弦馆琴谱》；八、编辑现代琴人书札集。[9] 今虞琴社的这些拟定工作、事业，大多在彭祉卿主编之《今虞琴刊》中已实现，亦有小部分因战乱等原因未获实现。

1936 年 10 月，今虞琴社开始向各地琴人征文，拟辑印琴学专刊，截至次年 1 月底，衮辑已宏，于是由彭祉卿从事编辑。原计划于 1937 年 3 月 1 日（即琴社成立一周年纪念日）刊行，因冗务缠身，祉卿未能全力编印《今虞琴刊》，至其年 8 月中旬，才印成十之八九，不久淞沪战起，百工停业，祉卿仓皇奔逃，天涯浪迹，无法再主琴刊编印之事。幸运的是，社友沈伯重、张子谦尚留居上海，祉卿遂将所携之剩稿寄送华亭，最终由张沈二人于 1937 年 10 月印成《今虞琴刊》。《今虞琴刊》是保存民国时期琴人资料、琴社资料、古琴资料最完备的一部琴学专刊，同时亦有研究琴学、律吕诸学的专题论文，洵为研探民国琴学、琴人、琴社之重典奇宝，彭祉卿致力琴刊，补益琴学，泽溉后昆，功不可没。

漂泊西南以后，彭祉卿除撰写音乐学著作外，借酒浇愁，佯狂避世，1943年，国民政府欲聘祉卿参与典乐，祉卿辞不就职。乱亡时局，生计艰辛，常常令他有蹐天踏地之感，亦在此期间，祉卿偶得新欢，差足慰藉，不意寻即失恋，不克白头，祉卿悲心长郁，无可解脱，遂益发纵酒佯狂，绝弃形骸，自为戕贼，期在必死。

自 1944 年始，抑郁哀愁中的彭祉卿日饮烈酒一斤，否则必烦躁欲狂，俨如妄人。4 月 6 日，开始昏厥战栗，病状凸显。其女彭国秀、婿丁立德将其送入云南大学附

[9] 严晓星编，《民国古琴随笔集》，海豚出版社，2013 年 12 月版，第 65 页。

彭祉卿墓

属医院就医治疗，时张时懈，痛楚月余，终于5月15日晚十时半以"慢性酒毒症，肝脏硬化，神经细胞变坏"溘然长逝。

彭祉卿腹有文章，为文条畅清雅，诗词珠明玉坚，乐理修养深厚、琴艺超凡脱俗、迥出群伦，为民国琴坛一大领军，他那凄痛哀凉的身世，已令人揪心咽泪，在家国幅裂、民族危亡之际，骤然逝去，能不令人一恸而断肠？祉卿既逝，其挚友查阜西、李廷松乃与祉卿生前故旧合议葬先生于昆明西山华亭寺以北的云南文化名人墓陵区。由马晋三书楷，遵祉卿生前遗愿，勒石表其冢曰"琴人彭祉卿先生之墓"。时在1944年5月20日，董其事者六人：查阜西、李廷松（琵琶演奏家）、杨立德（前云南省府副官长）、龚自知（前云南省教育厅长）、徐家瑞（云南大学教授）、马崇六（前中国陆军工兵司令）。

三、一曲微茫度此生

自1933年只身入吴，至1944年5月15日病逝昆明，在这十余年的岁月中，彭祉卿发奋琴学，贡献甚夥。查阜西曾将其主要成就概括为以下七个方面：

一、整理报道明季虞山迄盛清广陵琴学之体系；

二、制成与古琴各均伴奏之雅箫，并制定其法尺；

三、完成全国琴人及海内蒐藏古琴之初步调查；

四、综扬五十年来琴坛之宗派与事迹；

五、著刊《桐心阁指法析微》并拟定吟猱协律之法；

六、阐明古琴传曲宫、调、均、音四义理论之致用；

七、用"异式和弦法"解释虞山各谱音位之非讹，指证三百年前现实的中西音乐有另一自然沟通之迹。[10]

这七项成就，前五项，俱已载于《今虞琴刊》，广泽琴人。后两项，为祉卿流徙昆明时所作，查阜西当年言"仅存遗稿五篇，各万余言，尚未公诸同好"，今则并其去向及存世与否亦不可知矣。

彭祉卿发扬琴学的七项成就中，论研精覃思，当以第五项《桐心阁指法析微》为著；论著述环境之艰危，当以六、七两项为最。

彭祉卿智虑绝群、学殖深厚，弱冠以前，叨蒙庭训，读书已破万卷，于子、史中所载乐律尤悉心探研其奥窍，然不事著述。强仕之前，授徒、讲学遍于海内，名满天下，除栖迟山西育才馆时曾编著《讲义》、《雅乐集》，著作之事，略不经心。自结社吴门（苏州）后，友人慕其琴学，爱其辞章，严相逼促，欲使其撰成琴学专著，以正天下视听。祉卿心动，他以为"为学不厌精详，穷理须得究竟，指法虽末，实琴学之始基"[11]，遂著《桐心阁指法析微》以阐明古琴指法，条分缕析，精密备至。此书1934年初已于杭州完成初稿，同年秋季，祉卿赴上海，周庆云之子周健初许其入"晨风庐"摘录所藏琴学资料，祉卿盘桓晨风庐凡三个月，取周氏所藏古今琴谱六十余种交互参证，制作亦精。复穷两年之功，细心修订，打磨辞章，字斟句酌，

[10]　《七弦琴音乐艺术》第十辑、第11—12页。

[11]　《今虞琴刊》，民国二十六年五月今虞琴社编印、中央音乐学院"中国古琴音乐文化数据库"编辑委员会承印，2006年12月20日，第128页。

精益求精。以此，《析微》一书甫一刊出，即成琴苑之经典，琴人宝之若骊珠。

抗战军兴，彭祉卿在浦东的庐舍转睫已化丘墟。乃流转长安，避难云南昆明，在此期间他曾考论吟猱运指度数，高言卓论，不可怠忽。复辨正宫、调、均、音四义，取择诸家立论之长，证以欧西乐律之实，识者有"八百载迷漫烟雾，借是一扫而空"[12]之赞。方家国幅裂之际，尚不忘发扬琴学、复兴雅乐，彭祉卿一生之追求藉此可见，其笃于琴学之精神亦可由此觇窥。

彭祉卿幼承庭训，以父为师，苦练琴艺，其后在湘中、山右，数从九嶷山人杨时百习琴，故其琴风，既有家学之清迈幽逸，复挟九嶷之苍老挺劲。方其抚琴之际，必和弦审调至于再三，然后凝神下指，声如洪钟，稳若泰山，怡情荡魄，穿谷遏云。杨时百于古琴曲《渔歌》曾倾注大量心血，其《琴学丛书》之《渔歌》后记言，"《渔歌》一曲，予自癸丑（1913）九月，迄丙辰（1916）八月，与琴师月课十八次，合弹两遍，风雨寒暑不辍，连闻计一千三百遍，求学之难可胜慨叹"[13]。杨氏将此曲传与祉卿，在其生前，每逢琴会必令祉卿一弹再鼓名曲《渔歌》，彭祉卿以其渊深之学养、超卓之琴技，对《渔歌》的曲意曲情、技法旋律颇有独到体悟，加之自身本即人淡如菊，不事功名，是以弹奏此曲，超妙入神，青蓝冰水，度越本师，挟此曲驰骤琴坛二十年，声高天下。

据《今虞琴刊·琴人问讯录》，彭祉卿能弹《忆故人》、《渔歌》、《渔樵问答》、《梅花三弄》等十余曲，但这十余曲应该是祉卿平生所擅者，而绝不意味着他只能弹奏十几只琴曲。除受自九嶷的《渔歌》外，彭祉卿用心最多、体会最深、弹奏最精绝者当推家传《理琴轩琴谱》之《忆故人》。

《忆故人》谱后载录《今虞琴刊》，彭祉卿、张子谦皆曾撰跋识，彭跋考述了此曲的宫调，强调了此曲演奏时的特色，并自述习传此曲的过程：

[12] 《七弦琴音乐艺术》第十一辑，第13页。
[13] 杨宗稷编著，《杨氏琴学丛书》，湖南教育出版社，2007年12月第1版，第238页。

《忆故人》亦名《山中思故人》，或云《空山忆故人》，传为蔡中郎作。赵耶利《琴规》言：蔡氏五弄寄清调中，弹侧声，故皆以清杀。此操借正调以弹慢三弦之调，当属黄钟宫。然曲中低声祗用及一弦，徽外虚散音而不用（推出不在其例），实为太蔟商，盖寄商于宫者也。商调宜以商音起毕，今兹乃用徵音，而于末段收音转入正调。使徵变为商以从本调，与侧声清杀之法正合，则信乎幽居秋思之流亚也。原本仅注徵音，不载均调，今为考定如此。杜工部句云"老去渐于诗律细"，余于琴也亦然。

本操用律取音谨严有法，韵收徵音辅之以商，即于其位用吟，而取猱于羽角，宫声暗藏句中，不露起结，泛音首尾相应前后跌宕，两用蟹行照顾有情，入调后，节奏停匀层次不紊。三段再叠节短音长，四段自七徽引上四徽，又自四徽贯下九徽，一气流转，指无滞机，九徽带音缓上，振尾朝宗，尤为著力。五段前四句再叠缠绵，往复不尽，依依当求弦外之音方得曲中之趣。他本于其后妄增一段，按之腔韵格不相入，显为赘疣，芟去可也。

先清太守筱香公最精此操，晚年，他曲屏不复弹，而此独不去手，人比之为"范履霜"。庆寿髫龄趋庭得受指法，童而习之，三十年未敢或忘。癸酉（1933）薄游京国，止于吴门。甲戌（1934）又客武林（杭州），与旧社友查阜西、顾梅羹及吴越知音琴尊酬唱辄累月。临别，绎写数本留赠。时故宅琴书已毁，天涯羁泊，乘兴为家，抚弦动操有不胜今昔之感已。

庐陵彭庆寿识 [14]

论琴叙事，简切有法，时出隽语，笔笔情深。对《忆故人》的论述不仅体现出彭祉卿精深的乐理学造诣，更体现出他触手成春、超然独骛的高妙文学才华，以及顾念先人、钟情专一的内在情志。

张跋对彭祉卿于此曲之造诣及传习之过程进行撮述：

[14] 《今虞琴刊》，民国二十六年五月今虞琴社编印，中央音乐学院"中国古琴音乐文化数据库"编辑委员会承印，2006年12月20日，第199—201页。

《今虞琴刊》载彭祉卿《忆故人》跋

《今虞琴刊》载张子谦《忆故人》跋

[15] 《今虞琴刊》，民国二十六年五月今虞琴社编印，中央音乐学院"中国古琴音乐文化数据库"编辑委员会承印，2006年12月20日，第201—202页。

[16] 严晓星，《近世古琴逸话》，中华书局，2013年10月第1版，第99页。

此曲彭祉卿先生童时受自趋庭，研精三十年未尝间断，故造诣独深。含光隐耀，不滥传人。自前岁漫游江浙，偶一抚弄，听者神移，争请留谱。于是大江南北流传渐广，惟辗转抄习，浸失其真，或竟自是其是。先生辄引为憾，将复秘之。余既于去秋与先生订交，琴尊酬唱辄相追陪。一年来欲就学而未敢以请，盖有以知乎先生之志也。今幸得而承教矣，且尽得先生之奥矣，而于先生之志恶可以不书。虽然，抱璞守真，责原在我；循规絜矩，还冀后人。

乙亥冬月真州张子谦识 [15]

张文情深而语挚，二三简淡言语，将彭祉卿之风神以及《忆故人》之令人痴往，毕现于读者睫前，而彭张两人的师友挚情亦藉此表露无遗。多年以后，晚岁的张子谦卓立琴坛功成名就，却对自己的学生成公亮说："你们都说我琴弹得好，其实彭祉卿弹得才真好啊！你们是没听过彭祉卿弹琴！"[16] 若说生前的称赏尚有友朋间彼此揄扬拔擢之意，那么在彭祉卿去世多年，而张子谦自己亦早成琴坛翘楚之后，张氏对彭氏的礼赞，则不仅表现出对已故挚友的怀念，更多的还是对亡友琴艺的由衷激赏。

彭祉卿性情萧疏简淡，淡泊名利，故钟情《渔歌》；复痴情专一执着不悔，故情寄《忆故人》。

毋宁说，对两首琴曲的精深研习，乃是他对自我情怀的反复咀嚼、抒吐，一腔深情尽注七弦，两曲微茫偕度平生。

四、如此江山如此人

避难昆明的彭祉卿依旧与老友查阜西过从甚密，彼此照拂，琴箫谐鸣。1941 年秋天，作家老舍履迹昆明，曾到过查阜西在龙泉村的居所，听到彭祉卿和查阜西的琴箫合奏。在他的《滇行短记》中有这样的记载：

晚年张子谦与弟子成公亮

> "相当大的一个院子，平房五六间。顺着墙，丛丛绿竹。竹前，老梅两株，瘦硬的枝子伸到窗前。巨杏一株，阴遮半院。绿阴下，一案数椅，彭先生弹琴，查先生吹箫；然后，查先生独奏大琴。
> "在这里，大家几乎忘了一切人世上的烦恼！"
> "这小村多么污浊呀，路多年没有修过，马粪也数月没有扫除过，可是在这有琴音梅影的院子里，大家的心里却发出了香味。"[17]

琴音德馨，尽呈笔端，雅量高致，令人欣羡。

彭查二人知音共赏，患难相依，祉卿散淡、深情，有浓厚的传统文人风骨；阜西重友、务实，艰难之中总能撑持危局。二人性格可以互补，琴艺足堪交流，是以知交莫逆，天涯共履。

[17] 转引自严晓星、《近世古琴逸话》，中华书局，2013 年 10 月第 1 版，第 101 页。

1937 年查阜西（前排中座者）与四川琴人合影

　　彭查二人曾相偕登览金碧山，伫立其间一岩，见下有小村傍湖，上有瀑流穿谷，又闻缥缈钟声如自天外传来，祉卿不胜感慨，止步流连，引吭高歌其平生所爱"赤条条来去无牵挂"之句。歌毕，乃慨然谓查阜西："如斯胜境，幸为买一棺之地，厝吾骨其间，表曰'琴人彭祉卿之墓'，是吾愿也。如子多情，不我吝否？"[18] 其人之风神、心境，于斯毕现。

　　彭祉卿嗜酒如命、遗世高蹈类渊明，身世飘零、潦倒孤郁似少陵，至于精通律吕，吹箫鼓琴，诗词清美，珠圆玉润，性情真纯，儿女情长，则又在在嗣响姜夔。他一生崖岸高峻，落落寡合，以绝世之伟才，驰骋华夏琴坛，授学著述，名播尧封，遭际时艰，不弃宿志，骤然零落，化为尘泥，海内痛悼，挚友断肠。

　　天纵英才。

　　天，亦常妒杀英才。

沈伯重（1899 前—1956 后）

沈增厚，字伯重，号行如居士，祖籍浙江杭县。他素性淡泊，喜佛道之学，幼年好琴，每闻时人言琴，辄悠然神往，不能自已。然而，清末的中国，能琴之士已极少，古琴已成罕见之器，因此，尽管沈伯重髫龄好琴，却直到 1917 年栖迟湘中时，才得以师从彭祉卿学琴，并在这一年的冬天加入愔愔琴社。

立而执卷者为沈伯重

截止到 1937 年秋，沈伯重参加过比较大型的琴会凡四次，这四次琴会，也可视作他琴学生涯的四个转捩。

半园雅集。1917 年 11 月，愔愔琴社在长沙成立，社成之日，同人雅集，并合影留念。当时参加雅集的琴人有：顾哲卿、彭祉卿、蒋子坚、顾卓群、沈伯重、顾国屏、顾镜如、顾梅羹、周吉荪、饶省三、李亚盦、招鉴芬，共计十二人。彼时也，伯重习琴不足五个月，这可能是他本人第一次参加琴人雅集活动，后来他在诗中描写到自己当时的心境，"初集于半园，时予业初肄。引轸勉成声，新雨欣把臂"。在欣喜遇到琴学新知的同时，不免为自己稚拙的琴技感到紧张、仓皇。这次雅集中，各人演奏的曲目现已不可考知。

晨风庐琴会。晚近以来，随着西学的东侵，中国的传统音乐也受到西乐的极大冲击，版图不断萎缩。当此时，一群传统文化的守护者起而行之，欲挽狂澜于即倒，扶大厦之将倾。当时的形势是：一方面，激进革新之士极力倡导西乐，使得西乐迅速在华夏大地泛滥开来；另一方面，一批有识之士，不忍华夏国粹之消亡，竭力保存国故，希望通过自己的努力振兴雅乐。声音之道与运会相通，在国弱民贫，甚至濒临亡国灭种之际，这些志士的所作所为，其意在以复古为志，使和平中正之音浸润乎人心，从而转移世运，实现中华的富强。

民国初年，随着通讯的发展以及各地琴社、琴人的影响不断扩大，举办全国性琴会的时机已逐渐成熟。1919 年，叶璋伯在苏州怡园举办琴会，次年春，杨时百在北京岳云别业举办琴会，这两次大型琴会，南北照耀，彼此交辉，对全国琴界影响较大。在这种背景下，1920 年秋杪，兼巨商、收藏家、琴家于一身的周庆云与兼报人与古琴爱好者于一身的史量才联袂，在上海梅白格路周庆云新宅晨风庐举办了一次更大规模的琴会。

此次琴会受到邀请的湖南琴人凡十五位，其中十人为长沙愔愔琴社成员，其中包括：顾哲卿、顾敏卿（卓群）、蒋子坚、招学庵、沈伯重、彭祉卿、顾梅羹、饶省三、李亚盦、周吉荪。[1] 从《记录》中所载的湖南琴人顺序来看，至少可以说，第一，主办者对湖南琴人的师承、彼此间关系并不熟稔，否则不会将彭祉卿置于招学庵、沈伯重之后；第二，晨风庐琴会的主办者对这十名湖南琴人的近况也不甚了然。愔愔琴社社长顾卓群早在此年之前抵晋，并于本年仲春与三晋琴人共同创建山西元音琴社，且任琴社主讲。

受到邀请的十名愔愔琴社琴人，最终到会的只有彭祉卿、沈伯重、顾梅羹三人。推求其中原因，当是因为，这三个人中，彭祉卿代表了年长一辈愔愔琴人的最高琴学水平；而沈伯重、顾梅羹则代表了年轻一辈愔愔琴人的最高琴学造诣。

晨风庐琴会会期共三日，10 月 12 日（九月初一）始，10 月 14 日终。第一天会场就十分热烈，参加观礼的社会名流数十人，郑孝胥日记对其有较为细致的描述，"晨

[1] 按：此顺序依《晨风庐琴会记录》所列人名次序。见周庆云：《晨风庐琴会记录》上卷，木刻线装本，1922 年，第 2—3 页。

风庐新宅琴会，来客数十人，缁俗士女及欧妇数人弹琴围坐，抵暮而散。周斋中悬泰山石刻八十九字，所未闻也"[2]。

彭沈顾三人第一天没有鼓琴。第二日，彭祉卿率先登场，演奏家传琴曲《忆故人》，沈伯重紧随其后，演奏曲操《普庵咒》，之后顾梅羹演奏《潇湘水云》。现在流传下来的文献，大多对彭顾二人在晨风庐琴会上的表现称赞有加，对沈伯重的评价则未之见，但是，如果我们换个角度，从愔愔琴社当时的社员构成来分析，沈伯重能够参加晨风庐琴会，其实本身已经说明他当时的琴学造诣是极高的。与彭祉卿参加晨风庐琴会的时候，沈伯重习琴不过三年，三年间已使琴艺达到参加全国性琴会的程度，足见其资质超凡。

琴会的最后一天，当众位琴人会饮之际，数名琴家腾蛟起凤，贡献绝技。其间，沈伯重、顾梅羹齐奏《普庵咒》，彭祉卿吹洞箫和之，引起与会者的瞩目，周梦坡情难自抑，写诗记录当时盛况，其中有句单道彭沈顾，"顾况与沈约，指法并苍老。和以彭箋箫，引凤歌窈窕"，从中可窥三人当日之风流蕴藉。

会琴汾水。1921年秋末或冬月，彭祉卿、杨友三、沈伯重、顾梅羹相偕入晋。汾水之会，虽然见诸沈伯重《会琴麓山有感》一诗，但具体内容则不可考知。诗中有云："又曾客并门，良朋偕结驷。汾水多白云，抚弦感萍寄"。从这四句诗来看，当时沈伯重在太原充满了天涯羁旅、萍飘云荡之感，心境可谓悲苦、凄怆。

现在我们推断，沈伯重所说的栖迟晋阳时的琴会，其参加者大体上应该包括当时元音琴社的所有或者大部分成员，亦是一次较大型的雅集会琴活动。可是从沈伯重诗中所透露出来的悲戚之感，似乎已经预示着他将要步入另一个人生阶段。

会琴麓山。1925年秋，琴家李伯仁自京入湘，李是杨时百的弟子，与彭祉卿有同门之谊。于是彭祉卿约集愔愔琴社、南薰琴社的同人在重九前三日会琴麓山。在这次大型琴会上，沈伯重独奏了《忆故人》，与彭祉卿、顾梅羹、顾镜如合奏了《普

[2] 劳祖德整理，《郑孝胥日记》，中华书局，2005年8月版，第1844页。

民国岳麓山爱晚亭

庵咒》，并与彭祉卿、顾梅羹琴箫合奏《梅花三弄》，由彭祉卿吹箫和之。这次雅集，沈伯重是除彭祉卿、顾梅羹之外表演曲目最多者，可见其琴学造诣依然不俗。可是他在《会琴麓山有感》一诗中却自述道"三载不操缦，手棘心滋愧"，大概彼时沈伯重已经很少抚琴操缦，虽然他的琴艺仍旧十分超卓。

与彭祉卿一样，沈伯重具有极其精深的文学造诣，诗词文俱佳。他当年渴望结识彭祉卿并决定追随其学琴，最先的触媒并非是彭的高妙琴艺，而是其超卓的文学造诣。彭祉卿的《梅魂》一词深深地打动了沈伯重，从而最终结下一段不朽的师生之缘。1918 年沈伯重作沪上之游，曾寄《青衫湿》一阕给湘中挚友饶省三，词云："故人何事无消息？愁绝暮云天。半园琴韵，瀛园茗战，犹忆当年。而今已矣，坠欢莫拾，离恨长牵。几声新雁，秋思一缕，又到帘边"[3]。词语绸缪婉转，一唱三叹，词境清寂孤冷，有南宋张叔夏《山中白云词》况味。1931 年，晨风庐琴会的组织者周庆云病逝，彭祉卿、沈伯重联名奉上挽联："名山事业见传人，有著作等身，妙笔千秋夸续史；湖海琴尊开盛会，怅烟云过眼，刺船何处觅知音"[4]。师生联名挽周，既表现了两人感情之深厚，也部分地印证了沈伯重文学造诣之高。

[3] 《今虞琴刊》，民国二十六年五月今虞琴社编印，中央音乐学院"中国古琴音乐文化数据库"编辑委员会承印，2006 年 12 月 20 日，第 17 页。

[4] 《今虞琴刊》，民国二十六年五月今虞琴社编印，中央音乐学院"中国古琴音乐文化数据库"编辑委员会承印，2006 年 12 月 20 日，第 307 页。

上个世纪三十年代，沈伯重一心向佛，致力于弘扬佛门大法，竭力撰述释教著作，辑录佛学文献，兀兀穷年，焚膏继晷，恐怕再无余暇抚弦操缦了。在彭祉卿主持的今虞琴社的历次雅集上，从未出现过沈伯重的身影。但他与古琴的因缘并未结束。1937 年 8 月中旬，由彭祉卿主编的《今虞琴刊》始印成十之八九，尚有《介绍》、《艺文》、《杂录》三篇文稿待校。正当此时，淞沪战起，百工停业，彭祉卿仓皇西奔，流徙长安，而他在上海浦东的寓所已为敌机轰炸，化作丘墟，刊物原稿片纸不存。所幸者已印部分尚存印局，兼以张子谦、沈伯重留沪未迁，于是彭祉卿将行囊中残稿检寄张沈，嘱其督工印成此书。经过张沈的不懈努力，终于使凝聚了彭祉卿、查阜西大量心血的《今虞琴刊》得以在 1937 年 10 月成功出版。

现在我们能够从《今虞琴刊》上了解到不少民国琴人的生平、事迹，不能忘记彭祉卿、查阜西的约稿、编辑之劳，亦不能忘记张子谦、沈伯重的挽救、补璧之功。只是，在最终促成《今虞琴刊》出版之后，回思故园清梦，面对纸上山河，沈伯重还会重新调弦入弄、操缦鼓琴么？

十九年后的 1956 年 11 月 22 日，查阜西赴湘参加湖南群众艺术会演的观摩，同时在湖南进行本年第二次人代视察。24 日早四时抵长沙，约顾梅羹五时来见，六时许，顾梅羹与周吉荪、余述虞、陈维斌、沈伯重、罗世泽、龚曼甫等九人见到查阜西，谈论琴人活动组织事宜。11 月 25 日上午，查阜西与顾梅羹及沈伯重详谈民族音乐全面问题至十二时。[5]

以上这段文字，似可说明截至上个世纪五十年代中期，沈伯重尚未停止琴学活动。但是，查阜西赴湘之所以约会沈伯重谈论琴事，恐怕更多的是出于旧雨故交的情怀系念，沈伯重在彼时似乎早已对琴事不甚关心。在查阜西所作《存见古琴曲谱辑览》"叙"的最后一段，查氏对给予他帮助以俾他能够顺利完成此书的众多单位和个人致谢，

---

[5] 按：本段中关于查阜西赴湘后与沈伯重约谈之记述，乃是根据查阜西先生 1956 年 11 月日记隐括成文。又，查先生之日记至今尚未刊印，笔者所见乃严晓星先生《顾梅羹"主笔"考辨》（原刊于《南京艺术学院学报·音乐与表演》2009 年第 2 期，收入严著《七弦古意——古琴历史与文献丛考》，故宫出版社，2013 年 11 月第 1 版）中之插图。

其文云"这一材料曾在 1956 年 6 月编成初稿，分送国内给许多位古琴家和历史家提示意见，同时根据这些意见组织同道进行校订。在一年半的时间中承沈草农先生、汪孟舒先生、瞿凤起先生、胡公玄先生、周云青先生、王世襄先生、吴振平先生、吴景略先生、张育瑾先生、李瑞先生、宁波天一阁图书馆、重庆市图书馆、陕西省群众艺术馆的协助，使这一材料得到不少的改正和补充，也承顾梅羹先生、许伯珩先生、罗君羽先生、黄念劬先生、金汝器先生、刘厚祜先生、吴钊先生等参订缮校，才抵于成"[6]，长长的致谢名单，惟独没有数月前把臂长沙的沈伯重，由此似可觇见沈伯重彼时于琴事之冷清态度。

值得一提的是，1957 年 3 月，顾梅羹应中央民族音乐研究所之约赴京与查阜西一起纂修琴学著作，在此期间，顾梅羹得以专力琴学，于是将家传《百瓶斋琴谱》精心缮写，1960 年冬，在为《百瓶斋琴谱》所作的跋文中，顾梅羹提到，招学庵、周吉荪、沈伯重、查阜西等老友均曾将从前所抄录的《百瓶斋琴谱》内容寄给他，以供校雠。

沈伯重生卒年俱不得确考，依"彭杨沈顾"四琴师相偕入晋之序，则沈伯重当幼于彭祉卿而长于顾梅羹，其生年在 1890 至 1899 之间，其卒殁之期，据顾梅羹《百瓶斋琴谱》跋文，可推断为 1957 年之后。

[6] 查阜西编纂．《存见古琴曲谱辑览》．人民音乐出版社．2003 年 7 月版．第 7 页．

附：

会琴麓山有感 [1]
沈伯重

又是深秋日，西风摇薜荔。秋色满南湘，麓岭留余翠。

萧萧爱晚亭，有客抱琴至。浩然命其俦，古调相与试。

裙屐何联翩，各具烟霞志。一弹再三鼓，云水驰幽思。

清响入深林，摵摵丹枫坠。长飙播远空，下士疑仙吹。

嗟予鄙无能，觍然亦附骥。三载不操缦，手棘心滋愧。

鸿雪漫留痕，憩足斜阳寺。逸兴犹未阑，举觞同一醉。

连襟咏而归，清景留梦寐。忆予与琴会，并此已为四。

初集于半园，时予业初肆。引轸勉成声，新雨欣把臂。

次则晨风庐，海上群英萃。天风荡翠涛，自是移情地。

又曾客并门，良朋偕结驷。汾水多白云，抚弦感萍寄。

今朝为此会，往迹犹可记。荏苒隔古今，情关十年事。

时当古乐沦，靡靡矜新异。瓦缶竞雷鸣，黄钟斯毁弃。

懿哉诸君子，共振浮云辔。神马腾天衢，不复取俗媚。

佼佼蜕尘秽，存古庸可冀。际兹多难日，四野传戎燧。

荆棘掩铜驼，妖星流字彗。兵燹痛余生，感时惟溅泪。

幸获旦夕安，追念心独悸。从容相酬酢，此会良不易。

彷皇长太息，思欲鼓琴冶。挥手谢诸贤，珍重平生意。

[1] 《今虞琴刊》，民国二十六年五月今虞琴社编印，中央音乐学院"中国古琴音乐文化数据库"编辑委员会承印，2006年12月20日，第19—20页。

爱晚亭琴集赠南薰愔愔诸友[2]
李伯仁（玄楼）

廿年不对峡枫青，烟锁二南爱晚亭。
放鹤风流谁解得，梅花弹罢忆西泠。[3]

麓山秋爽净无尘，幽籁鸣弦雅趣真。
不信胡笳因李耳，[4]潇湘一曲有传人。[5]

梅魂·如此江山[6]
彭祉卿

十分春信枝头早，依稀冷香凝处。雪錬难销，风惊不定，化作迷濛轻雾。

亭亭倩女，伴冷月黄昏，暗含酸楚。修到今生，也愁漂泊似飞絮。

楼头谁弄玉笛？听声声断续，如唤归去。庾岭云深，江南路远，应怯关山难度。

魂兮且住。道纸帐铜瓶，有人招汝。好梦方酣，莫教鸣翠羽。

[2] 《今虞琴刊》，民国二十六年五月今虞琴社编印，中央音乐学院"中国古琴音乐文化数据库"编辑委员会承印，2006年12月20日，第309页。
[3] 自注：爱晚亭在岳麓之青枫峡，辛亥年重修，石刻张南轩、钱南园诗，谓之"二南诗刻"，并题"放鹤"二字其上。
[4] 自注：余弹《胡笳十八拍》，相传蔡文姬以琴为笳音，而《文选注》云："本老子出关，传汉音以教胡人者。"黄山谷谓其音节清壮顿挫，时有闺房态度。喜而弹之，则未知音之为胡为汉也。
[5] 自注：《潇湘水云》一曲，彭君祉卿、顾君梅羹均善弹此。
[6] 《今虞琴刊》，民国二十六年五月今虞琴社编印，中国音乐学院"中国古琴音乐文化数据库"编辑委员会承印，2006年12月20日，第16—17页。

顾梅羹（1899—1990）

顾梅羹操缦小影

一、琴学世家，一门风雅

顾焘，字梅羹，号琴禅，以字行，原籍四川华阳，寄籍湖南长沙。顾梅羹家族，数世与琴结缘，而梅羹为承上启下之枢轴，他一生戮力琴学、著述宏富，足迹遍南北，桃李满天下，为振兴华夏雅乐做出重大贡献，允为一代琴学宗师。

梅羹曾祖顾庚山为蜀中名士，擅书画，书学米芾，画宗宋元，有声于时，流誉天府。祖父顾玉成（少庚）幼承庭训，腹有诗书，年十九，与

少年顾梅羹与母亲留影

中年顾梅羹

欧阳书唐、谭石门诸友师从蜀僧张孔山习琴，尽得其奥窍，而尤以张氏所创"七十二滚拂流水"推为绝艺。清光绪元年（1875），顾玉成携家迁赴湖南长沙，任知县。

顾玉成学养深厚，琴艺精湛，为华阳顾氏琴学家族之奠基人。任职湘中时，他将平生所学传与长子顾儁（哲卿，梅羹父）、次子顾荦（卓群，顾藩、顾沅父），以及侄儿顾熙（字劲秋，约1867—1937），并与理琴轩主彭家骥（筱香，彭祉卿父）切磋琴艺，相互传琴。少庚室名百瓶斋，故其所著琴谱名《百瓶斋琴谱》，凡四卷，由后人手抄以传。

顾梅羹六岁读私塾，因家学之熏陶，浸润之深透，他十二岁时已能弹奏琴曲《醉渔唱晚》，同年师从其父哲卿及叔父卓群习琴，尽得泛川派琴艺法乳。十三岁入中学，读书期间，顾卓群昆仲于1912年集聚湘中琴人创建南薰琴社，梅羹为南薰十社员之一。五年后（1917年），顾卓群、彭祉卿联袂组建愔愔琴社，梅羹亦躬与其事。1918年，顾梅羹于湖南省立通俗教育馆任编辑员。两年以后，他与彭祉卿、沈伯重代表湘籍琴人征战上海晨风庐，一战成名，正式开始其戮力琴学、传琴授学的漫长而艰辛的人生历程。

二、塞北江南，名播琴坛

1920 年 10 月 12 日到 14 日，顾梅羹携家传良琴"飞瀑连珠"与彭祉卿、沈伯重远征上海，参加巨商周庆云与报人史量才筹划的晨风庐琴会。13 日，彭祉卿奏《忆故人》，沈伯重奏《普庵咒》，顾梅羹奏《潇湘水云》。20 日，适逢重阳节，彭祉卿等受邀请参加琴人雅集，彭祉卿、沈伯重、顾梅羹三人琴箫合奏《普庵咒》，时人写诗纪盛，中有"顾况与沈约，指法并苍老。和以彭钱箫，引凤歌窈窕"之句。

晚近以来，东西方文化剧烈碰撞，新文化运动中，一批既有旧学功底，复挟西学精义的文化骁将，因应时变，指点江山，大刀阔斧，挥斥方遒，倡民主与科学，弃传统如敝屣。白话文颠覆文言文，西乐力倾中乐。因一时国势之式微，导致力图全套引进、吸收西方文化，其历时性辐射之强波至今未息。在这种形势下，一批有识之士奋起维护华夏传统，首先表呈在古琴上的，则有 1919 年叶璋伯发起组织的苏州怡园琴会，1920 年春杨时百发起组织的北京岳云别业琴会。周庆云和史量才有鉴于此，乃柬邀各地琴家，意在于"新学兴而古制亡，郑声靡而元音废"[1]之际，振扬琴学，复兴雅乐。因此，晨风庐琴会并不仅仅是一次全国性古琴雅集，乃是暗寓着抵御西风、恢复华夏礼乐之重大命题。

琴会结束以后，周庆云、史量才欲将几位技艺精湛的琴家留在上海申报馆教琴，受到邀请的琴家有杨时百、王燕卿、彭祉卿、顾梅羹等八九人。但是彭祉卿和顾梅羹却并未应邀，他们和沈伯重、杨友三，在次年秋冬之时便已"相偕入晋"，到太原传琴授学。另外，据《查阜西琴学文萃》中《几个琴人的情况》所述，顾梅羹"民国初年毕业于长沙达材法正（德恒按：正为"政"字之误。）学校，因家传琴，毕业时适被招鉴芬荐往山西育才馆及国民师范任古乐教师，时在民国十年"[2]。既然 1921 年顾梅羹始毕业于湖南达材法政学校，准以彭祉卿四年毕业于该校之例，则顾

[1] 周庆云.《晨风庐琴会记录序》. 木刻线装本. 1922 年.
[2] 黄旭东、伊鸿书、程源敏、查克承编《查阜西琴学文萃》. 中国美术学院出版社. 1995 年 7 月. 第 27 页. 据此，则参加晨风庐琴会时顾梅羹尚未在达材法政学校毕业，自然无法应上海晨报馆之聘。（另参《彭祉卿传》）

顾梅羹与儿子顾泽长

梅羹入学当在 1917 年秋。而这与彭杨沈顾入晋之时亦合（参下文）。

　　1921 年 7 月 3 日，山西元音琴社在陆军审判处之东园举行第二次大型古琴雅集，在这次琴会上，并无彭祉卿、杨友三、沈伯重、顾梅羹等四琴家之记录，可知彼时四琴家尚未抵晋，他们入晋的时间当在同年的秋末或冬月 [3]。

　　寓居晋阳时期，顾梅羹得以专心致力琴事，开始广泛从事琴学活动，其中包括：在育才馆雅乐部和国民师范雅乐研进社授琴、撰写琴学著作、参加元音琴社古琴雅集、监制古琴。

[3] 详参本书《杨友三传》、《彭祉卿传》。

顾梅羹在育才馆和国民师范授琴传艺，其琴弟子人数当不少，可惜今已无法详考。所可知者，1922 年，育才馆雅乐部第一届毕业生凡五十五人。同年，国民师范雅乐专修科招生，名额为四十名。孙森《元音琴社回忆录》中说"雅乐班三年有成"，其后彭杨沈顾四琴家相偕离晋，依此，则三届育才馆雅乐部大约培养琴人一百六十五名，两届国民师范雅乐专修科约培养琴人八十名。也就是说，顾梅羹在晋阳参与教授的古琴弟子，其人数当在二百四十五名左右。尤其值得一提的是，山西老琴家李庆中曾亲口告诉笔者，上个世纪四十年代，他在师从高寿田学琴时，对民国元音琴社的历史、琴人非常感兴趣，曾反复询问高寿田当年在国民师范求学时都师从过哪些琴家，而高寿田的回答总是只有顾梅羹一人，对其他琴人如彭祉卿、沈伯重等皆无印象。由此似可推断，当年四琴家入晋传琴，国民师范之古琴教学主要由顾梅羹承担。

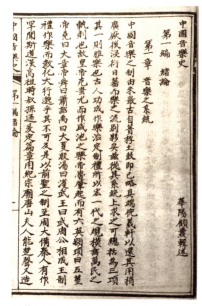

顾梅羹著《中国音乐史》书影

1923 年，顾梅羹撰成《中国音乐史》及《乐器图考》，这两部书都是他在山西国民师范雅乐班授学时的讲义。同时他还和彭祉卿联袂编撰《山西育才馆雅乐讲义》，与张芹荪、彭祉卿等合编《雅乐集》。可以说，顾梅羹的这些音乐学专著，和顾卓群的《元音琴谱》形成了一个系统而周备的雅乐教材体系，为培养三晋雅乐、琴学后劲奠定了坚实的文献、理论基础。[4]

[4] 1924 年，张芹荪在给柯璜的信中同时附寄"《雅乐讲义》五本"，其中或即有顾梅羹所撰之书。张芹荪《致柯定初先生》，载《晋报》，1924 年，第 3 卷第 2 期，第 1—3 页。

　　除教学外，顾梅羹也躬与琴人雅集。1922 年 9 月 10 日，为欢迎九嶷山人杨时百入晋传琴，山西元音琴社在陆军审判处举行第三次古琴雅集，孙净尘发表讲话，称顾梅羹为"音乐大家"，在这次琴会中，顾梅羹独奏琴曲《平沙落雁》。这是笔者迄今看到的仅有的一则关于顾梅羹在晋参加古琴雅集的记录，但这绝不表明顾梅羹在晋阳仅仅参加过一次古琴雅集。沈伯重作于 1925 年的《会琴麓山有感》有句云"忆予与琴会，并此已为四"，其下依次描述四次琴会：半园琴会、晨风庐琴会、并门（晋阳）琴会、会琴麓山。以"汾水多白云，抚弦感萍寄"描写并门琴会，可见沈伯重在晋阳曾参加过一次大型、著名的琴会。但是在欢迎杨时百的元音琴社雅集上并没有沈伯重弹琴的记录，甚至在报道中都未出现沈伯重的名字，孙森在讲话时只提到杨友三、彭祉卿、顾梅羹。既然沈伯重在诗中说曾在晋阳参加过一次大型琴会，那么基本可以推断，彭祉卿、杨友三、顾梅羹也必参与了那次琴会。故此，可以说，现在至少可以考定顾梅羹在晋曾参与过两次大型琴人雅集（其实当然不止此数），一次有确切的文献记载[5]，一次可据沈伯重诗间接推断。

　　顾梅羹在山西时还亲自监制古琴，其事今已不得其详，但必有其事则无可疑，国民师范学生郭维芝曾在其松弦琴上镌刻、记录民国山西琴事，"壬戌（1922）间，镇海虞和钦督学吾晋，与江东孙净尘提倡雅乐甚力，庐陵彭祉卿、华阳顾梅羹先后司教，秋初复延九疑山人杨时百精核音律，山右琴学至是蔚然称盛。己巳（1929）春，余学琴于交河王梅岩师，明年得斯琴于太原，顾君所监制也，取严天池'松弦'名之，并记吾晋近年琴学之梗概如此"[6]。据此可以断定顾梅羹在晋阳曾监制古琴，郭维芝所得"松弦"即其一也。

　　1924 年夏，顾梅羹与彭祉卿、杨友三、沈伯重相偕返湘。

　　回湘后，顾梅羹复考入湖南建国大学政法科，1927 年毕业。求学期间，顾梅羹

[5] 参《来复报》，1922 年，第 221 号，见本书"民国文献所载山西雅乐资料辑录"部分。
[6] 李谦光主编，《晋剧音乐一代宗师郭少仙》，山西经济出版社，2013 年 11 月第 1 版，第 10 页。

仍坚持参与古琴雅集活动。1925 年秋，李伯仁自京入湘，彭祉卿乃集愔愔琴社、南薰琴社两社成员于麓山举行古琴雅集，会上华阳顾氏之顾哲卿、顾劲秋、顾梅羹、顾镜如俱抚弦奏曲，顾梅羹除独奏《潇湘水云》外，还与彭祉卿、顾镜如、沈伯重琴箫合奏《普庵咒》，与彭祉卿、沈伯重琴箫合奏《梅花三弄》，与彭祉卿合唱《渔樵问答》等琴歌，并演唱弹词，整个琴会，顾梅羹自始至终都是驰骤担纲的飞将军，可见他当时虽然年轻，琴学造诣却已极深湛，获得了师长友朋的认可。值得一提的是，在这次琴会后，顾梅羹还作有一首长诗记录此会，其中不乏对琴社、琴人的追述以及描写，为后人留下一份极珍贵的民国古琴史料，尤其是诗中自注提到"杨时百先生订正《胡笳》时，余与祉卿均同客太原，日常过从，必互相研讨"[7]，说明寓居太原时，杨彭顾三人结下深厚的琴谊。又，诗中有"有叔有弟滞晋阳"之句[8]，可知此时顾卓群、顾国屏父子尚在太原授琴传学。

查阜西在《几个琴人的情况》中说："（顾梅羹）在国民党统治期中，由于和安徽财（德恒按：此处疑阙"政"字）厅长杨某私交关系，一直任财经工作"[9]，但据《今虞琴刊·琴人题名录》所载，顾梅羹 1937 年时任安徽天长县县长，所作似非"财经工作"。又，检《民国职官年表》，至少在 1927 年前安徽省无"杨"姓财政厅长[10]，查阜西之文不知所据。大约在湖南建国大学毕业以后，顾梅羹开始从政，并辗转安徽，直到 1947 年才又重返讲坛，于湖南省立音乐专科学校教授古琴、中国古代文学、中国音乐史，解放后一度失业。

失业中的顾梅羹百无聊赖，郁苦凄伤，或许正是由于生计的艰辛、贫困的磨折，在这一时期，华阳顾氏家族中的顾哲卿与顾卓群两枝脉彼此相失，联络中断。愁苦无奈中的顾梅羹想到了琴友查阜西，解放前，国民党追捕地下共产党人，查阜西曾一度逃往长沙，躲藏在顾家三天，顾哲卿为查准备了盘缠，并将手上的戒指

[7] [8] 俱见《今虞琴刊》，民国二十六年五月今虞琴社编印，中央音乐学院"中国古琴音乐文化数据库"编辑委员会承印，2006 年 12 月 20 日，第 310 页。
[9] 黄旭东、伊鸿书、程源敏、查克承编，《查阜西琴学文萃》，中国美术学院出版社，1995 年 7 月版，第 27 页。
[10] 刘寿林、万仁元、王玉文、孔庆泰编《民国职官年表》，中华书局，2006 年 11 月版，第 253—261 页。

交给他，其后查阜西到汉口的顾梅羹住所，顾梅羹将自己仅有的四十六元倾囊交给查阜西，并不顾个人安危，设法帮助查离开汉口，脱离险境。[11] 念及此，顾梅羹心头燃起一线生机，写信向老友查阜西求助，借钱并希望代为介绍工作，但是当时神州初定，惊涛骇浪时起于不测之渊，查阜西景况虽较优，却并不敢向顾梅羹伸出援助之手，"只寄给他十万元"[12]（按：当时的币值与现在不同），其后，顾梅羹再未向查求助。

1956 年冬，查阜西赴湘参加湖南群众艺术会演的观摩。在湖南，查阜西见到了久别的琴友顾梅羹、沈伯重，以及周吉荪等。其时，查阜西所编《存见古琴曲谱辑览》尚未完稿，歌词部分还未标点，于是主动联系各相关部门，希望以"特约演奏员"的名义邀顾赴京，助其完成《辑览》一书。但当时顾梅羹尚未解除管制，居住地的乡委不允许他迁移，于是查阜西只能先给他八十元，让他在家点逗"歌词"。次年 3 月，已经解除管制的顾梅羹得以赴京，参加北京古琴研究会，入住查阜西宅，正式从事《存见古琴曲谱辑览》的相关编著工作。

1959 年，沈阳音乐学院聘请顾梅羹前往任教，临行，顾梅羹特意拜访了琴友管平湖（杨时百琴弟子），并用极其低沉的声调告诉他，自己实在不愿意离开北京，舍不得北京的琴友。这一夜，两位琴家促膝长谈，直到深夜，管平湖才依依不舍地将顾梅羹送至公交汽车站。

顾梅羹在沈阳音乐学院兢兢业业从事音乐、古琴教学、乐理研究，在荒寒之地艰难绽放出古琴艺术的花朵，并间或参与异地琴学活动。1961 年 2 月 17 日，顾梅羹应张子谦之邀在上海参加今虞琴社的雅集，会上弹奏一曲。次日，再次应邀参加琴社雅集，与张子谦琴箫合奏《普庵咒》、《梅花三弄》，"节奏整齐，可称南北一体"。2 月 26 日，今虞琴社月集，顾梅羹奏《醉渔唱晚》、《流水》两曲。1963 年12 月 9 日至 14 日，为纪念嵇康诞辰 1740 周年，北京举行"琴曲打谱座谈会"，亦

[11] 此据王迪《辛勤耕耘 默默奉献——纪念川派古琴大师顾梅羹先生》，载《川派古琴艺术大师顾梅羹纪念文集》，2004 年，第 66 页。
[12] 黄旭东、伊鸿书、程源敏、查克承编，《查阜西琴学文萃》，中国美术学院出版社，1995 年 7 月版，第 27 页。

1980 年代顾梅羹与家人在长沙祖宅合影。

即"全国第一届古琴打谱会"，顾梅羹在会上独奏琴曲《流水》。次年《琴论缀新》第三辑付梓，载录顾梅羹所作《"嵇氏四弄"几个问题的考证》。也是在这一时期，顾梅羹发奋著述，撰成全面论述古琴艺术的《琴学备要》。

1966 年，文革起，顾梅羹被红卫兵批斗后，复被遣迫还乡，回到阔别多年的湖南长沙祖宅。

三、十年颠沛，琴书俱空

身心受到严重摧残的顾梅羹携家返回湖南长

沙，随身携带的四张古琴旋即被没收，《琴学备要》的手稿幸赖其子顾泽长隐藏而免遭劫难。村里或公社开大会时，无知的村民、社员还将顾梅羹迫到台上，接受"阶级教育"。尽管，历史永远隐去了那些被迫害者口不能言、甚至身躯亦无法挣扎以释放内心无比恐惧、只能承受着如山崩地裂般狂吼的折磨的场面，但是，即便只是事后的悬想、联想，甚至想象，也总是让人毛骨悚然、冷汗涔涔然而出。

虽然环境恶劣，身心饱历风霜，顾梅羹仍渴望并关注着中华雅乐之再昌。他给老友查阜西写信，信上附有这样的绝句："新愁宿疾夜无眠，谏往追来意莫宣。老友今惟君健在，远将情绪托邮传"，"七弦传统继优良，绝响何图得复昌。竞与百花齐放彩，多君大力主坛场"[13]。新愁掺和着宿疾，中心有言而缄口不敢发，其抑郁凄痛，身心凄苦，清晰表呈而出。第二首则对老友戮力琴事、接续传统之精神表示赞扬[14]，同时也反衬出自己僻处草野，蒙难湖湘，不得躬与振兴雅乐之遗憾、失意。

困处湘中的顾梅羹仍未放弃对古琴的探研，他一方面继续修订完善《琴学备要》，并写出《古琴美学》等论文；一方面发掘古琴曲谱，积极从事琴曲打谱。琴曲打谱需要不断试弹以期最终获致最佳音效，没有琴，他便用战国楚墓出土的古楠木，仿唐琴"鹤鸣秋月"[15]的式样规格自斫良琴，命其名为"楚楠"。顾梅羹早年在山西育才馆授学时即已精通斫琴工艺，并曾亲自监制古琴，几十年的琴海泅渡，他的琴学功力、造诣自非昔日可比，"楚楠"琴音洪亮松透，散音、泛音、按音，各种音色匀净韵远，四善九德毕备，洵为琴中之宝器。顾梅羹就是用这张自斫的美琴，成功地完成了对《离骚》、《猗兰》、《汉宫秋月》、《孔子读易》等古琴曲的打谱工作。

沐身腥风血雨，强忍一腔郁痛，顾梅羹在湖南长沙西乡的青山草舍中寒夜青灯整整度过十二载春秋。1978 年，顾梅羹、顾泽长父子重返沈阳音乐学院任职，老琴

[13] 顾泽长、顾永祥主编，《川派古琴艺术大师顾梅羹纪念文集》，2004 年，第 142 页。

[14] "解放后，党和政府重视民族艺术的优良传统，中国音乐家协会将古琴音乐列作重点提创之一环"，文见《琴学备要》下册，（上海音乐出版社、2006 年 11 月版，第 517 页），而查阜西无疑为古琴艺术的大力推扬者。

[15] 按：此据杨时百《琴学丛书·琴萃》"近时都下收藏家仅有贵池刘氏之鹤鸣秋月、佛君诗梦之九霄环珮，其声音、木质定为唐物无疑。刘琴相传为雷威斫"。见《杨氏琴学丛书》，湖南教育出版社，2007 年 12 月第 1 版，第 12 页。

晚年顾梅羹

家无限感慨，挥毫泼墨，"四壁琴书籍没空，十年颠沛役衰翁。忽传扫荡阴霾净，喜见新天日更红"[16]！

四、桃李不言，芳菲满天

　　浩劫之后重返沈阳的顾梅羹再次辛勤授业、传琴育人，并坚持参与古琴活动，继续发挥自己的光和热。1984年，他参与拍摄古琴艺术片《似闻流水到潇湘》，1985年，参加第三次全国古琴打谱学术交流会，这一时期，他还在辽宁人民广播电台录制《醉渔唱晚》、《平沙落雁》等琴曲。他一生奉献华夏古琴事业，直到生命的最后时刻。

[16]　顾泽长、顾永祥主编，《川派古琴艺术大师顾梅羹纪念文集》，2004年，第104页。

奚人作琴琴上绘以双禽绝清绝
高堂一奏松风寒四座无言老怀惭
深如洞箫咽如歌众声疑似此最多
可怜怨手无馀绪谁道丝声不如竹
右宗刘敏奚琴诗刘敏欧阳修之师世称公
是先生此诗不见今是集见明蒋克谨所辑之
琴书大全

顾梅羹墨迹

顾梅羹与顾泽长（左）、龚一。

顾梅羹寿登大耋，一生坎壈，南北转徙，数度传琴。举其大者，民国十年（1921）受聘山西育才馆及国民师范，授学三年，其琴弟子约有二百余名；民国三十六年（1947）受聘湖南省立音乐专科学校教授古琴，其琴弟子亦当有相当人数，惜今已难确考；1959 至 1966 年、1978 至 1990 年，两度任教沈阳音乐学院，绽琴花于苦寒、传古曲于黑土，其琴弟子更不知凡几。他数度传琴，使得泛川派古琴得以在华夏大地普遍开花结果，山西老琴家李庆中即曾亲口告诉笔者，顾梅羹先生的泛川派琴学对全中国的古琴艺术都有深刻影响。

传琴三晋期间，年仅二十二岁的顾梅羹便已撰成《中国音乐史》、《乐器图考》，并与彭祉卿、张芹荪等编著《雅乐集》，奠定琴学理论、文献基础，嘉惠三晋琴学。尽管他在育才馆和国民师范亲传

的琴弟子今已难以详考，但是，可确定的是，山
西琴家高寿田就读国民师范时，乃受琴学于顾梅
羹。后来，高寿田将琴艺传与李庆中，在高卒世后，
年近八旬的李庆中慨三晋琴学之凋零，思重振华
夏之雅音，乃孜孜不倦、义授琴学，并于九十之龄，
偕弟子南林旺等恢复民国时期响震琴坛的山西元
音琴社，终使古琴艺术在三晋大地再次繁盛起来。
若从这个意义上讲，顾梅羹于三晋琴学实具有传
薪递火之功，厥功至伟。

　　从教于沈阳音乐学院时期，顾梅羹将全副身心
投入古琴教学、科研。为准确、顺利地刻写、油印
他亲自编写的教材、曲谱，他事先需先教会缮印室
刻蜡版的人员认识古琴谱字，并为他们讲解古琴谱
的谱字结构及记谱方法等。课上，他积极从事古琴
教学，课余，又积极从事古琴打谱、著述。两度执
教东北，不仅使他培养了顾泽长、丁纪园、丁承运、
朱默涵等大批学有所成的琴弟子，同时也撰成综合
性古琴专著《琴学备要》，衍家学之渊源，推琴艺
之洪流。他还与凌其阵等琴人创立辽宁古琴研究会，
躬任会长，身体力行参加演出及琴学研探，将古琴
之根深深地扎在黑土地上，使冰天雪地之区荡起清
微淡远之曲。1961 年，顾梅羹受邀到上海音乐学院
任教，期间他对龚一、成公亮、林友仁等多有指导，
这些人后来都成为全国著名古琴家。从塞上到江南，

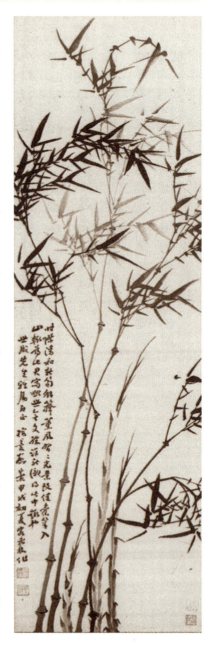

顾梅羹绘画

顾梅羹用印

处处都留下顾梅羹传琴、授学的印痕，他之于华夏古琴文化、艺术之传承诚可谓鞠躬尽瘁、不遗余力。

顾梅羹擅弹《醉渔唱晚》、《平沙落雁》、《高山》、《流水》、《秋塞吟》、《潇湘水云》等十余曲，其中以《平沙落雁》、《流水》、《潇湘水云》为最有心得。由于他对琴曲的本事、特点研索较深，故他的演奏能够达到曲绘其景、曲尽其情、淋漓尽致、饱满酣畅之境界，其风格则呈现出雄伟苍健、潇洒奔放之特色。

顾梅羹少承家学、多才多艺，匪特琴艺精湛、琴学修养深厚，且于绘画、书法俱有造诣。他书学李北海，墨竹师法梅花道人，墨兰宗陈古白，书如其人、画如其人，苍秀浑厚、雅致大气，"字里行间透出宽容仁厚，雍容大度的君子之风"[17]。

顾梅羹的一生绵历多个时期，战乱、贫苦、迫害、疾病，这些艰难坎坷之境遇均未能抑阻他对琴学、琴艺的执着追求、艰难探索。他漫长的人生画卷不啻一部别致端严的古琴小史，记录着晚近、现当代华夏琴学的屐痕处处。他持重坚定的人生精神，则犹如一株迎风斗雪、傲然独立的旷野老梅，馨烈香醇，泽及后人。

1990年8月22日，顾梅羹逝世于沈阳。

老梅凋谢，遗香如故。

[17] 顾泽长、顾永祥主编，《川派古琴艺术大师顾梅羹纪念文集》，2004年，第27页。

附：

乙丑重九前三日与琴社同人会琴麓山 [1]

顾梅羹

长风吹空振林木，骄阳在天湘水落。大河清浅一苇航，小河露床山赤脚。

今年苦旱秋无霖，天公有意恣炎虐。却恐风雨近重阳，为早登高三日约。

登高有约如趋公，抱琴联袂秋风中。龙山不美孟嘉醉，岘首何似并州雄。

衡岳蟠蟠八百里，蜿奔蜿攫人难穷。灵麓一峰独静婳，山光风景何冲融。

冲融借问何处好，兀兀青枫双峡抱。峡中爱晚旧名亭，四面霜花红缭绕。

谷藏风雨夜寒声，时吐清光江色晓。斜穿曲磴转危坡，落叶满山深不扫。

亭中雅集笑口开，天然石磴作琴台。解衣卸琴初入座，宾众杂还齐庄谐。

彭（祉卿）周（吉荪）何（静涵）沈（伯重）皆旧侣，

二瞻伉俪（查阜西夫妇）无嫌猜。就中何人最远客，谪仙（李伯仁）新自京华来。

吾家诸父昆季辈。[2] 附骥幸得相追陪。忽然四座语声寂，哀弦初奏胡笳拍。

谪仙衣钵何人传，半百琴斋新谱得。[3] 我闻此曲古有词，文声乖处无人知。

九疑[4]独辟千载谬，想见文姬哀怨时。[5] 笳声才歇梵声赓，《普庵》又写西番经。

三弄梅花更清绝，香风法雨交纷萦。是时众情尽奔悦，此倡彼和无相凌。

《渔樵》写尽山水清，《醉渔》曲状酩酊情。《平沙》不厌再三作，此曲精妙诚难形。

《渔歌》悲壮四座倾，妙手独步庐陵彭。九疑奥蕴搜抉尽，出蓝何止夸传灯。

[1] 《今虞琴刊》，民国二十六年五月今虞琴社编印，中央音乐学院"中国古琴音乐文化数据库"编辑委员会承印，2006年12月20日，第309—310页。

[2] 自注：劲秋五叔，镜如三弟，及余父子。

[3] 自注：杨时百先生订正《胡笳》、时余与祉卿均同客太原，日常过从必互相研讨。

[4] 自注：时百先生别字九疑山人。

[5] 自注：《胡笳》自时百先生订正后声词吻合，实文姬千载下之功臣也。

我惭疏懒无新声，《潇湘》一曲虚盗名。[6] 腕僵指棘不成调，负此大操难为听。
庐陵清兴抑何豪，鸳弦更复和鸾箫。弦声雍雍箫肃肃，妙处不啻闻虞韶。
始如孤凤翔云霄，又若百鸟鸣啾嘈。金声玉振不能譬，师旷骇绝夔奔号。
神物所忌应秘惜，慎勿临野惊魑魅。曲阑拾级登高冈，有寺万寿冈中央。
寺中幽僻成小憩，设座张席开壶觞。茱萸遍插黄花香，一杯相属君当尝。
我有一言君且听，欲语未语心先伤。惸惸琴社十年荒，旧雨零落不得将。
子坚已死学庵去，[7] 有叔有弟滞晋阳。千古妄作齐彭殇，存亡聚散焉可方。
年来我亦感漂泊，东下沪渎北太行。吁嗟胜会应不常，愿君记此毋相忘。
停杯投箸抱琴去，紫山云气浑苍茫。

喜见阜西兄兼呈衵卿丈 [8]

顾梅羹

别来无日不相思，失喜相逢有此期。六载危疑卜生死，一朝晤对杂欢悲。
长毫泼墨情怀好，小集鸣琴笑语宜。酌酒愿拚今夕醉，艰难才见又将离。

琴樽高宴追湘晋，胜事风流惜岁徂。惆怅旧时同社侣，萧条今日几人俱。
茫茫世路空劳燕，忽忽华年托蟪蛄。差喜知音随处有，未应离索怨羁孤。

[6] 自注：《潇湘水云》为张孔山先生亲授吾祖少庚公者，是曲颇有名于时，余自幼习之。
[7] 自注：萍汝钱子坚，招勋学庵。
[8] 《今虞琴刊》，民国二十六年五月今虞琴社编印，中央音乐学院"中国古琴音乐文化数据库"编辑委员会承印，2006年12月20日，第310页。

酬顾梅羹《喜见阜西兄兼呈祉卿丈》[9]

查阜西

顾子梅羹来苏会琴，与彭子祉卿同止余舍，六载参商，一朝快集，因赋二律赠余及祉卿，兹和其首律原韵，又追怀往事，另成一律徽和。

南薰末座昔追从，同向孤亭醉晚枫。

湘水北流囚楚客，大江东去作吴侬。

曾经百劫羞冯妇，赢得余生拟放翁。

前事茫茫如隔世，五湖烟雨一帆风。

参商吴楚各寻思，已拼琴樽不可期。

高会吴中仍笑傲，追怀江上共悲啼。

同游得合春常住，相见留攀饮最宜。

明岁再图湖上醉，梅郎桥下暂分离。

[9] 《今虞琴刊》，民国二十六年五月今虞琴社编印，中央音乐学院"中国古琴音乐文化数据库"编辑委员会承印，2006年12月20日，第310—311页。

《百瓶斋琴谱》跋
顾梅羹

　　先大父百瓶老人手订琴谱，辑于清咸丰六年丙辰，精楷亲书，计《指法》一卷，《曲操》二卷，曲目二十有一，俟又增益《忆故人》一操，每欲付诸梨枣，不果，遗传于先父哲卿公、先叔卓群公，复收录《渔歌》、《阳关》两曲。中华民国元年在长沙组设南薰琴社时又谋锓版未成。八年秋，先叔就聘太原元音琴社主讲，传习时晋省当道正感兴于古乐之倡复，允拨帑印行此谱。另于育才馆暨国民师范学校内设雅乐专修班，增聘余与庐陵彭祉卿庆寿、浏阳杨友三树森任教琴操、乐史、乐理。以元音琴社之友淮安孙净尘森董理印谱事宜。森力言谱旁以注宫商为古雅，注工尺为俚俗，且坚主扩增。后来新按别谱弹出各曲及渠所撰之《五均图说》。当其时，余与祉卿皆深否其议，而力不能阻其行。孙本来职司繁重，而又自任琴谱注音，雅不欲人假手，用是作辍无常，钞胥恒误，反工易稿，累岁迁延。十三年夏，余事竣离晋之日，谱才注及其半也。嗣先叔亦抱病南旋，未几去世，其事竟寝。所惜良机坐误，谱未及早成刊，尚幸原本携归，仍可待时谋梓。廿六年抗日战起，次冬长沙全城大火，文物荡然，此谱原本遂亦同罹劫灰，时距先大父定稿成书八十又三载矣！三代传家，两度筹刻，卒未能成先人未竟之志，并手泽亦不永保，以言继述，宁无愧疚？

　　解放后，余应中央民族音乐研究所特约赴北京与旧社友修水查阜西同编修琴史，乃得专一心志，重理旧业。幸童年趋庭受学督责綦严，原谱各曲咸已卒业，且未敢有一音一拍之讹，四十年来，谨守不忘，因于挥弦之后逐操绎写，更承旧社友招学庵、周吉荪、沈伯重、查阜西诸君将曩年曾从先大父原本所钞存者先后寄示，俾以绎写之本详为校雠，于是复成完璧，顿还旧观，感谢之余，稍自欣慰。去秋余调迁沈阳音乐学院任教，即赖有此以为教材之一，今冬文化部中国音乐家协会中国音乐研究所为抢救遗产、继承传统、推陈出新，以利音乐创作之繁荣，有将解放以来蒐集调查所得现存公私庋藏之传统琴曲谱集一百五十余种编印为《琴曲集成》之举，主编者查阜西君自京来书，征借先大父此谱录本，备采编影印。爰复加釐次，以指法谱字为卷首，张孔山传谱二十一曲分为卷上、卷下，后增三曲则为卷外，并重行缮正，注音点拍，再三校勘，以期至善。

嗟乎！旧日单行一谱，历时百年，营筹累代，三刊未逮者，乃于今日并百数十谱一举集而成之，向非际兹社会主义之新时代，而又有英明正确之党领导，曷克臻此？猗欤盛哉！诚令人兴奋鼓舞而不能自已者也。是谱写竟，用赘其始末于此。

公元一千九百六十年庚子冬月顾梅羹识于沈阳

（此文据顾永祥先生提供照片迻录）

百瓶齋琴譜 跋一

跋

先大父百瓶齋人彔訂琴譜輯於清咸豐六年丙辰精楷積
書計指法一卷曲採二卷曲目二十有一闋又增益憶故人一操
每欲付諸梨棗不果遺傳於先父拈卿公先姊卓犖公收錄
漁歌陽關兩曲中華民國元年在長沙組設南薰琴社時又
謀鋟版未成八年秋先姊龍誦太原元音琴社主謀長沙傳習時又
省當道正戚興於古樂之倡復免撥卻印行此譜另於育才館
暨國民師範學校内設雅樂專修班增聘余與廬陵敖社
卿慶壽閬陽友三樹森等任教琴事宜孫力言讀樂史以元音註
宫商為古雅註工尺為俚俗且堅主增徲來新按別譜彈

出各曲及課所撰之五均圖說當其時余與祉卿均深否其識
而力不能阻其行孫本來藏司繁重而自任琴譜註音雅
不欲人假手用是作輟无常鈔胥恒誤反工易福慁遷
延迋十三年夏余事後離晉之日譜饒註及其半也嗣先姊
亦抱病南旋未竟哀玄世其事竟寢兩惜良慳生誤譜未及
早成刊先辈原本攜歸仍可待時諜祥廿六年抗日戰起
次年長沙全城大火文物蕩然此譜石本遂赤同罹劫灰
時距先大父定稿書八十又三載矣三代傳家俯度罄
辛未能成先人未竟之志並卒渾亦不永保以言德述寧
毋愧疾解故後余應中央民族音樂研究所特約赴北京與
舊社友修水查阜西同編修琴史乃得專一心志重理舊

百瓶齋琴譜 跋二

業寧重年趨庭愛學皆責慕嚴原譜各曲咸已卒業貝未
敢有一音一拍之訛四十年來謹守不忘因於楷繕紈之後
操繹寫更承舊社友拟學麚周吉孫沈伯重查阜西諸君
將暴年增沈先大父所鈔存者先後寄示悍與繹寫
之本詳為校辦於是復原本研繙觀感謝之餘相自
欣慰于秋余調遷瀋陽音樂學院任教即頼有此以為教材
之一今冬文化部中國音樂家協會中國音樂研究所為搶
救遺產繼統推陳出新以利音樂劍作之繁榮將將
解放以來蒐集諸所得現存公私度藏之傳統琴曲譜
集一百五十餘種編印為琴曲集成之舉本查阜西諸君
自京來書微借先大父此譜錄本備採影印叚後加釐

次以指法譜字為卷首張孔山傳譜二十一曲分為卷上卷下
後增三曲則為卷外並重行繕正註音點拍再三校勘以期
至善嗟乎舊日單行一譜歷時百年營纂累代三刊未遂
者乃於今日並百數十譜一舉集而成之向非除兹社會主
義之新時代而又有英明正確之黨領導曷克臻此徇欸
咸我識令人與奮鼓舞而不能自已者也是譜寫竟用贅
其始末於此

公元一千九百六十年庚子冬月顧梅羹識於瀋陽

顾梅羹手稿版《百瓶斋琴谱》跋文书影

杨葆元（1899—1961）

青溪琴社雅集图

　　杨葆元，字乾斋，杨时百长子。自幼习琴，脉承其父九嶷山人，擅弹《秋鸿》、《潇湘水云》、《渔樵问答》、《平沙落雁》、《伐檀》、《鹿鸣》、《归去来辞》诸曲，早岁琴风凝重苍劲、节奏分明，晚年指法趋柔，风雷之声化为流泉之音。

　　1917 年，杨宗稷自号"九嶷山人"，并创立九嶷琴社，杨葆元助父掌管琴社，料理琴社日常事务。亦在本年，葆元与一大家闺秀结缡，五年后产下一子，名燕曾。

　　1920 年 10 月 12 至 14 日，杨葆元随父赴上海参加晨风庐琴会，并于 13 日奏《潇湘水云》。

1923 年 4 月，北京岳云别业举行第四次古琴雅集，葆元与时百、李伯仁、周季英、明净和尚逸梅合奏《平沙落雁》，并独奏《潇湘水云》为雅集殿尾。

1931 年，杨葆元原配夫人去世，复娶一女名云秋。云秋为葆元育有一子一女，其女 1934 年生，名燕淑；其子 1947 年生，名燕荪。

为子续弦之后，杨时百暮年之心稍感慰藉，加之历年伏案著述之劳，辗转流徙天涯之痛，乃于 1931 年去世。短短一年之中，葆元连失爱妻、慈父，中心悲苦，无可鸣诉。

老树凋零，新苗尚稚。杨葆元在父亲去世后，续掌九嶷琴社，继以传琴授徒并兜售其父遗著《琴学丛书》维持一家生计。但是，由于他当时年齿尚轻，论名望、资历、学养，均无法与其父颉颃，因此，在他主持社务后，琴弟子越来越少。葆元生性内向，经商鬻贾固非其长，大概《琴学丛书》的销量亦不甚乐观，以至于授琴课徒、销售书籍之收入并不足以糊一家之口。1935 年 1 月 25 日，葆元在北京参加青溪琴社雅集，与彭祉卿、查阜西等相会，十八天后，迫于生计，葆元别妻离子，只身一人匆匆南下。

离京以后，葆元先到湖南，次履巴蜀，最终在重庆广播电台觅到工作，不久加入国民党，并时常在广播电台演奏古琴，逐渐有了名气。1942 年，古琴家刘含章在贵阳创设"贵州琴社"，葆元曾与其事。1945 年日本战败投降，葆元间关万里，跋山涉水重返北京，终于和家人团聚。随后，他与同事黄念祖、齐昌鼎接管北平广播电台，任传音科长。

解放后，自 1953 年起，杨葆元开始在中央音乐学院器乐系教授古琴，后来被延聘为中央音乐学院民族音乐研究所特约演奏员，并当选区政协委员。1954 年 5 月，北京古琴研究会成立，杨葆元为主要成员之一。也是在这一年，杨葆元和查阜西商略、改编并最终弹出琴曲《新渔樵问答》。自 1953 到 1962 年，查阜西花费心力组织琴家力量向群众以文字、演奏的方式介绍古琴艺术，同时争取演出、参加电视广播节目，杨葆元经常应邀到广播电台弹奏古琴曲，1954 年 12 月，东北人民广播电台在北京收录的古琴曲录音，其中即有杨葆元所奏《渔樵问答》；1958 年 12 月 18 日，古琴作第一次电视广播时，其演奏者名单中亦有杨葆元。葆元幼承庭训，师从其父杨时百习琴，尽得九嶷派琴学之精华，以此，在《1956 年古琴采访工作报告》中，葆元被认定为"九嶷派的现时代表人"。杨葆元为人谦和，从不以琴艺自高，当有人向他请教琴学时，他总是自称琴艺不及师兄管平湖，并鼓励、推荐他们向管平湖学琴。杨葆元既曾执教上庠，其琴弟子当有一定数量，可惜现在无从考知，所可知者，查阜西在 1959 年 6 月所作《几个琴人的情况》中提到黄鞠生（名谦，福建闽侯人，1894—？），"所弹诸曲受自杨葆元者为多，指下尽是杨家风格"[1]，同时，查氏还提到"杨葆元近十年来指法渐柔"[2]，大概是沧桑之感使然。

晚年的杨葆元，尽管工作待遇稍优，勉强可以维持一家生计，但是居住条件极劣，栖身皮库胡同甲一号的一间小屋中，跼天蹐地，愁苦孤郁，1961 年冬天的一个早晨，夜幕褪尽，晨曦微露，年仅六十二岁的杨葆元溘然逝去。

承山西老琴家李庆中先生告知，杨葆元亦为民国山西元音琴社成员。推想起来，当是 1922 年下半年，杨时百入晋传琴时，葆元侍父来并。

[1] [2] 黄旭东、伊鸿书、程源敏、查克承编，《查阜西琴学文萃》，中国美术学院出版社，1995 年 7 月版，第 29 页。

王聚魁（1900？—1929后）

《琴学常识》书影

国师附小校门

王聚魁，字梅岩，河北交河人，生卒年不详，山西国民师范学校学生，后曾在育才馆雅乐部学习古琴。1922年9月10日，顾卓群、孙森组织元音琴社同人举行大型琴会，欢迎古琴大师九嶷山人杨时百入晋传琴，王聚魁作为育才馆雅乐部学生代表发言，表达对杨时百入晋授琴之热烈欢迎，对孙森等召开琴会之激赞，语词热情，溢于言表。在这次琴会上，王聚魁与育才馆雅乐部同窗耿莱瀛、李保衡、王建武、徐明性琴箫合奏《普庵咒》。毕业后，王聚魁尝于国民师范附属国民学校（国师附小）教授音乐一到两年。1924年起，在国民师范音乐研究会教授古琴，编有讲义《琴学常识》。王梅岩在育才馆雅乐部学习期间，曾亲炙过杨时百、彭祉卿、杨友三、顾梅羹等古琴名家，他当时或曾多次向这些杰出的前辈琴家讨教琴学。

王聚魁是程继元的古琴老师，某种意义上讲，是他间接地完成了对古琴家李庆中的琴学启蒙，因此，他在元音琴史上具有极其重要的地位。或许他常弹的曲操为《普庵咒》，故程继元、李庆天亦经常弹奏此曲，乃至当时李庆中虽年甫十岁，却于此曲耳熟能详。

另外，王聚魁还是著名晋剧研究家郭维芝的古琴老师，虽然郭维芝不以古琴名世，但王梅岩在音乐上对他的潜移默化之功不可忽视。据郭维芝为"松弦"琴所作《记》文，可知郭于 1929 年春开始从王梅岩学琴。

附：

普及雅乐之先声 [1]

育才馆附设之雅乐科学员，已经考试毕业。该馆赵馆长为普及雅乐起见，特将各学员委派于大自省堂十三名，国民师范十四名，阳曲县十四名，高等国民学校十四名，分任雅乐教授云。（省垣）[2]

[1] 《来复报》，1922 年，第 208 号，第 6 页。

[2] 按：由以上报道可知当年育才馆雅乐班学员毕业后之去向，则王聚魁或亦由学校直接分配任教于某校也。甚者，报道中所述被分配的五十五名毕业学员，其中即有王梅岩也。

郝效儒（1901—1941）

郝效儒题名的《挺进》报

郝效儒，字孺筠，乳名金尧，山西武乡县马牧村人。1919 至 1923 年在山西省立第八中学（榆社）读书。1925 至 1929 年在山西省立教育学院[1]读书，成绩优异，得到院长郭象升的赏识和鼓励。1929 年起在省立第四中学（长治）任教，思想激进，倾向革命，组织学生阅读进步书报、开展抗日爱国运动，成为该校进步青年的启蒙者。不少学生在他的影响下，开始从事革命活动。他以笔名郝不顽著文抨击封建经学，提倡白话文，为改进文科教学竭智尽力。1936 年底，郝效儒参加牺盟会，投身抗日救亡运动。1938 年，任晋城县公道团团长、牺公联委员会主任。1938 年 10 月，任平顺县县长，创办抗日小报《挺进》，以推动工、农、青、妇各抗日团体的救亡活动，并撰写《抗日战争最后胜利一定是属于我们的》一书作为平顺县小学政治课教材。1939 年"十二月事变"后调任第五专署视察员。1940 年到太行中学任教。1941 年 5 月在故乡马牧村被敌围捕，惨遭杀害。1985 年被追认为革命烈士。

因牺牲年久，郝效儒的革命事迹多有湮没，所遗书籍荡然无存，著作照片寻觅无果。近年来其孙始着手查找、收集有关资料。很多郝效儒的学生撰文记述其事迹，指出其抗战前即为共产党员，然有待证实。其学生岳宗泰在回忆文章中写到：

[1] 山西省立国民师范高等师范部

"郝老师知识渊博，多才多艺，喜好琴棋书画。每当皓月当空，就从他的房中传出悠扬悦耳的琴声。窗外不远的地方，常常有学生仨一伙、俩一起地听他弹琴，欣赏和享受老师琴声的优美。"[2] 马牧村老人也曾多次述及郝效儒出入常背着古琴。由是可知其好琴、擅长古琴演奏，为民国山西琴人无疑。

郝效儒就读山西国民师范高等师范部期间，正值王聚魁任国师雅乐教员之时，因此他的琴艺极有可能传自王梅岩。又，据说郝效儒与同为武乡人的国民师范雅乐专修科毕业生李步文为挚友，依此，则郝效儒的琴艺很可能与李步文互有浸润。凡此，皆有待新材料之发现以资证实。

[2] 王清秀，《永不落幕的人生》，群众出版社，2007 年 12 月第 1 版，第 70 页。

顾藩（1902—1937 后）

顾藩，字国屏，号南薰，顾卓群长子。据《今虞琴刊·琴人题名录》，1937 年时，顾藩"三十六岁"，可知其生年当为 1902 年。

1912 年，顾哲卿、顾卓群昆仲在长沙创立南薰琴社，哲卿之子梅羹与卓群之子国屏、镜如皆为琴社成员。

1917 年 11 月，顾卓群、彭祉卿主持创建愔愔琴社，梅羹、国屏、镜如，亦皆为琴社成员。

1919 年底或 1920 年初，顾卓群入晋传琴，并创立山西元音琴社，且于 1920 年 10 月主持召开了一次大型元音琴人雅集，在这次雅集上，顾国屏并未出现。次年 7 月，元音琴社再次召开古琴雅集，顾国屏亦未出现。直到 1922 年 9 月，元音琴社召开欢迎古琴家杨时百入晋传琴的琴会，顾国屏才首次出现，独奏琴曲《孔子读易》。由此似可推断，顾国屏并非与其父顾卓群同时抵并，而是在 1921 年的下半年，与彭祉卿、杨友三、沈伯重、顾梅羹四琴师一道入晋。

顾国屏寓晋之时年纪尚轻，大概并未投入古琴的教学等工作，而是随侍老父，慰藉父亲的乡关之思。

1925 年重阳前三日，彭祉卿、顾梅羹、沈伯重等琴人在湖南麓山会琴，顾梅羹曾作诗记述此事，诗中有句云"有叔有弟滞晋阳"，可知其时顾卓群、顾国屏父子，依然栖迟并州。顾氏父子离开山右的具体时间不详。据孙森《元音琴社回忆录》，彭杨沈顾四琴师离晋后，"招君嗣亦调沪上邮务总局会计长，其后卓群亦南旋"。招鉴芬调任沪上的时间最晚在 1926 年春，则顾卓群父子"南旋"之时间或在此后不久。

顾藩在琴学上，师承其父，属泛川派琴家。他擅弹《渔歌》、《梅花三弄》、《普庵咒》、《平沙落雁》、《潇湘水云》、《风雷引》、《昭君怨》、《忆故人》、《渔樵问答》等曲操。蓄琴六张，其中古琴一张，今琴五张，五张今琴中，"松风"、"听涛"为江东布衣孙森监造，时在 1923 年，均为连珠式。据《今虞琴刊·琴人问讯录》，顾藩还藏有其父所著《元音琴谱》。

上世纪三十年代后期，顾藩家居长沙宝南街保安里十号，供职于首都地方法院，为书记官。

解放以后，顾卓群之子国屏、镜如（顾沅），与哲卿子梅羹一系失去联络，弹指一挥间，人世七十载似白驹过隙，其间劫波浩荡、沧海桑田，时至今日，不知道曾为振兴山右雅乐、提倡三晋琴学做出重大贡献的顾卓群之后嗣流落何方，是否尚有丝桐之好？

程宽（1903—1995）

程宽弹琴小影

一、生平

程宽，字子容，山西平陆县关家窝人。山西平陆为商代武丁时期名臣傅说之故乡，遗泽广被，影响深远。程宽出身农家而天资聪颖、睿智拔俗，九岁时，乡间私塾先生以"有感于百日维新"为题考试群童，命意甫出，程宽口占一绝道："光绪若有武丁才，慈禧颐园出不来。康梁何须走日本，谭杨不上断头台。"此诗语辞虽稍嫌稚拙，但是巧妙地将商王武丁重用贤臣傅说之古典与光绪未能依靠康梁实现变法图强，终导致六君子喋血京华之史事彼此融摄，相互映发，透显出卓荦不群之睿思。私塾先生览诗为之一惊，视之为奇才、美器。

1916 年，程宽考入县书院第一高小，毕业会考时名列全县榜首。1921 年，程宽考入太原省立一中，在读期间，受到傅懋功（彭真）、程子华、毛诞登（毛铎）等进步学生影响，积极从事反对将山西煤矿开采权售卖英商之斗争，被选为山西省学潮代表。

1926 年，程宽考入北平朝阳大学，攻读法律，对西方法律制度精研覃思，笃信自由平等博爱等思想，对"实业救国"、"教育救国"、"科学救国"等观念坚信不疑。为响应孙中山"学生要立志做大事，不可做大官"之号召，程宽在毕业后，就职于北平总工会，任指导员，曾对地毯业、自来水业、邮政业等工会予以指导，仗义执言，扶危解困，受到穷苦劳工拥戴。

1930 年，程宽临危受命担任濒临倒闭的北平市民生工厂厂长，同时兼任北平阜民建筑股份有限公司经理。他上任之后，大力发展该厂手工地毯业优势，组织工人积极生产，并借鉴西方先进管理经验，开展多样化经营，终于在不到一年的时间里实现了脱困自救，成功地解决了该厂职工的温饱问题。

1932 年夏，山东省提出试行"司法独立"体制，并要求国民政府教育部为其提供五名法官做为试点官员。教育部随即责令北平朝阳大学从历届毕业的高材生中选拔五名就任此职，程宽被选中。一边是难得的部聘机遇，一面是自己倾注无量心血的民生工厂，在为官与为民之间进行反复权衡后，程宽毅然决定留在工厂继续为广大职工解困除危，而谢绝了教育部的荐聘。此举使当时的教育部长蒋梦麟殊感惊异，在召见程宽并听完其慷慨陈词后，蒋梦麟挥毫写下"典型犹存"四字赠予程氏，以彰其德。

1935 年 5 月，日本向国民政府提出在华北统治权的要求，同时调军入关，以武力相威胁。7 月，何应钦与日本华北驻屯军司令官梅津美治郎达成丧权辱国的"何梅协定"，导致河北、察哈尔两省之主权大部丧失。11 月，日本又策划"华北五省自治运动"，唆使汉奸殷汝耕成立"冀东防共自治政府"。当此时，国民党政府不顾全国人民反对，继续推行妥协政策。同年12月，宋哲元等人在北平成立"冀察政务委员会"以满足日本"华北政权特殊化"之要求。洞察日本在华北的一系列侵略行径，愤慨于国民政府妥协退让之政策，程宽义愤填膺，挥毫写下《斥伪冀东政府》，藉以抒发胸中愤懑，"长望北天又三秋，燕云土地几代收？河山壮丽人民勇，长城高寒胡马忧。若非败子石敬瑭，谁敢断送十六州。只为换得儿皇帝，不恤骂名千载留。"愤激的言辞溢于言表，甚至不顾格律的束缚，在饱含着悲郁凄朗、愤懑慷慨的诗句中表呈出一颗炽烈的爱国之心。当"攘外必先安内"的论调甚嚣尘上时，程宽再次饱蘸浓墨，奋笔疾书："亡国之民丧家狗，四海朦胧我心忧。强寇压境无人问，同室操戈有壮猷。救亡须从抗战起，统一应向团结求。何日大家才觉悟，同心共济挽危舟。"这首沉郁悲凉的《反内战》，不仅突破了格律的束缚，而且"心""同"两字皆重出，单从文学艺术的角度言无疑有其缺失。但是，国难面前谁还顾得上寻章雕句？此诗浑朴质劲的风貌、语势透发出慨叹同室操戈、兄弟阋于墙的沉痛情怀。两首诗皆以议论为之，实无异于两篇史论，具有诗史品格。

1937年7月7日卢沟桥事变爆发，日军进占北平，为维持其反动统治，日军希图拉拢文化界名流以自固，当时程宽已是北平名士，自然成为日军射猎之目标。1939年冬，在日军及汉奸王克敏的威逼之下，程宽被强行委任伪华北新民会北平总会主计局局长，因拒不接受委任状，被幽禁于家中。1940年春节，程宽手书蒲松龄座右铭，做为楹联悬于门外，用明心志："有志者事竟成破釜沉舟百二秦关终属楚；苦心人天不负卧薪尝胆三千越甲可吞吴。"这坚决勇毅的行为险些为他招致杀身之祸。后来，在当年的老同学，时已参加中共，在北平开展地下工作的毛铎建议下，程宽怀着极其复杂矛盾的心理就任主计局局长，凭借干练的才能游刃于日军、汉奸，以及国共两党之间，在经济上给予毛铎资助，并努力保护其安全。

尽管被迫出任伪职，程宽却决不做有损国家民族利益的事。1940年冬，一名年轻的日本军官凭借其流利的汉语逐渐与程宽成为忘年交。后来，当这位军官提出与程宽合作进行鸦片生意时，被程宽峻拒。程宽"我是中国人，鸦片生意做不得"的爱国精神与决绝态度使这位日本军官心悦诚服。

1941年太平洋战争爆发后，日军四面为敌，频频对其周边国家发动侵略战争，国内经济萧条，物资匮乏，军火紧张。1942年春，为缓解日军弹药紧缺局面，驻河北正定日寇机关长竟以寺庙破陋不堪奉佛为由，图谋将正定隆兴寺大悲阁中铜铸千手观音菩萨立像肢解、熔化，制成枪炮子弹以助侵略。正定大悲阁观音像由宋太祖赵匡胤敕铸于开宝四年（971），像体高达二十一米多，重约十万斤，精铜铸造。佛像外彤线条流畅，面部表情安详，目光慈悲仁爱，四十二臂分执日、月、宝镜、净瓶等法器，仪态万方，容光四映。这尊佛像与沧州铁狮、定州塔、赵州桥合称"河北四宝"，充分体现了我国劳动人民高超的智慧，价值连城。日寇毁佛的信息传到隆兴寺，住持大师纯三和尚心急如焚四处求援，在救护无望的情况下，纯三和尚心情沮丧，欲以自戕来抗争日寇暴行。程宽得知此事后，一面驰书劝慰、激励纯三和尚："从来有志事竟成，何不稍缓图再赓？奔走呼吁为何事？一遇顿挫便轻生？！"一面迅速与工程师刘世铭赶赴隆兴寺进行实地考察，制定抢修方案。同时，程宽反复与日寇机关长交涉谈判，据理力争，在最后一次谈判中，日寇机关长恼羞成怒拔刀威

程宽与大悲阁主体外观模型

胁，程宽毫无畏惧拍案而起。程宽的坚持抗争，使得日寇机关长暂缓了图谋，恰在此时，侵华日军司令部将这支屯驻河北的军队调往山东，大悲阁铜像暂时化险为夷。在后来的一年多时间中，程宽与刘世铭克服了重重困难，终于在1944年春天完成了对大悲阁的抢修，感慨之余，程宽亲书"千佛授手"四字高悬楼阁之上，以昭世人。

抗战胜利以后，国民党政府重掌北平，开始惩治日伪时期的汉奸，程宽身陷囹圄。在反复核查而并无犯罪证据，数次搜查程家试图榨取钱财而无果的情况下，当局强行关押程宽一年，期间经过三次审判，一审判死刑，二审改判七年徒刑，三审以"有名份无罪恶"保释出狱。出狱以后，程宽深居简出，琴书自娱，即使生计艰难，困苦不堪，也坚决不为国民党政权效力，他誓死不餐周粟的精神受到友人的钦敬。

1947年初，解放战争战事方殷，北平市区不少青年流落街头，程宽睹此，中心感伤，于是在一些开明绅士的鼓励、协助下，在安定门内东大街八十号创办私立崇文中学，自任校长。在程宽的治理下，私立崇文中学无论在管理还是在教学上，都形成了自己独有的特色。管理上，程宽任人唯贤，择优录用教师，保证教师水平。规定上课时教师必须站立讲课，学生坐着听课；吃饭时则教员坐着，学生站立，并且学生要为教员打饭、端饭。教学上，除数理化等一时不易编订之教材外，摒弃其他国民党当局出版的课本，自选教学用书，力求实用，如国文讲解《古文观止》，以培养学生识读经典、写作古文的能力。由于精通拳术，他还亲自在体育课上教授"八段锦"，藉以提高学生身体素质。1948年底，解放军兵围北平，国民党军队进驻崇文中学，学校被迫解体。

1949年1月，北平和平解放，程宽先后在周口店东升煤矿、门头沟宝龙煤矿任业务主任。1952年，程宽改任京西矿业、铜业工会执行委员、代理经理。1956年，程宽调至东四区干部补习学校任语文教员，1958年还被选为北京东城区政协委员。1966年，文革起，夏，程宽挈妇将雏重返阔别四十年的故乡平陆县关家窝，以务农为生，过起带月荷锄的农夫生活。1968年春夏之交，晋南各县闹起"红五月专政"，因曾在日伪时期担任伪职，程宽被关进"牛棚"，经过十二天内查外调，终以事出有因、查无实据而走出"学习班"，被"暂挂起来"。

1978年12月，十一届三中全会召开。1979年夏，时任中共中央组织部副部长的毛铎来到山西运城。程宽闻讯，携女儿一起在运城地委招待所见到了阔别四十余年的老友。久别重逢，倍觉相亲，程宽内心苦痛，毛铎心知肚明。几天以后，佳音传来，程宽得到彻底平反，一切莫须有罪名洗刷净尽。

1981年夏，应平陆县县志办公室之请，程宽与石云程合作为古《平陆县志》作标注。同年，程宽被选为平陆县人大代表、政协委员，并于1985年7月16日被聘为山西省文史研究馆馆员，1991年还被授予第三届全国健康老人称号。

1995年春节，弥留之际的程宽老泪纵横，回顾一生艰辛，不禁悲从中来，而得以安度晚年，特别要感谢党，此念一起，病中老人若有所思、喃喃自语："我还不是一名共产党员，我要入党！"在关世英的帮助下，弥留中的程宽提交了这样一份《入党申请书》：

亲爱的党组织：

程宽老矣！此次卧床，我将一病不起。在我行将就木之际，心悬一念，不吐难以瞑目。我做为中国共产党的忠实朋友，经历了半个多世纪大风大浪的考验，我越来越热爱中国共产党！历史证明：只有中国共产党才能救中国！在几十年前仆后继的斗争实践中找到了一条强国富民的道路。改革开放，使山河改颜、人民幸福、国家繁荣昌盛！这是历代仁人志士、也是我一生梦寐以求的理想，而今由中国共产党变为现实。所以，我衷心地恳请党组织审查我一生的功过是非，如能批准我为一名中国共产党党员，我将视为无尚之光荣！[1]

---

[1] 关世英，《忆93岁入党的程宽先生》，《文史月刊》，2002年，第8期，第26页。

管平湖操缦小影

平陆县委接到这份特别的《入党申请书》时正值春节放假，为此，县委召开特别会议，经组织审查，程宽于1995年2月3日被特批为中国共产党正式党员。消息传来，病榻上的程宽颔首而笑、衷心谢党。

1995年2月6日晨，程宽安详逝去，终年93岁。

二、琴事

上世纪三十年代，从商于北平的程宽师事古琴名家管平湖，从此结缘古琴，终身相伴。程氏前半生的琴事，多与管氏相关。

管平湖（1897—1967）是杨时百的琴弟子，早年出入九嶷琴社，深得九嶷山人真传，其后复转益武夷派悟澄老人、川派秦鹤鸣等著名琴家，博取众长，融会贯通，不断精进，终于自成一家，形成中国现当代琴坛具有重要地位的"管派"。

程宽与管平湖年龄相差无几，平生风义兼师友，莫逆之谊持续几十年，直到管平湖生命的最后时刻，还曾托人传信于程宽。程宽对管氏的琴学造诣极为推崇，其《忆平湖》诗尝云："平生亲师友，幸公第一流。诗颂夏莲老，琴听管苏州。广陵嵇康撰，幽兰邱公留。闻韶辄忘味，湖公艺无俦。"崇敬之情，溢于言表。

1930 年，经过长期努力，管平湖终于将琴曲《幽兰》、《广陵散》二谱打出，实现了琴家夏莲居数十年之心愿，夏氏遂将自藏晋琴"猿啸青萝"赠与管平湖，并赋诗云："怀宝良难得赏音，王孙掷去抵千金。携回卅载今相授，珍重成连海上心。"程宽对管夏两先生之交谊极为感佩，赋四绝句记录此事。"立雪程门近廿年，忠诚二字是薪传。言行要与琴心和，愿与琴人共勉旃；灵猿犹不忘酬恩，枯木千年道义存。万里携归脱手授，问君何以答师门；自顾庸庸无片长，寸衷亦自有宫商。归期屡展缘何事？奔走为琴忘故乡；除夕登车午渡河，一年好景客中过；青萝当日为猿啸，我把情怀托好歌。"[2] 雅人深致，情意绵绵。

1944 年，在友人宋华清的帮助下，程宽以五万大洋之资购得唐琴"飞泉"，此琴乃稀世之珍，价值连城，据《今虞琴刊·古琴征访录》，"飞泉"原为民国琴家李伯仁所藏，桐木所制，号钟式、琴体短小，琴身有金赤色流水纹，玉轸金徽，声音洪亮苍松，唐代著名斫琴家雷氏所制。[3] 有幸得此宝器，程宽爱不释手，遂请管平湖对琴进行修整。此时国民党军统中之能琴者闻讯后，立即奔赴管平湖寓所，逼迫其交出"飞泉"，管平湖急中生智，谎称琴已取走，机智地摆脱纠缠，终使宝器璧归原主。

1950 年前后，管平湖生计困乏、心境苦闷，在残酷现实的重压下，甚至萌生自杀的念头。为

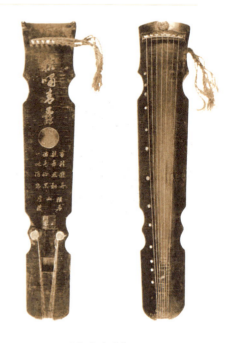

"猿啸青萝"琴

[2] 程世佐，《忆古琴大师管平湖先生》，《紫禁城》，2013 年，第 10 期，第 94 页。

[3] 《今虞琴刊》，民国二十六年五月今虞琴社编印，2006 年 12 月 20 日，中央音乐学院"中国古琴音乐文化数据库"编辑委员会承印，第 268 页。又，李静（1886—1948），字伯仁，别号玄楼主人，湖南桂阳人，他是台湾亲民党主席宋楚瑜的姨丈。

管平湖画作

缓解管平湖的窘境，夏莲居亲自为其招募琴弟子，并帮助他解决家庭纠纷，程宽则
慨然腾出小屋两间，供管平湖居住。多年以后，程宽之子程世佐深情追忆往事，"隆
冬的一天，寒风冽冽，我放学回家，好奇地顺着琴声到小西屋去听管大爷弹琴，我
悄悄地掀开棉门帘进到小屋里。只见他身上仅穿着一件带补丁的灰布长袍，却丝毫
没有瑟瑟之状，神情安然、心无旁骛地弹拨着琴弦，勾、挑、吟、猱，刚强沉稳，
娴熟流畅，琴声时如金石般高亢悠扬，时如月光流水般清澈激荡，实则他的清刚超
拔已入物我两忘、琴人合一的至高境界。"[4] 由此不难想象，管平湖寄居程家时，

师生之间一定常有琴艺切磋。

1964 年秋，嗜酒的管平湖因肝病住院，程宽与管门弟子王迪以及平湖小女云涛昼夜轮流服侍病榻，弥见师生情笃。1967 年秋，管平湖再次以饮酒过度住院，彼时程宽已于前一年携家返乡。管平湖在医院遇到程宽之女程世芬，深以未能戒酒以致沉疴再起为憾，并嘱世芬转告程宽，谓自己将不久于人世。后来，程宽以深情之笔写就《管平湖先生传略》，表达对亦师亦友的管平湖的深切怀念。

程宽一生接触良琴两张，一为唐琴"飞泉"，一为宋琴"清角遗音"，"飞泉"来历前文已及，"清角遗音"则是建国初期一位蒋姓鼓乐艺人所赠。程宽后半生的琴事，皆与此二琴相关。

1966 年，文革起，程宽携病妻自京返乡，不便携琴，"飞泉"托付其子程世佐保管。动荡的年月，古琴成为打砸对象，名在"四旧"之列。为防止红卫兵抄家祸及"飞泉"，程世佐先用丝绵琴套装好古琴，复将其置于琴盒，之后用棉线绳将琴缚于床板之下，并主动退出大房，搬到僻静的小屋中住宿，这样才使"飞泉"免遭劫难，人琴俱安。

1976 年 7 月 28 日夜，唐山发生大地震，北京亦有震感，程世佐住房外的山墙顷刻之间坍圮半堵，所幸有惊无险，人琴俱未受损。两天以后，七十四岁的程宽不畏千里之遥，不惧余震之险，毅然乘火车赴京，见到儿子与"飞泉"平安无事，心中释然，为防止再生不测，程宽携琴返晋。

1979 年夏，程宽的老同学，时任中共中央组织部副部长的毛铎抵达山西运城，尚未平反的程宽见到了阔别多年的老友，故人相见，彼此知心。两天以后，毛铎主持召开各县县长、书记会议，会上他隆重向大家介绍了程宽的爱国事迹以及当年在北平救护自己的往事，并对程宽的琴艺极表称赞。在一片掌声中，程宽抚弦操缦，初奏《流水》，表达与故人久别重逢、相知无违之情意；继抚《平沙落雁》，抒吐高洁自持、孤光自照之襟怀。三天以后，上级为程宽彻底平反。

[4] 程世佐，《忆古琴大师管平湖先生》，《紫禁城》，2013 年，第 10 期，第 93 页。

"飞泉"琴

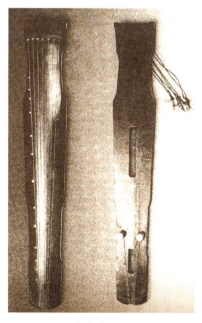

"清角遗音"琴

　　1980年，为表达对祖国的热爱、对党的感激，程宽与家人商定将"飞泉"捐献给祖国，后在毛铎的帮助下，国务院有关部门同意接受捐赠。5月，程宽接到国务院国家文物事业管理局"接受捐赠，欢迎寄京"的通知。老人心潮鼓荡，作诗述志："我有飞泉琴一张，贞观二年著初唐。形制富丽出内府，声音雅润叶宫商。因救古珍到我手，肯使文物流异邦？欣逢建国三十年，也教逸品为国光。"诗语朗畅，饱含深情。6月，程宽亲自护琴进京，将相伴五十年的"飞泉"捐献祖国。有关部分组织专家进一步对"飞泉"进行鉴定，中央音乐学院古琴家李祥霆先生在弹过此琴后感慨万千地说："我生平弹过的古琴，未有如'飞泉'之佳妙者，其音量的均匀，在传世古琴中太少见了。"捐琴后的程宽得到国家的嘉奖，并得奖金一千元。

　　1984年9月，中央人民广播电台特请程宽在国庆节前夕弹奏"飞泉"并录音，一则宣传文化，一则藉以存史。当时的"飞泉"已是国家一级文物，不轻易出库，故宫博物院特批录音在故宫进行，前后录制两次方告成功，这是程宽最后一次弹奏相伴几十年的"飞泉"。在返乡的列车上，八十二岁的程宽听到中央人民广播电台播放了他用"飞泉"弹奏的《流水》、《平沙落雁》。沧桑往事，历历如昨，年迈老人不禁双泪如注。

　　那张名为"清角遗音"的宋琴却有着与"飞泉"

迥异的命运。

"清角遗音"原为建国初期友人所赠，仲尼式，髹黑漆，通体蛇腹与牛毛断纹相间，腹内龙池左侧有墨书寸楷一行"清角遗音，大唐神农（龙）二年制"，有此款识，程家遂一直误以此琴为唐代之物。据郑珉中先生云，当年程宽为献"飞泉"进京，他曾到程家赏鉴"飞泉"，其间听到程宽对其子世佐说："捐献了'飞泉'，吾家尚有神龙琴在。"[5] 于此足见程宽对"清角遗音"的宝爱。

90 年代初，数名觊觎神龙琴的匪徒到程宽家看琴，借口屋中光线不明，难睹琴腹文字，提出携琴到室外阳光下细看，在征得程氏同意后，数人携琴而出，一去不返。此事使年迈的程宽身心受到重大创伤，每念及神龙琴，辄悲不自胜。

1995 年秋，程家盗琴案告破，程世佐持山西平陆县公安局公函，携神龙琴至故宫博物院，要求出具鉴定书以便结案。经郑珉中先生详细鉴定，确定"神龙"为宋琴，"虽然琴非唐制，而形制殊有气魄，弦路较宽，音韵淳古，漆色断纹皆具有北宋琴的特点，在传世宋琴中亦当为一级。"[6]

神龙琴重归程家后，先后出入于北京、山西各拍卖公司，索价百万，未能成交。1999 年秋，神龙琴复以底价 40 至 60 万元竞拍于天津国拍公司，再次落拍。之后，琴家沈兴顺闻讯，遂以平价购得，稀世宝器，再遇知音。

程宽长逾半个世纪的琴缘琴事，表呈着数十年中国社会的沧桑巨变，值得后人深长思之。

[5] 郑珉中，《蠡测偶录集：古琴研究及其他》，紫禁城出版社，2010 年 9 月第 1 版，第 252—253 页。
[6] 郑珉中，《蠡测偶录集：古琴研究及其他》，紫禁城出版社，2010 年 9 月第 1 版，第 253 页。

附：

《玄楼弦外录·飞泉》[1]

李伯仁

十余年前，余旅居燕京，遇一壮士称其父病，出琴一剑一求售金供药饵。剑甫出匣，光芒逼人，取铁削之，真如削泥。琴红鬃美秀，玉轸金徽，成小蛇腹断纹，音铿锵作金石响，神品也。余赠之百金，受其琴而却其剑，谢之曰："琴，吾所嗜，姑置吾所；剑，君之宝，宜珍用之。"壮士大喜，为拔剑起舞，但见寒光，不见人也。问其姓氏里门，都不肯语，惘然抚琴首者再而去。琴名"飞泉"，草镌龙池上，其下有印，方一寸有半，篆"贞观二年"四字；龙池下有方二寸印一，篆"玉振"二字，长方印一，篆"金学士卢讚"五字；池旁铭云："高山玉溜，空谷金声。至人珍玩，哲士亲清。达舒蕴志，穷适幽情。天地中和，万物咸亨。"池内墨写"古吴王昆一重修"七字[2]。后以漆落不能下指，付张虎臣修理，虎臣曰："此余小时在来薰阁所见物，别来六十年矣。犹在京师耶？始为刑部某主事所藏，某不善琴，当字画张挂耳，何至入君手？"余告之故。虎臣惊曰："剑上得无有双龙耶？"余曰："隐约有之。"曰："此高阳剑侠之子，父子均万人敌。君幸受琴而却剑，剑非君力所能得者。然其父病果愈，必更以剑至谢君。"其明年，壮士果挟剑来，称父命，病愈，愿献剑为寿。余坚却之，乃奉剑长揖去，至今不复遇其人，每弹此琴，颇念剑也。虎臣为燕市斫琴名手，能不漆却断纹琴，数年前已物故，寿至八十四岁，今厂肆义元斋，即其斫琴处。张氏琴流传天下，不下数百床云。

[1] 《今虞琴刊》，民国二十六年五月今虞琴社编印，中央音乐学院"中国古琴音乐文化数据库"编辑委员会承印，2006年12月20日，第321页。
[2] 据王世襄《自珍集》，郑珉中曾告诉王，"程子荣（按：当作容）先生遗琴唐斫'飞泉'，今藏故宫博物院。《今虞琴刊》著录，池内有'王昆玉重修'墨书款。昆玉为明代斫琴高手。"（《王世襄集 自珍集》，三联书店，2014年1月版，第5页）由此知，或王昆一即王昆玉，或李伯仁之文误将"玉"作"一"。

高寿田（1907—1986）

高寿田，山西盂县人，自幼勤奋好学，于文物、绘画、书法兴趣浓厚。1923 年考入国民师范艺术科，习美术。负笈国师期间，他曾师从顾梅羹学习古琴。或许因他当时主业为美术，古琴只是选修，并未转益多师，故他后来在教授琴弟子时曾多次说到顾梅羹，而对彼时栖迟晋阳的彭祉卿、沈伯重无所谈及。

高寿田

自国民师范毕业后，高寿田曾在大同省立第三师范学校任美术教员，两年后又辗转到天津、河北等地的中学任教。在任教天津期间，他开始师从著名画家陈少梅，攻研国画，并到天津美术馆附设的篆刻研究班学习篆刻。

1938 年 3 月，高寿田赴五台一专署参加革命工作，在战斗报社任画报编辑。四年后返回久别的太原，从事文物、美术研究工作。1946 年，高寿田在太原成立唐风琴社，揣其命意，当是祖构《诗经·唐风》之意，昔周成王桐叶封唐，叔虞以山右藩屏王室，唐风即晋风。高寿田创琴社，传琴学，一则不收学费，二则坚持"一对一"授课，力求习琴者学有所成。在此期间，李庆中、张亮垣皆曾入其门下，研习琴艺。其时追随高寿田学琴者，当有一定数量，惜"一对一"之教学方式虽佳，却也使弟子们彼此互不相识，李张二人因同在太原邮局工作，故而相熟。高寿田"一对一"的授课模式效果显著，在习琴的当年，李庆中便在太原广播电台演奏古琴数次。

高寿田书法

自 1949 至 1951 年 5 月，太原市政府决定并创建了一座文物馆，高寿田被选为馆长。甫一上任，他便枵腹从公竭力振兴文物馆，带领同事在全省展开文物考察和搜集工作，他们走街串巷，宣传文物保护的重大意义，同时寻觅线索，进行实地考察和发掘，将许多文物源源不断运至太原。至 1953 年，太原市文物馆已有藏品 7705 件，21 个展室琳琅满目、蔚为大观。1953 年 8 月，太原市文物馆并入山西省博物馆，高寿田任秘书，寻任副馆长。直到文化大革命前，高寿田兢兢业业地从事文物事业，为山西省博拟定新规划、办展览宣传文物，提升人民对文物的认识以及相关历史知识，同时为了将山西文物介绍给全国人民，他还写作了《山西石雕艺术》、《山西琉璃艺术》、《古玉之研究》、《太原龙山童子寺介绍》等专题论文，并将山西的重要文物编成图录以尽可能地扩大宣传。

从事文物工作之余，高寿田对青少年时期即倾注一腔心血的绘画、篆刻艺术始终坚持不懈，精益求精。书画作品多次获得省级乃至国家级奖励。自 1949 至 1953 年，高寿田曾连续担任太原市各界人民代表大会美术界代表，之后又连续四届当选省政协委员。

高寿田于 1986 年去世，享年 80 岁。

高寿田的去世，使其琴弟子李庆中倍感山西琴事之寥落，遂以垂暮之年重操旧业，开始了艰难而漫长的传琴授徒、复兴三晋琴学之路。

程继元（1910？—1944）

程继元，字莲珊，山西祁县北左村人，他和郭维芝是就读国民师范时期的同窗，并一同习琴于王聚魁。郭生于1911年，以此推断，程继元的生年亦当在此年前后。

大约在1925年前后，程继元考入山西国民师范，专攻音乐，尤擅小提琴，同时师从王聚魁学习古琴。1934年，程继元与李庆天、郭今吾、宋朝普结为异姓兄弟，相约彼此肝胆相照，永不相负。就在这一年，李庆天开始从程继元学习古琴。当时李庆天并无古琴，程李二人一教一学，所用者均是程继元的那张清琴。他们经常弹奏的琴曲是《普庵咒》。联想到在1922年9月10日元音琴社为欢迎杨时百入晋传琴而举行的第三次大型古琴雅集上，时为育才馆雅乐部学生的王聚魁与同学耿莱瀛、李保衡、王建武、徐明性琴箫合奏的琴曲正为《普庵咒》[1]，则可以说，程继元在古琴演奏上确实深得王聚魁法乳。

既是结义兄弟，复有师生之谊，程李接触自然极其频繁。那时，程继元经常到李庆天家做客，一起弹琴唱歌。中秋之日，程继元拉小提琴，李庆天唱《渔光曲》，彼时也，李庆中年甫十岁，亦闻乐欣喜，应声和之，棠棣之间，其乐融融。

李庆天的母亲还是程继元和武振琳的媒人。武振琳是平遥人，山西女子师范校花，其母与李母为女师同学。程、武两家曾各自赴北京旅游，

程继元

[1] 据《元音琴社欢迎杨时百先生志盛》，载《来复报》，1922年，第221号。

归途中同住一家旅店。程继元英俊的仪表引起武振琳的注意，她将随身携带的手绢远远地朝着程晃了晃，随即抛落地上，姗姗而去。一霎的目注心盟，定下两人的姻缘。程继元拾起手绢，系于腕上摄影留念。之后，程、武两家都托李母从中介绍，于是程继元与武振琳终成眷属。

1935 年，程继元入国立杭州艺术专科学校（即今中国美术学院之前身）进修小提琴，继而漂洋过海，留学日本东京。留日期间，程继元写作了《普及音乐运动与其应有之认识》，对国乐衰落之原因以及普及国乐之意义做了深入阐发。抗战军兴，程继元离日返国。

1937 年日寇侵占祁县城，通晓日语的程继元被胁迫做了日伪翻译官。程继元虽遭迫胁，但并未做过任何有损国家民族的事，而是竭尽全力保全桑梓，并秘密从事抗日活动。现年八十七岁的薛俊德，抗战时与程继元同住北左村的一个院子，他曾说程继元绝对是地下党员，他还记得当时每到晚上，常有秘密人士来与程接洽。正是因为程继元的保护，才使得北左村免遭兵劫，毫发未损。[2]

1944 年，精通中西音乐的程继元在祁县被日本顾问杀害，结束了他短暂的一生。

日本顾问杀害程继元，一则因程与时在太谷凤山打游击的郭今吾暗中联系，有通共之举；再则是程的妻武振琳容貌极美，令日人起了歹意。程继元死后，武振琳被日本顾问霸占，生死不明。

程继元在杭州艺专时留影

[2] 李滇光主编《晋剧音乐一代宗师郭少仙》（山西经济出版社，2013 年 11 月第 1 版）第九节《横眉冷对千夫所指》中云："（抗日时期）有一次先生的同学程继元来家。程曾在日本留学，现在已当了日本人的翻译官。他想拉先生下水，投靠敌人，先生气愤五内俱焚，义正词严指着程的鼻子说：'你当你的汉奸，我做我的王八，咱们井水不犯河水，何必非要拉人下水！'汉奸碰了一鼻子灰，扫兴地悻然离去。"（见书第 45—46 页）今按：此记述流播于网络，却不知有何根据，窃疑为或是拟构之词。倘如是，此记述虽赞扬了郭维芝，却中伤诬了程继元。郭、程既属同乡，亦为同窗，且有同好，料想绝不情愿后辈虚拟此类是甲非乙之事。特记于此，庶免再误。

附：

普及音乐运动与其应有之认识 [1]

程继元

音乐，已经被一般人所公认；是最容易感动人的一种艺术。实在说，它也就是艺术中，最直接的。

美术对于人生，已比较直接一点了；可以用热烈的色调，曲折的线条，引人的注目；使人渐渐地对它认识瞭解，并且同情而受感化。然而还不及音乐，比较更容易惹人注意；这色面对于眼睛，比声波对于耳朵的刺激要被动的多，是很显明的。声音好像是带着强迫性似地，很少有人能拒绝的。

音乐的发源也很早，远在其他艺术之先；差不多在原始生活的期间，已经伴着舞蹈产生了。这足以表示它和人类生活关系的密切。而且对它的接受，也并不需要什么事前的准备；譬如要想领略文艺，至少必须有认识文字的基础；别的学科，更是要有特殊专门的准备啦！音乐只要人不聋，便能够欣赏。它会一直逐刺到人心的痛处，使人不由得掉下同情泪来；也能把人的怨恨，顺着音波渐渐地消散。它是人间冤屈不平的代诉人，伟大成绩的颂赞者；能显露描模自然的光明和优美，把（按：把字疑衍）能暴泄指摘社会的黑暗和罪恶；可以安慰失败，免去灰心伤（按：疑当作丧）气；更能够奖勉成功，使得再接再励。总之，音乐的奥妙，在声韵地变化无穷，进行无阻；可以引起了人类情绪的共鸣。所以它直接地操纵着情绪，去转移人的意志和思想；毫无隔阂地同人类的生活洽调密接着。它确是艺术中和人生关系最直接的。

音乐对人类的陶冶和感化，比别的艺术一些也不弱；对于人生的幸福，也是和别的科学一样，有很重要的影响。自然科学的发明，社会科学的进展，使我们的生活，享受着许多的便利舒到（按：到字衍）适；促进成更合理和安逸的状况。音乐的发达，可以驱去我们的困倦和苦闷，使我们得到轻快和舒畅；更紧要的是能诱导着、指示给我们人生公正向上的途径；同样地赐给我们福利的。也许有人以为这不过是饭后的水菓，富裕的装潢；并不是必要而不可离的。这是很大的错误！只要看看比较进步的国家，便可以很明白的知道，音乐的重要：是同面包似地，不能有一天缺乏的。

音乐的力量，既然如此地伟大；在文化上，又佔得很重要的地位。可是在我国为什么会失却一般人的信仰，衰落到现在的情况；甚至于使有智识的人，也多把它看得无关紧要，当作有闲的娱乐粉饰；或直认做洪水猛兽，是消沈意志，麻醉心理，引人堕落的一种妖孽呢？这并不是偶然的；现在且把近年来音乐在中国堕落的原因，简略地检讨一下。

中国的学术，多半是头绪纷乱，系统模糊，不十分有条理的；尤其属于技艺方面的，更加上一层秘密神妙，不授真传的恶习；根本便没有学习的方法和步骤。每个人都要从那黑暗崎岖的路上，亲自去摸索。老师傅们以为他们所受过的苦楚，碰过的障碍，都应当让弟子们再经历一次，这样才可以显出求学的艰辛来；并且不亲自体验这苦的过程，怎会有成就呢？所以他们眼睁睁地看着许多人，重走他们走过的不通路，受他们已受的冤折磨；却不肯指引。在帝制时代，音乐被宫墙范围着，很难流传广布；再加上这学习的方法不科学化，对（按：疑当作多）是时间精力的浪费；音乐如何会长足进步呢！这固然是前人们的观念错误，和帝王们阶级思想的罪恶；却也可算作中国音乐的缺点——本身的不健康。

革命以来，一切刷新；当然音乐也逃不了被弃的噩运。于是这从数层苦勉强延留下来的一星火花，几乎要被扑灭了。那么倡行西洋音乐也好，可是这并不容易，象一件器具什物似地，要用便能搬过来的；这效法模仿，也需要有长的时期，方可做到哩！况且在政制改革的初期，一切都不上轨道；音乐是更遭着忽视。真的！我们的国家，是变作"无乐之邦"了。

现在大的都市，已经可以听到所谓"爵士乐"伴着"孤（按：当作狐）步舞"颠波了；

在乡村小学校里，也多半能找着一块破旧三组半的小风琴；无疑地我们是接受着西洋音乐了。可是只要少留点心，便能发现是仅学到些皮毛，搬过些糟糠来。本来艺术是同其他学科一样地艰难；说到技术的成就，更要吃苦费劲的。但国人多存着一学便成的心理，又以为自己有不凡的天才，只等着灵机的忽然来临，便可有不朽成功的杰构了；谁肯从基础练习，挨次辛苦的做起呢！况且又觉得纵然认真的做好工夫，也不一定便有知音，有人赏识，倒是麻麻糊糊的既省力，又容易博得欢迎呢！时间和经济的胁迫，生活物欲的诱惑，所以许多人都背了他们的本意，只顾有饭吃，抛开应负的责任啦！环境压迫着的人们，受了生活的鞭策，能有几个不背转良心来；去做那些自欺欺人的工作呢！我们也不能尽责备他们的贩卖劣货；音乐既来到这破落时期的中国，怎能免去这弥天漫地笼罩着的灰气，逃脱衰微的命运呢！

没有把握着音乐的真髓，不能使它有正当的工用；对人生有好影响。这也失掉它本身的威颜，令一般人怀疑了。然而最可恨的，是那些毫无廉耻的人们；竟利用这神圣的艺术，来做工具，辅助他们售卖淫荡、献媚于少数的行尸走肉。音乐便更趋向衰落，且沈沦在下流靡萎的路上了。这好似出了岸的河水，走了线的电火；它本身是不能做主的。于是一般人多对它起厌恶的感触，生畏惧的观念了。音乐陆（按：当作衰或堕）落的原因，虽然有上面说的许多复杂情形；但这绝断河口导人荒淫，却是它的致命伤——失掉一般信仰的主要原因。

普通事物对于人类，差不多都是有利意两方面的；而且愈是利益大的，为害也愈猛烈。全要看处理驾驭，运用的是否合理得当；而有差别的。譬如水和火，都是人类生活一天也离不开的，对我们的益处，是谁都晓得的；可是为了管制防备的不周到，也往往能没（按：疑衍）焚毁掉我们的生命财产。物质文明，科学进步，增进了人类幸福舒裕的享受；但也带来不少生命的威嚇和恐怖。试想现在教（按：疑当作杀）人器械的进展，能不使我们战栗吗？然而我们不能为这便忽略轻视了它给人类的贡献，诅咒科学倡明；仍在继续地努力研究着。可是我们应该为了音乐的衰落，便不顾它固有的伟大，而施以诽薄和讥谤吗？不！中国是礼乐治天下的文明发源地；音乐在我们的国度里，曾有遇（按：当作过）灿（按：灿字夺，据文意补）烂的光辉的。在形式上虽然好像不如西洋的音乐进步，但在音律节韵的原理上，却并不落后。可惜没有收科学化的洗礼，蒙着一层神秘的色彩；便使人畏难，不敢尝试。而且又不为社会重视，少人提倡：以致中国的音乐，便停带（按：当作滞）到高山流水之间，埋没在白云深处了。说来真令人不胜痛惜！这也正好像我国富有的矿产，自己不去开采；眼看着留得让外人来启发哩！我们仍要尊崇信任音乐地伟大，并且应当培植扶持，使它恢复固有的繁荣；重放绮丽的光华！

音乐在中国，虽然已经陷在这种危急的情况；但我们别悲观，更不容消极。要积极的努力，把它从深深的淤泥中，拯救出来；让它做中华民国（按：国字衍）族复兴的前锋，中华文化复兴的先导。我们决不是空谈忘（按：当作妄）想；把欧洲的黑暗时期宣告终结的是文艺复兴，音乐是文艺复兴的前驱。这实在的史事，已明白地显示给我们音乐的伟大了。我们不要自馁！鼓起勇气来！创造新中华民族，开复兴文化的先河，这重大的责任，是全赖着我们的挣扎哩！

恢复音乐旧日的地位和光荣，要先提倡普及的。虽然在已失掉信任，处于被人望而远之的情况下，要想它普遍地发展，是一件很困难的事；但我们不能畏难！要相信音乐是人生离不了的艺术；只要不断的努力，总会有成功地一天的。

中国固有的音乐，已频于完全伤（按：当作丧）失；不有长时间的研讨和整理，是很难复原；同时代谐和的。我们尽可采纳西洋音乐来宣扬，使一般的认识正确，并生崇信的。况且艺术是不分界限的，社会情况的不同，它自然会反映出来。然却决不主张把固有的完全抛置不顾；且从容的调养着，待它健康恢复后，自然也会赶上这澎湃的时潮前进的。

有人说：西洋音乐是资产贵族化的，譬如乐器的昂贵，只有在资本发达的国家，方能设置；是不适于产业落后的穷中国的。假如不把音乐看低的话，这是很可笑的错误见解。我们不因为机械的昂贵，便不成立工厂；仪器的昂贵，便不从事科学的研究；也不因为飞机火车的昂贵，便不发展航空，修筑铁路。却单能为乐器设备的昂贵，便不接受提倡吗？况且中国旧有的乐器，也并不便宜的；认为中国乐器比西洋乐器便宜的，是局外人。他不知道不成音的西洋乐（器），也是很贱的；中国的琴，瑟，琵琶……等，都是价值很高，就是流行的三弦，胡琴……之类，声音准全一些的，也是很贵的。当然价值低廉，音色且优美完善的乐器，是更应该欢迎，更需要提倡的啦！

也许有人要担心，西洋音乐的倡行发达，会把我国固有音乐抹煞，或更容易促成消灭的；这也不必"杞忧"。学术——尤其是艺术——是只有相互琢磨激励，不会侵蚀排挤的；都是向着完美合理的目标前进的。地域环境的反映，自然会流露出来；正如"南枳北柿"一样。现代交通的发达，世界东西各方文化的交流；是当然必然的趋势。我们不必多心顾虑，怕丧失掉民族性，影响到国家的灭亡。实在民族的盛衰，国家的兴亡；全在国民的认识和努力的。觉悟奋斗同醉生梦死，才能左右文化的进退。推促国家民族的存亡哩！

我们更不必受什么"中国本位"，或"全盘西化"等空议论的拘束；那除遇（按：当作过）能表示论者的忧国热忱外，只能给出版界凑凑热闹罢了；效果在那里呢？欧美各国的学者，尽管研究中国的学术；——尤其艺术是更被他们重视的，只要检一本西洋出版的艺术杂志，总少不了有中国的旧作品；博物馆更都珍藏陈列着中国的古物（艺术品）。这决不是单为了考古和希奇，中国古代艺术的成就，确乎是有不朽的价值的。吸收东方的文化，既不见有什么"本位"的论调，也没有什么"东化"的惧怕；他们是认为有价值的，便研究采纳，没有什么东西新旧的限制观念的。

再看看这新兴的日本，更能证明我们的担心是多虑的。日本的文化，很明白地是带过中国的一部分去，——他们虽不说人种是从中国迁来的，但却承认在文化上，很受中国的影响呢！学了西洋的一部分来。可是经过长期的努力溶化，已创造出他们自己的文化了。虽然这很幼稚，却确是别有风格；在各方面都能十足地表征着他们的特性。如音乐在日本，是有"洋乐""和乐"[2]两支的："洋乐"便是西洋音乐；所谓"和乐"简直是中国音乐；像琴、三味弦、和尺八……等，便是瑟、三弦、和古洞箫……等的脱态；什么浪曲、诗吟、长呗、小呗……也好似昆曲、弹词，——的变形。社会上是两支同样地流行着；普通学校的课程，却也是只有洋乐的科目。不过据最近报上说，从昭和十一年（1936年）四月的新学期起，要开始用和乐代替洋乐了。在专门的音乐学校，当然是两种同样地注重着，而且近年来对和乐，更积极地提倡和奖励哩！不像国内各音乐学校，都把国乐置之不顾的。他们的乐已受了洋乐的影响，有长足的进步了；他们创作的洋乐曲调，也带着这岛上的滋味，有特殊丰姿了。这不能不使人钦佩他们；勇于模仿接受，精于溶化创造的。我们不一定要效法它——日本，更不是要模仿它；但看了这根本没有文化的国家，都会创造出来，并且十足地表现着国民性；国力更是在一天天地增强着。很能增强我们接受西乐的勇气，也可以作我们的参考。

国内中小学校，早已规定着音乐课程的，当然是西洋音乐。让我们看看这许多年来，接受的成绩，真使人惭愧；别说其他，仅就乐谱来说吧！这可以说是皮毛的皮毛，然而我们都没有学来，如流行的简谱，让西洋人看着会发怔的；他们真不晓得那123……，是表示什么呢！据说这是从日本去的，可是日本的小学校，也早已在用着固定唱名法的五线谱表了。有人说是为了简单，容易瞭解；所以我们仍继续延用着。但是明显且合理的五线谱表，同毫无理解，硬用数目字代表音名的简谱，究竟是那种有趣味易于瞭解呢？这个学过的人都可明白的。至于那简谱的基音（DO），为了调子的变化而高低不定，令人不会对音有准确的把握和锻炼；和其他种种不周到处，便得提啦！我想除过他自己不懂五线谱表外，实在难找第二个理由，为当初提倡简谱地人来辩护的。然而全国已被这错误，造成很大的惰性，做音乐前途的障碍了；大多数的音乐教师，仍是不认识，或仅一知半解的知道而不澈底

---

[2] 原注："和"乃日本大和民族之略称，辄以冠诸名物之首，而示区别；如"和服"，"和道具""和……"，亦若我之"华侨"，"华……"之"华"。非"和谐"之谓也。

瞭解五线谱表哩！这如何来接受西洋音乐，怎能有成绩可观呢！也无怪音乐在中国不有好效果了。

许多年来，中国虽然在接受倡行西洋音乐的标帜下，但为了学者们的不负责，和教育当局的不认真，以致没有获得音乐的真义，甚至连记载它的符号，都没有普遍地流行了；固然在一二都会里也有相当的进展，可是太有限而不普遍了。这可以说音乐教育的完全失败，或干脆说没有音乐教育地这会事。我们要认清音乐的伟大，承认它的重要；应当努力求它的普及的。要求音乐在中国的发展，须先接受已臻成熟的西洋音乐的；可是要想得到真正的西洋音乐，是需要把前此的恶习和错误观念，澈底的改革校正，从基础来做起的。少数的都市畸形的发达，是不会发生效果的；正如同它的繁华，毫无补于农村破产一样。想显出音乐的威严来；必须先把它普及的。并且要相信音乐是唤起民众的利器，比教育还要捷径些，国难严重竖（按：似当作坚）迫，更显得音乐是不容漠视。只有音乐能化除掉一切私仇和宿怨，启发出公义忠勇的思想来，使一盘散沙的同胞们相联络；鼓起了热血，跳着同样的脉搏，迈着一齐的步伐，向着光明的前途，迎着时代的潮流猛进哩！

二十四年十月十三日草于东京

郭维芝（1911—1954）

郭维芝，字少仙，号昭余琴痴，室名乐正斋，山西祁县夏家堡人。生于 1911 年 1 月 19 日（1910 年农历腊月十九），卒于 1954 年 9 月 12 日（农历八月十六）。郭少仙幼年丧父，在慈母的教导下识字读书。入学以后，得张仪生先生赏识，在其鼓励与帮助下，十三岁时负笈求学于太原第一师范附小。1925 年考入山西省国民师范学校，三年后入该校文史组，攻研文史，尤喜文字、音韵之学，对甲骨文、金石亦多所用心，成绩优异，闻名全校。课余有暇，从常赞春[1] 学习篆刻，亦具一定造诣。

郭维芝

乐正斋主

少仙

郭维芝印

昭馀郭氏珍藏

乐正斋

郭维芝字韶仙

昭馀郭氏所藏金
石书画之印

[1] 1872–1941，字子襄，民国时期山西著名学者。

在国民师范就学期间，郭维芝参加了学校的
音乐研究会，除学习风琴、钢琴，以及其他管弦
乐器外，自 1929 年春起，他专门向时在国民师范
教授音乐的王聚魁学习古琴演奏。王聚魁肄业于
育才馆雅乐部，是元音琴人的琴弟子，但是在他
于国民师范教授古琴时，往日元音琴社的辉煌已
然式微，杨时百、彭祉卿、杨友三、沈伯重、顾
梅羹等著名琴家已纷纷离晋，因此，在当时的青
年中，研习古琴者并不多，况且古琴曲谱为指法
谱，极难辨识，初学者往往见难则避、知难而退。
郭维芝不畏艰难、迎难而上，经过努力研习，终
使其古琴技艺达到相当高的造诣，成为王聚魁的
得意弟子，王聚魁在国民师范任教时编写讲义《琴
学常识》，郭维芝为做校订，并写有批语，同时
郭维芝还撰写了琴学论文《琴与瑟的比较》。郭
维芝终生与琴为伴，国民师范毕业后，爱琴成癖
的他，立志要收集名琴八张，悬挂在乐正斋四壁
以歌啸云天、娱情乐志。但这个愿望他终身未遂，
临死之际，仅蓄得良琴四床。

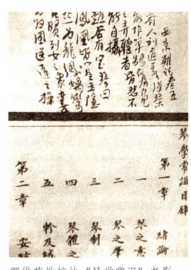

郭维芝批校的《琴学常识》书影

郭维芝所收藏的这四张古琴，因刻有他所作
的铭、记，而成为研究琴学，以及元音琴人的珍
贵资料。四张古琴，郭维芝分别命名为：霜慵、
松弦、风鹤、新荷。

松弦之《铭》在琴背池沼旁侧，为篆书，"雷

郭维芝收藏的古琴

国民师范音乐研究会同学合影（右一为郭维芝）

威斫琴，不必皆桐。唯兹松弦，既润且清。天池名馆，吾以铭琴。陶淑心志，涤荡性灵。
以正风雅，取乐山林"。池下《记》云："壬戌间，镇海虞和钦督学吾晋，与江东
孙净尘提倡雅乐甚力，庐陵彭祉卿、华阳顾梅羹先后司教，秋初复延九疑山人杨时
百精核音律，山右琴学至是蔚然称盛。己巳（1929 年）春，余学琴于交河王梅岩师，
明年得斯琴于太原，顾君所监制也，取严天池'松弦'名之，并记吾晋近年琴学之
梗概如此。昭余郭维芝识"[2]。

　　风鹤，此琴为仲尼式，为郭维芝友人许梅生所赠，龙池内刻"康熙庚午襄原申奇彩"
九字；凤沼内刻"共三十六张，第四号，南州涂佐人作"。郭维芝自作《铭》曰："涂
佐人斫成良器，申奇彩监定宫商，后二百五十八载归祁乐正斋珍藏，不管风声鹤唳，

[2] 供见李谋光主编，《晋剧音乐一代宗师郭少仙》，山西经济出版社，2013 年 11 月第 1 版，第 10 页。

但论音调铿锵，律吕之中进退，尘垢之外彷徨"[3]。并书《跋》云："戊子(1948)夏，友人许君绍煜持赠此琴，康熙间物也。丁丑(1937)国变后，余意兴萧索，不理弦徽久矣，窃忆九嶷山人得琴于风声鹤唳之中，因以'风鹤'名之，并命所居为'风鹤琴斋'，盖以话沧桑、志乱离也。山人谢世后，琴学寝微，国乐无人倡导，抚弦之余，不胜今昔之感，因师其意，以'风鹤'名之，聊志不忘云。九嶷山人再传弟子郭维芝识"[4]。

新荷，龙池两侧以小篆镌刻楚辞体诗，"清微淡远兮惟虞山以为宗，沧海桑田兮喜世道之复兴；弦徽重整兮知来者之可追，纵名'新荷'兮寄感慨于无穷。一九四八年十一月，少仙郭维芝记"[5]。此琴篆文由郭维芝亲拟，由其高足刘伯枫刻制。彼时祁县已解放，故诗中充满欣欣向荣之情。

霜慵之铭在琴身，为隶书："有古桐，制作精。弦而鸣，声铿铿。凛若冰，洪如钟。赐嘉名，曰霜慵。镌以铭，传无穷"[6]。记在龙池下，为楷书，"一九五三年九月四日，中华全国音乐协会在京举办中国古典音乐观摩会。国乐家查阜西、溥雪斋、管平湖诸先生演出古琴独奏及琴箫合奏。此发扬中国优秀文化遗产之具体措施，宜乎博得大众欢迎也。时余在山西省文化事业管理局，工作之余尝重理弦徽，再温旧谱。会市肆有以古琴售者，池内外无一字，抚弦试之，有金石声，亟购归，名霜慵，铭而藏之，并记近日人民对古典音乐之重视于此，以存琴史之文献焉。祁县郭维芝少仙甫识"。[7]

郭维芝的琴学修养在他批校的《琴学常识》中有清晰的表呈，郭氏的批注征引文献极广，既有《说文》、《尔雅》等常见书籍，又有《幽兰古指法》、《流水指法》等琴学著作，于此足见其琴学造诣之深。郭维芝擅弹《梅花三弄》、《流水》、《渔樵问答》、《平沙落雁》诸曲。另外，在郭维芝留存下来的诗作中，亦可约略窥见

[3] 俱见李谦光主编，《晋剧音乐一代宗师郭少仙》，山西经济出版社，2013年11月第1版，第10页。
[4] 李谦光主编，《晋剧音乐一代宗师郭少仙》，山西经济出版社，2013年11月第1版，第10—11页。
[5] 李谦光主编，《晋剧音乐一代宗师郭少仙》，山西经济出版社，2013年11月第1版，第11页。
[6] 李谦光主编，《晋剧音乐一代宗师郭少仙》，山西经济出版社，2013年11月第1版，第9页。
[7] 李谦光主编，《晋剧音乐一代宗师郭少仙》，山西经济出版社，2013年11月第1版，第9—10页。

其对古琴的情深一往，《述怀》"少无习俗性，兴到即弹琴"，《奉呈张贻生师告近况》"闲来月下理桐丝，兴到三更不觉疲"，雅人深致，于兹可见。

大革命时期，郭维芝曾积极投入革命运动，号召并鼓励家乡农民成立夏家堡农民协会，和当地的土豪劣绅进行针锋相对的斗争。

1930 年，因打抱不平，竭力为友人伸冤，郭维芝与国民师范学校当局决裂，毅然离去，赴任徐沟县王答村高小教师。在徐沟县任教的一年多时间里，郭维芝如饥似渴地购书、读书，学问素养得到进一步提高。

1931 年，郭维芝应聘祁县兢新学校，任该校语文兼音乐教师。由于他工作用心、诲人不倦，其所教的班级在全县毕业统考时，前十名中竟占了九名。

郭维芝为人倜傥磊落，不拘小节，慷慨有骨气。1937 年，日寇侵入祁县城，郭维芝隐居于家乡夏家堡，并从事抗日救亡活动。

1948 年，祁县解放，郭维芝担任祁县中学教导主任，他亲自授课，激励后劲，广植英才，培养栋梁，为三晋的教育事业做出重要贡献。

1951 年，郭维芝调入山西省文化局，专门从事晋剧的整理、改革、编纂、审定等工作。在这一时期，他除了对晋剧的唱词进行修订、整改外，还对晋剧乐谱做了改进。郭维芝为晋剧费尽心血，跑遍晋中穷乡僻壤，广事搜讨，断壁残垣寻隐者，卖浆屠狗觅知音，只要听闻哪里有民间艺人，他便跋山涉水，前去拜访，以此来充实自己的晋剧学养。

郭维芝对学术极其专注，当他凝神思考时，常常忘记周围的一切，以至于脚不择路，手不择食，与《后汉书》中所记朱穆"及壮，耽学。锐意讲诵，或时思至不自知。忘失衣冠，颠坠坑岸"略似。1950 年的一个夜晚，郭维芝因凝神思考问题而失足落水，患脑震荡。1954 年 9 月底，郭维芝因脑病治疗无效，病逝于山西大学医院，年仅四十四岁。

各版《晋剧音乐》

　　郭维芝生前已编成《晋剧音乐》一书，惜盖棺有日，出版无期。他死后，晋剧研究者张沛闻郭少仙有此著作，遂向郭的家属请求，愿为此书之付梓略尽绵薄。张沛将郭著略微修订，便于1955年出版。1979年，张沛将此书再次修订出版，且将自己的名字置于郭少仙之前。《晋剧音乐》是研究晋剧的一部经典著作，郭维芝为之付出了无尽的心血，张沛的襄助出版之功亦不可泯灭。

李庆天（1918—1942）

少年李庆天

李吉林（左）与牛季宾

李庆天，1918年生，山西太原人。父吉林，字悔亭，世居清源县马峪乡白石沟中一小山村——李家楼。晋人多善货殖，李庆天的祖父李有才（或李生财）尝闯关东与友人合伙开办烧锅酒坊，后因事停业，归乡，任私塾先生课童持家。李家得以走出白石沟，转机出现在李吉林身上。受乃父影响，李吉林自幼娴于商业之事，并喜读书，李家楼巴掌大一片地方，有李氏父子这样的文化人，自然遐迩闻名，受人尊礼。清源县北关有一牛姓富商，老夫人深明大义、掌家有道，她的第三个儿子名叫牛庭蕙，字季宾，是李吉林的学生，因担心牛季宾年轻无知不能自持，恐其败落家业，故老夫人执意让李吉林与牛季宾结为异姓兄弟。就是这十分偶然的因缘，使李吉林得以和牛季宾一起入山西大学读书，成为既有旧学功底，复有新学造诣的干练之才。

自山西大学毕业后，李吉林一直追随崔文征，在其麾下工作，并任崔府家庭教师。后来李吉林还一度在孔祥熙麾下任事。李吉林病逝于1936年，寿四十八岁。当时李庆天年仅十九岁，弟弟李庆中年仅十三岁。

李吉林的言传身教，为李庆天兄弟指明了向上的道路。少年李庆天曾以优异成绩考入太原成成中学[1]，在读期间，他不仅学习成绩好，而且兼做图书管理员以减轻家庭经济负担，由此深得校长刘容如器重[2]。

　　在成成中学求学时，李庆天还与国民师范学生郭今吾[3]、程继元、宋朝普[4]彼此友善，义结金兰。他们共同购买进步书籍，探讨马克思主义学说，思想进步、生活积极。1937年，李庆天曾在国民师范聆听周恩来、薄一波等演讲[5]，精神倍感振奋。后来，因学习英语及医病之故，李庆天与英国牧师海威德接触较多，转信基督教。

　　李郭程宋四人结拜在1934年，同一年，李庆天开始师从程继元学琴。程继元就读国民师范期间，曾从王聚魁学琴，与郭维芝为友，因此在古琴演奏方面具有一定造诣。因李庆天当时无琴，故授琴、习琴所用皆为程继元那张清代古琴，他们经常弹奏的琴曲是《普庵咒》。

　　程继元和李庆天的古琴传习，极大地影响到李庆中，几十年后，李庆中在向琴友回忆自己学琴历程时，犹深情言道"国师学生程继元教家兄弹古琴，我十岁时，《普庵咒》耳熟能详"。

　　1937年，卢沟桥事变爆发，抗战军兴，太原沦陷，李庆天与母亲、弟弟因贫困无力远逃，乃避难太谷，入住太谷基督教难民营（由美国教士主持）。难民营外即为公路，当时，日军以蒙古伪军之骑兵为先锋沿公路南下，入夜则火光烛天、人喊马嘶，蒙古伪军沿途所经烧杀淫掠无恶不作，

李庆天与母亲在太原文瀛湖畔合影

[2] 刘容如抗战时期率领学生成立"成中游击队"，解放后任高教部长。

[3] 国民师范学生，抗战军兴，在太谷凤山一带从事游击战，后任晋冀鲁豫边区财政部长，解放后任甘肃省财经委主任，改革开放后任商业部副部长。

[4] 李吉林任崔府家庭教师时，宋朝普为李家门卫士兵。后因受李家文化气氛熏染，乃刻苦用功，得李吉林资助，考入山西国民师范。

[5] 1936年10月份左右，薄一波到山西主持牺盟会工作，直到1939年"十二月事变"止。"七·七事变"后，周恩来就住在太原成成中学。1937年9月下旬，山西省委决定请周恩来在国民师范礼堂向全体牺盟会代表讲话。这次讲话约三个多小时，主要内容还是全国的抗战形势，积极开展敌后游击战争等。详参牛荫冠，《山西牺牲救国同盟会纪略》，《山西文史资料》第十五辑。

太原沦陷图

枪声时闻，极其恐怖。几个月后，载有日军的运兵车相继南下，疯狂残忍的日军在火车上随意持枪瞄准射击田间劳作的中国农民，以此解闷、取乐，全无人性。避居太谷期间，为改善家庭经济状况，李庆天开始担任学生补习班教员，同时，他还师从母亲的启蒙恩师韩美瑞女士（韩美瑞是韩明卫的夫人，韩明卫是美国著名作家海明威的叔叔）及其女儿学习钢琴。

　　一年以后，听说太原市面已趋平静，李家母子重返太原，入住英国教会难民营，举家依靠教会救济度日。具有较高音乐素养的李庆天，开始担任国民师范附小音乐教员。但是日军对太原市民的管制是极其残酷的，大街上，时有人力车夫因向日军索乘车费而遭到刀砍枪击；夜间亦时闻枪声，人心惶惶。日军在市区虽然尚能装一点样子，但是下乡征粮、扫荡则无所顾忌、恶事做绝。日军还在配给太原市民的红

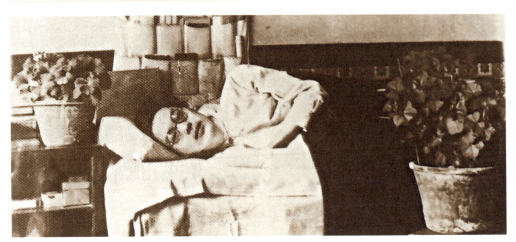

卧病在床的李庆天

面中掺入红土，造成大量市民进食后难以消化、排便，但是即使是这样的"红面"，

次也只能买到一两斤。在日寇惨无人道的摧残下，无数中国家庭家破人亡，妻离子散。

经济的拮据、身心的苦闷、饮食的不洁，掺和着国难家仇，时杂以惊心恐惧，使重归太原的李庆天很快患上脊骨结核，一病不起。抗战期间，缺医少药，无力亦无条件治疗，终于蔓延成腹膜炎，在缠绵病榻三年后，李庆天以结核入脑病殁，年仅二十五岁。

李庆中（1924—）

晚年李庆中

李庆天和弟弟李庆中

李庆中，祖籍山西清源县马峪乡，生于太原。其父李吉林字悔亭，太古铭贤学校[1]学生。李吉林求学太古之初，铭贤学校实际尚未创立，当时由孔祥熙之父孔繁慈（字亭和）假基督教公理会之地，以私塾性质开设两个班级，第一班一人，第二班三人，李吉林即就读于第二班，由孔繁慈亲自执教。

自铭贤学校毕业后，李吉林一度在家乡清源县作教师，之后得到其学生牛季宾家族的支持，与牛季宾一同考入山西大学学习。毕业后，李吉林一直追随崔文征，并在崔府及南桂馨府上任家

[1] 铭贤学校创建于清光绪三十三年（1907）。是年，孔祥熙毕业于美国欧柏林大学、耶鲁大学，获博士学位。回国前，他和欧柏林大学当局商谈，建议在山西设立一个学校，纪念庚子年（1900）在山西殉道的十数个美国传教士，因这些传教士均为欧柏林大学毕业生。欧柏林大学赞成其建议，并予以财力资助。回国后，孔祥熙紧锣密鼓筹划创建学校，为早开学，临时把基督教公理会在太谷县南门外明道院设立的小学，更名铭贤学校。详参贾醒九《太古铭贤学校简史》，载《山西文史资料》第二十二辑。

幼年李庆中（襁褓中者）与父亲（右一）、母亲（左一）、哥哥（前坐孩童）

庭教师。

二十年代，李吉林掌管国货社，举家移居国师街，李庆中即于此期间诞生。

1930年，阎锡山、冯玉祥等联合倒蒋，晋绥军势力一度发展到平津，其时崔文征任天津市长，李服膺任北平警备司令。李吉林在天津市政府官产处任科长，其家与李服膺家相近，而吉林妻与服膺妻曾为太原女子师范学校同学，故当时甫入小学的李庆中经常在母亲的带领下到李服膺将军家，同李将军的孩子玩耍、嬉戏。

晋绥军在中原大战中战败后，李吉林重返太

李服膺

二十世纪初的贝满中学

原，任职十年建设设计委员会，为十秘书之一，之后多年赋闲，后尝一度在孔祥熙麾下工作。1936 年，李吉林病逝于南京，年仅四十八岁。李妻早年曾就读于太谷贝露中学、北京贝满女中，毕业后受聘太谷县立女学校教习，后入太原女子师范学校学习，毕业后任山西国民师范附小教师。在丈夫病殁以后，李妻辗转各校教书，以维持家庭生计，抚育李庆天、李庆中兄弟。家贫子弱，历尽艰辛。

李吉林病逝时，李庆中年甫十三岁，幼小心灵遭到如此沉重的打击，顿感孤独无助，但这只是他一生厄运的开始。不久，李庆中高小毕业，参加太原市会考，取得总分第二名的好成绩，寻以总成绩第六名考入阳兴中学，当时的阳兴中学与太原中学被公认作太原市最好的两所中学。

李庆中考入阳兴中学不久，卢沟桥事变爆发，抗战军兴，太原沦陷。此时李家一贫如洗，无力远逃，无奈中，李母只能携两子间关太谷，投奔蒙师韩明卫夫人[2]，在韩明卫夫人的帮助下，李家母子入住美国教会难民营。为改善家庭经济条件，李庆天开始担任学生补习班教员，同时，喜好音乐的他还开始师从韩明卫夫人及其女儿学习钢琴演奏。

避难太谷一年后，听说太原市面已趋平静，

[2] 韩明卫，1874~1932，美国著名作家海明威的叔叔，曾任太谷任术医院院长，死后即葬太谷。韩明卫夫人为李母就读贝露中学时之启蒙恩师。

李家母子乃重返太原，入住英国教会难民营，全家靠教会救济生活。此时李庆天出任国民师范附小音乐教员。但不幸的是，回太原不到一年，李庆天即身患脊骨结核，一病不起。时值抗战，生活艰苦，缺医少药，无力治疗，在缠绵病榻三年之后（1942），年仅二十五岁的李庆天英年早逝。再次给风雨飘摇的李家带来致命一击。

哥哥李庆天卧病期间，李庆中正上初中，因母亲需照顾病人，故家务的重担全部压在年幼的李庆中肩上，生火、劈柴、和泥、担水、做饭，繁忙的家务使他无暇复习功课。至亲的患病，加之经济的匮乏，使困境中的李家母子雪上加霜，以至经常断炊。一面是亲情的磨折，一面是衣食的艰难，这在年幼的李庆中心头打上深深烙印，多年后，年逾八旬的李庆中尚不无伤感地记述，"哥哥卧病三年，是我最困难的时期"。

高中一年级时，哥哥李庆天病逝。亡父之伤未愈，失兄之痛复继踵而来，李庆中内心无限苦楚，他自知家贫无力攻读大学，遂投考中华邮政。第二年，李庆中应召入太原邮局，开始其邮务工作生涯。

邮局的工作，工时规律、待遇优厚、风气严正且闲暇时间较多，自 1945 年起，李庆中与邮局同事张亮垣一道师从琴家高寿田学习古琴演奏，邮局同人因李张二人学琴，经常忆起、谈起当年栖迟太原的元音琴人招鉴芬。

李庆中不仅幼年得到哥哥以及程继元古琴演奏的熏陶，上高小时，他还在学校的军乐队吹过中音号，他本身喜好音乐，乐感好，有基础，因此学起古琴演奏也得心应手，进步很快。高寿田为人内向，且当时已加入中共地下党，时有隐秘任务，不愿在公共场合抛头露面，于是便经常令李庆中代替应酬。由此，李庆中在学琴一年之后便多次到太原后小河广播电台演奏古琴，还曾经在梵蒂冈大使考察山西时，在山西天主教会举行的欢迎仪式上演奏琴曲。多年后，忆起往事，李庆中谦逊地表示，"当时于古琴演奏，仅能按弹而已"。李庆中赴电台演奏所用古琴，为同事兼同学的张亮垣购置的江东布衣孙森监制的琴，据李庆中回忆，那张琴形体较大，发音松脆、清亮。

任会计员时的李庆中（左三）

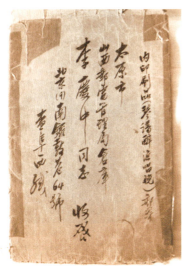

查阜西复信封皮

李庆中从高寿田学琴四年，习得琴曲《普庵咒》、《渔樵问答》、《梅花三弄》，其中，琴曲《梅花三弄》，是由李庆中为高寿田提供工尺谱，由高寿田将工尺谱转译成简字指法谱，然后再传授给李庆中以及自己的儿女。如果以一般琴人学琴的经历来作参照，李庆中学琴四年仅习得琴曲三首，实在是太缓太慢，不足为外人道。但是，这样舒缓的学琴进程，实际上为李庆中的古琴造诣打下了极其深厚的基础，以至于在多年废琴后，李庆中甫一操缦，依旧指法娴熟、气足力健。

解放以后，李庆中一度调到晋南工作。

1958 年以后，李庆中调回太原，在邮电管理局器材库任会计员。在此期间，他购得古琴名家查阜西、吴景略、溥雪斋等人的唱片，反复聆听，深悟琴曲韵味。之后，他便传书北京，向著名古琴家查阜西先生请教琴学问题，查先生多次回信，或指授琴艺，或寄送琴谱，李庆中颇得教益，琴艺又有了大幅度提升。

1961 年，李庆中调至文水工作。1963 年，时年三十九岁的李庆中与时年二十八岁的戴氏在经人介绍、互相通信数年后成婚。戴氏本为太原人，由于毕业于天津女子师范大学，遂在天津中学任历史教师，夫妻离多聚少，渐渐地便产生隔膜。两地分居，令戴氏倍感苦闷，她不断抱怨李庆中无能，不能将她调回太原，并最终提出离婚，经文水法院调解，两人正式离异。不久，文革起，李庆中遭人诬枉，于1970年被打成"历史反革命加现行反革命"，所谓"历史反革命"，不过因为李庆中自幼受家庭影响，信仰基督教；而所谓"现行反革命"，则是他说过"毛主席在北大图书馆当职工，月薪七八块，李大钊是馆长挣二三百块，陈独秀是教授挣三四百块"[3]。这些话在当时被别有用心的人认作是侮辱伟大领袖的反动言论。李庆中被下放到文水马东村进行劳改，而此时，他那饱经沧桑、备受迫害的母亲已经疯癫，带着疯病的母亲，李庆中在马东村度过了八年艰苦的岁月，受尽折磨，早已疯癫的母亲也死在马东村，当时无力办丧礼，仅草草收敛埋葬而已。

晚年李庆中

1977年，文革结束，李庆中得以平反、复职。

在文水马东村生活、劳改多年，李庆中正直笃厚的品格，得到马东村村民任如心女士的好感、爱慕。当时任如心以一己之力，独自拉扯几个孩子，生活十分艰辛。经人介绍、联系，两个苦命之人走到一起，那一年，李庆中五十四岁，任如心三十八岁。

李庆中和妻子任如心

1984年，李庆中从邮局退休，住到老伴任如

---

[3] 按：据埃德加·斯诺所著《西行漫记》，毛泽东自述："北京对我来说开销太大。我是向朋友们借了钱来首都的，来了以后，非马上就找工作不可。我从前在师范学校的伦理学教员杨昌济，这时是国立北京大学的教授。我请他帮助我找工作，他把我介绍给北大图书馆主任。他就是李大钊，后来成了中国共产党的一位创始人，被张作霖杀害。李大钊给了我图书馆助理员的工作，工资不低，每月有八块钱"。《西行漫记》，董乐山译，解放军文艺出版社，2012年12月版，第112页。

心家中，为孩子们的婚嫁操劳、忙碌近一年。第二年，李庆中的古琴老师高寿田病逝，送走高寿田后，李庆中倍感凄凉，他想到，从民国以来一起弹琴的友人皆已相继过世，自己已经成了山西琴界的孤根老树，如果自己不努力寻找弟子，传古琴之薪火，则民国山西琴人之雅乐衣钵，很可能及身而斩，在三晋成为永远的绝响。这个突如其来的想法，使李庆中心中树起无限广大、厚重的责任感。他深感任重道远，于是不顾老迈，开始了漫长而艰辛的义授绝艺、传琴授学之路。

李庆中决心传琴，但是主客观条件为他设置了重重羁绊。主观方面，他当时已年过六旬，垂垂将老，而且多年不操琴，功力尚需恢复，技艺亦需重练；客观方面，虽然尚有历尽浩劫后幸而保存下来的两张琴，但是琴弦已磨损、腐蚀严重，甚至断裂，不可按弹。不能弹琴，他便开始每日阅读、熟悉琴谱，同时联系各地友人，辗转托付，请求代购琴弦。那时候，琴弦是稀罕物，极其难觅，直到 1988 年 6 月，才由时任商业部副部长的郭今吾 [4] 托人从上海购得琴弦。据说，为了购置这副琴弦，郭今吾先是委托中央音乐学院，久等无果后，乃转而委托上海音乐学院，才终于在沪上购得。

客观问题既已解决，下一步就是加倍用功恢复琴学功力、苦练古琴技艺了。当时的李庆中已患白内障，视力极差，看物体呈模糊状，但他不畏艰难，以绝大毅力坚持复习古琴，弹熟十余首琴曲。山西文化界名流张颔（古文字学家）、林鹏（书法家）等在这一期间均曾亲至文水，聆听李庆中的古琴演奏。著名音乐理论家、音乐教育家、社会活动家，原中央音乐学院院长赵沨老人也曾亲至李庆中家听他演奏。

经过数年的努力，1994 年，七十岁的李庆中在做完白内障手术后，开始在省城太原的各个琴行散发传单，向人们介绍古琴，并表明愿意义授绝艺（免费传琴）。之后，陆续有十余人到文水马东村拜师学琴，这些人大多为大专以上学历，具备较好的文化基础，但是"善始者实繁，克终者盖寡"，这十余人，或因工作较忙而放弃，或以畏惧艰难而止步，或本即凭仗一时兴趣、三天热情，或悟性欠佳，难传绝艺，

晚年李庆中

最终学有所成者，不过三四人而已。在这三四人中，太原南林旺堪称颇得真传。

南林旺于古琴寄注情感很深。幼年时在家乡，曾见一老者家中悬一张琴，彼时也，虽不知古琴为何物，但是目注心盟，驰神良久。在后来的生活中，古琴，成为南林旺心中一个深挚的情结，没有琴，就从电视、光盘上观其形貌、感其性质；没有老师，便购置琴学著作，自习自研。后来，一次偶然的机缘，使南林旺得以师从广陵派著名琴家梅曰强先生研习古琴，太原到扬州，几千里的路程，当时南林旺已有家室，工作亦极繁忙，但他不畏艰辛，为学古琴，不惜一次次登车赴扬州，每次向梅先生学得若干指法后，再回太原反复练习，常鼓琴至深夜。2000 年，南林旺在太原一家琴行看到李庆中义授绝艺的宣传单，当时非常感动：山西本地竟有这样的古琴大家，可惜从前并不知道！之后，南林旺即亲赴文水，拜李庆中为师学琴，因其已有基础，且异常勤奋，故进步很快，令李庆中颇感欣慰。学琴之外，南林旺还帮助李庆中刻

古琴师李庆中九十大寿暨元音琴社复社庆典在山西省博物院隆重举行，李庆中夫妇与弟子张学涛（后排左一）、南林旺（后排左二）、雷苗伟。

制印章、设计印刷传单，努力协助老师恢弘三晋琴学。

2005 年，年仅四十六岁的南林旺，在事业蒸蒸日上之时，毅然抽身，开始从事古琴教学。当时学琴者既寡，南林旺一度生计艰辛，但他矢志不渝，坚持以教授古琴为业，始终以弘扬华夏正声、振兴三晋雅乐为怀。他对历代的琴史掌故颇为熟稔，尤其对民国山西的琴事情深一往，他的琴艺已经脉承元音琴人，他更心期重振民国山西古琴之渊薮、为三晋雅乐之复兴作出重大贡献的山西元音琴社。

2009 年，南林旺及其妻子冯翠英，在山西琴人的大力支持下，注册成立山西元音古琴艺术研究院，努力发掘山西古琴历史、探研古琴理论。也是在这一年，南林旺的琴弟子王启龙学有所成，演奏已具一定水准，这使南林旺极感欣慰，他亲自带王启龙赶赴文水拜谒业师李庆中，恳请老师对再传弟子施以教化、指导。王启龙一曲弹罢，时已八十六岁的李庆中沉默不语，许久，乃言：第一，指力不足；第二，旋律无起伏。言罢，低眉瞑目，再无片语，似已睡去。指力不足，指力到底指什么？旋律无起伏，弹奏的既然是曲子，旋律怎会无起伏？太老师的话到底该作何理解？

李庆中与弟子南林旺在元音琴社复社庆典上

在以后的日子里，王启龙不仅更加刻苦练琴，而且脑际时时回旋着上述问题。数年后，王启龙的古琴演奏水平不断提高，才终于悟得，原来当年太老师说的指力不足，并非是说手指力度不够，而是说弹琴时寄注的情感不够，血气动荡无力；而所谓"旋律无起伏"，则是说弹琴时感情平淡，没有起伏变化，因此琴曲单调乏味、缺少神韵。

2013 年，时当李庆中九十大寿，对民国山西元音琴社寄情深久的李庆中、南林旺师徒，乃精心绸缪、擘画，努力在这一年实现元音琴社的复社。四月二十日，时当谷雨，古琴师李庆中先生九十大寿暨元音琴社复社庆典在山西省博物院隆重举行。李庆中为元音琴社揭牌并发表演讲，概述自己学琴历程。南林旺、雷苗伟、张学涛三位弟子向业师行叩首礼，场面既热烈又感人。此时，琴家李庆中无限感慨，饱含热泪，激动地走到琴边，演奏琴曲《平沙落雁》，琴曲哀婉、神韵俱足，老琴家人品之峻洁清高、生平之坎壈多折，尽呈曲中，略无所遗。

　　元音琴社复社后，由老琴家李庆中担任社长，弟子南林旺担任常务副社长，主持日常工作。师徒戮力传承、弘扬三晋琴学，不断取得可喜成就，琴社的影响力亦不断扩大。

　　从 1920 年仲春顾卓群、孙净尘、李官亭等琴人创立元音琴社，到 2013 年谷雨李庆中、南林旺、王启龙等琴人恢复元音琴社，具有近百年历史的山西元音琴社始终以传承华夏正声、恢弘三晋琴学为职志。而在这两块元音琴史的里程碑之间，琴家李庆中无疑是一大关捩、枢轴，是他将民国和当今元音琴人联系在一起，是他的不顾垂老、义授绝艺，才使民国元音琴人的雅音遗响再次回荡在三晋大地。

　　李庆中是当今唯一健在的民国山西琴家，他坎壈多舛之生平，不仅是中国现当代古琴命运的一个缩影，更是近百年中国迭经巨变之写照。

　　李庆中幼年失怙，长而失兄，中年始婚，寻遭诬枉，身陷荒村，妻离母逝，人生之大不幸频频如重锤一般击打在他头上，彼苍者天，待人之薄，至于此极。所幸者，晚景优裕，寿登大耋，既得一心人相伴余年，复得众弟子慰藉心灵。义传绝艺，发扬雅乐，以九十岁之高龄偕弟子南林旺恢复中断已久的山西古琴之渊薮——元音琴社，为山西雅乐之重兴再振做出重大贡献。

　　如今，九十二岁的李庆中指已僵、气已缓、力已弱，抚弦操缦时感艰难。但是他仍以极大的热情关注着元音琴社的发展、关注着三晋古琴事业，且思路清晰、言谈条理分明，只要有琴友造访，他便会详细周至地为之讲述山西古琴的历史、元音琴人的往事，在他看来，这也是弘扬三晋雅乐的重要方式。

　　烈士暮年，壮心不已！

民国山西琴人待访录

上世纪二十年代初，在维系传统、保存国粹，抵制西风泛滥的大背景下，在阎锡山倡导雅乐，欲振兴国乐的地域氛围中，民国时的山西，以元音琴社同人为主体、为代表的一大批古琴家为三晋琴学、山右雅乐之振兴做出了重要贡献，他们的姓氏、生平，至今不能尽知，但他们的业绩，将永垂史册，光耀三晋。

兹将笔者所寓目的七十五位民国山西琴人之雪泥鸿爪辑录如下，以期在当前条件下，最大限度地展现民国山西琴人之全幅图景。又，这七十五位琴人中，其中七十二位为元音琴人及其弟子、再传弟子，另有三位民国山西琴人，其琴学师承不详。

傅雯绮：字侠仙，又作霞仙、侠先，元音琴社创始人之一。1918 年与孙森因论诗而相识，后曾寓居太原体育会，教授李官亭琴学及射艺。1920 年春，傅侠仙由晋阳返北平，出任"宰官"；大约在上个世纪三十年代中期，傅侠仙由京返并，任省府科长，与孙森、李官亭、荣鸿胪、冯运青重逢。[1] 傅侠仙既曾任"宰官"，则必为民国时期闻人，惜其生平难以详考。在贾景德《韬园诗集》中保存了数首与傅侠仙相关的诗作，可藉以略窥其生平行实。《韬园谦集送丈霞仙还都》[2]："两月驹光瞬息驰，过从偶有酒盈卮。朋簪欢会嗟今日，恩泽公侯异昔时。千里送君仍北返，一官奈我未东之。云龙风虎何如事，肯信他年数不奇。"[3]《与西侨霞仙话济南旧游追忆韵笙感而有作》："旧事风流说济南，明湖落日柳毵毵。司空席上欢何限，杜甫山头瘦不堪。祭酒往曾推董遇，州门久已恸羊昙。樽前叹息怜诸子，壮不封侯只自惭。"另外，贾景德刊行《韬园诗集》，傅侠仙曾为之校勘。

窦翘芝：名桂五，翘芝其字，生卒年不详。毕业于山西陆军小学堂，为校长温寿泉所器重。后入保定军官学校，与同学傅作义、李服膺、赵承绶、王靖国、李生达、李世杰、鲁英麟、王廷英、姚骊祥、武俊英、朱锡章、樊赓灿等效法"桃园

---

[1] 以上均据孙森《元音琴社回忆录》、《今虞琴刊》，民国二十六年五月今虞琴社编印、中央音乐学院"中国古琴音乐文化数据库"编辑委员会承印，2006 年 12 月 20 日，第 21—22 页。

[2] 题下自注：霞仙为清室国戚，此来系促余就任山东政务厅长。

[3] 自注：君通于平术。

结义"，结为异姓兄弟，号称"十三太保"[4]，后均入晋为将。据招鉴芬为张少阶《琴操二十二首》所作"题识"，知其为山西太原元音琴社创始人之一。1920 年 11 月 14 日，山西元音琴社举行第一次大型古琴雅集，窦翘芝独奏琴曲《墨子悲丝》；1921 年 7 月 3 日，元音琴社再次举行大型古琴雅集，窦翘芝与顾卓群合奏《普庵咒》；1922 年 9 月 10 日，元音琴社举行第三次大型古琴雅集，窦翘芝独奏《普庵咒》。三次琴会，窦氏皆躬身参与，可见其对琴学、琴事之用心。

孙宝章：字异同，孙森之弟，元音琴社创始人之一，生平不详。1920 年，元音琴社第一次大型古琴雅集，孙宝章用唐琴月下松风弹奏《忆故人》；1921 年，元音琴社第二次大型古琴雅集，孙宝章与顾卓群合奏《风雷引》，独奏《忆故人》；1922 年，元音琴社第三次大型古琴雅集，孙宝章独奏《风雷引》。据招鉴芬戊辰年（1928）为张少阶《琴操二十二首》所作"题识"，"异同早归道山"，知 1928 年之前孙宝章已卒。

段忠甫：生平不详。1921 年，元音琴社第二次大型雅集，段忠甫与顾卓群琴箫合奏《阳关三叠》，独奏《忆故人》。

王致中：字和斋，生平不详。1920 年 11 月 14 日下午，元音琴社第一次大型古琴雅集，王致中用李官亭所藏唐琴月下松风弹奏琴曲《高山》；1921 年 7 月 3 日，元音琴社第二次大型古琴雅集，王致中弹奏《释谈章》。1922 年 9 月 10 日，元音琴社第三次大型古琴雅集，王致中弹奏《释谈章》。

李国干：字赞臣，生平不详。1920 年，元音琴社第一次大型古琴雅集，李国干用唐琴月下松风弹奏琴曲《渔樵问答》；1921 年，元音琴社第二次大型古琴雅集，李国干弹奏琴曲《普庵咒》。又，在 1921 年琴会上，有李赞成者，弹奏琴曲《平沙落雁》，疑"赞成"为赞臣之误。

[4] 与后来阎锡山麾下之"十三太保"有区别。

李大魁：字梅夫，生平不详。1920 年，元音琴社第一次大型古琴雅集，李大魁用唐琴月下松风演奏琴曲《归去来辞》。

王瀚如：生平不详。1921 年，元音琴社第二次大型古琴雅集，王瀚如曾与会。

叶伯樵：江苏淮安人，孙森之友。1920 年，他将家藏孔子式蛀琴一张赠与孙森，森为之重修，题其名为"科斗"以象虫蛀之纹，并镌铭其上："惟兹琴，美在中。虫穴之，其腹空。纹成古篆，声若霜钟。陶吾情以淑吾性兮，一弹再鼓，愿抱此以终古"。1921 年，元音琴社第二次大型古琴雅集，叶伯樵曾与会，并作《咏元音琴社二次开会七绝四首》，诗云："吁嗟雅乐久沦亡，赖有今人习古方。一洗筝琶庸俗耳，共听云水谱潇湘。花光灿烂电光寒，一阵熏风一曲弹。古乐重兴关教化，重华含笑伏羲欢。羡他玉轸为金徽，唐宋名琴世所稀。[5] 目送飞鸿天际渺，冰弦在手不停挥。箫声琴韵两悠然，同日霓裳咏众仙。[6] 更有中郎携弱息。[7] 合将广乐奏钧天。"同年，孙森试验以美国松斫琴成功，曾喜赋三诗，叶伯樵依韵和之，见本书《孙森传》附三。

吴继高：字明复，孙森琴友，男，上世纪三十年代寓居太原小红坡十二号。1936 年 12 月 2 日孙森复彭祖卿信中有云："年来公务繁冗，日无暇晷，对于昔年绘事弹琴，久已置之高阁。无此心绪，兼以旧社友星散，聚首无由，即与明复兄亦不常晤面，回思前事，不禁怅惘。"[8] 据此可知，吴明复为与孙森关系较密之琴友。1920 年，元音琴社举行第一次大型古琴雅集，吴明复列席琴会，没有奏曲。1921 年，元音琴社举行第二次大型古琴雅集，吴岷甫演奏《梅花三弄》，岷甫当即明复。吴明复必与彭祖卿相识，否则孙森不会特意在信中表而出之。又，承李庆中先生口授，吴明复为当年元音琴社社员。

[5] 原注：会中有李君官亭唐琴一张及孙君净尘宋造君琴一张。
[6] 原注：段君吹箫合琴。
[7] 原注：净尘有女公子竹荪，是日与乃父合弹一曲。
[8] 《孙净尘君来信》，载《今虞琴刊》。

郑华甫：男，上世纪三十年代寓居太原察院后街宝华斋钟表店。见《今虞琴刊·琴人题名录》。1921 年，元音琴社举行第二次大型琴会，郑华甫演奏琴曲《忆故人》，1922 年，元音琴社举行第三次大型古琴雅集，郑华甫独奏《忆故人》。郑华甫的其他生平事迹难以考知。又，承李庆中先生口授，郑华甫为当年元音琴社社员。

吴孝彝：字季宏，画家吴西侨之子，青年早凋，至 1936 年仲春已逝，为元音琴社之"社中小友"。[9]1920 年，元音琴社举行第一次大型琴会，吴孝彝用李官亭所藏唐琴月下松风演奏《梅花三弄》。当时的报道评云"指法娴熟，已极手挥目送之趣"。1921 年，元音琴社举行第二次大型琴会，吴孝彝弹奏《风雷引》。吴西侨曾参加过民国首次全国性画展，展出作品为墨色山水。山西大学堂游学进士王莐臣（字念祖，山西浑源人）曾有和吴西侨之诗数首，今迻录如左，略加疏释，或有知人论世之助：《和吴西侨解嘲原韵》："入山曾学野人装，乱后相逢泪满裳。落笔依然惊草圣，开图浑欲见滕王。百年宦梦谁能觉，一代诗名老更狂。身是玉皇香案吏，归来合住白云乡"。由此诗似可推断吴西侨曾有一段因世乱入山逃难的岁月，"惊草圣""开图"等辞藻明言吴西侨书法、绘画功力惊人，"一代诗名老更狂"当是说吴西侨诗名早著，至暮年，因为境遇之惨怛遂而诗风更加狂野，实际是愤世心态之表呈。"百年宦梦""玉皇香案吏"诸语，是说吴西侨曾作高官多年。《和吴西侨劫后原韵》："蒲团经卷伴闲身，爱向中林结净因。智慧生时花解语，禅心定后鸟忘瞋。百年岁月三生梦，盖代功名一片尘。色色空空皆幻象，愿将般若示迷人"。由此诗似可推断吴西侨在遭受劫难后，乃一心向佛，力图忘记凡尘。此诗中"百年岁月三生梦，盖代功名一片尘"，格局阔大、沉郁顿挫，堪与陈散原"凭栏一片风云气，来做神州袖手人"肩随并驱。《次吴西侨感时原韵》："把君诗句泪双流，原隰关怀我亦求。江上蓴鲈思故国，天涯棠棣击新愁。传来雁信浑难定，梦到梅花岂易修。馇岁樽前头共白，人间富贵不须谋"。由此诗可见王念祖、吴西侨两先生相知之深、关系之

[9] 孙森《元音琴社回忆录》。

密近，亦可知吴西侨感时伤事之凄楚、惨痛。《春望四章次吴西侨原韵》："春寒春半尚无花，燕影差池日影斜。最是墙东多数柳，长条金嫩不胜鸦。雨丝风片愁人剧，日暮天寒奈若何。同是他乡行不得，前村凄绝唤哥哥。濯濯烟条柳万丝，桥头水畔结春思。池塘已入中宵梦，锦字谁为寄远诗。清明时节嫩寒天，一笑相逢有夙缘。凿井耕田忘帝力，与君同度太平年"。文人伤春悲秋本是常事，但在此四章中，作者将心中愁情托春季之常见景物淡淡寄注，悠然意远，缠绵悱恻，若非与吴西侨相知绝深，睹字怀人，故人面影，如在屋梁，则焉能有如是情思，如是笔墨耶？由王念祖和吴西侨之诗，似可推断吴季宏或非正常死亡，而是死于劫难，抑或忧世伤生。另外，在民国山西高官贾景德所著之《韬园诗集》中亦有数首涉及吴西侨之作，或为述游、思旧之篇，如《同郭允叔吴西侨游北十方院二首》、《与西侨霞仙话济南旧游追忆韵笙感而有作》、《与可风西侨登韬园平台值月上》；或关吴氏生平、行迹，如《赠吴西侨》："画手吴侬早著声，近来管赵更齐名。一生立异心原壮，三十休官气肯平。别样性情非世故，往时踪迹感嘤鸣。君侯何事相煎急，太息当年出塞行。"自注：君卸阳谷县篆后，为忌者所罗织，遣戍张家口。此诗及注似可与王念祖诗相参证。另如《西侨舍旁唐槐为雷电所焚，有诗不胜感怆，为赋长句以解其意》之"西侨侨居近五载，傲屋槐阴避人海。读书作画终日忙，自辰至酉或逾亥"、《倒正相间用山石韵索西侨绘韬园雅集图》之"座中一客善绘事，披披欲服山云衣。茶经食谱遍研讨，时传新法烹鲜肥。如何疏放懒著笔，尺幅乃似珍球稀"，凡此皆可藉以觇见吴西侨之事迹、神貌。又，民国山西韬园诗社创立于 1923 年重阳节，至次年底诗社活动渐寡，则贾景德请吴西侨绘"韬园雅集图"，时间当在 1923、1924 年间。

张悌：字友生。其人生平不详。现仅知，1920 年，元音琴社首次琴会，时为"儒童"的张友生以唐琴月下松风演奏琴曲《陋室铭》，当时报道评价"指法娴熟，已极手挥目送之趣"。1921 年，元音琴社第二次大型琴会，张友生演奏《渔樵问答》。

马文涵：字季青。其人生平不详。现仅知，1920 年，元音琴社首次琴会，马季青与会，但没有奏曲。1921 年，元音琴社第二次琴会，马季青弹奏《平沙落雁》。

张盘：字少陔。其人生平不详。现仅知，1920 年，元音琴社首次琴会，张少陔与会，但没有奏曲。疑张少陔即张少阶。

俞云：1864—1938，字瘦石，别号即佛盦主浙江绍兴人，画家并擅篆刻，兼工古琴，曾栖迟山西。民国山西著名诗人张瑞玑的诗文集中有数首赠俞云的诗歌，其一为七古，其二为联章组诗，包含七绝四首。七古和七绝联章的题目皆为《赠俞瘦石》，唯联章组诗题下有注云："时瘦石在海王村以鬻画为生"。七古云："知君名字已十年，河北江南隔云天。未谋君面见君画，墨花飞雨笔生烟。昨日干鹊噪庭槐，野鹤闲云翩然来。破帽蹇驴冒风雨，花间一笑且倾杯。开瓷新酿玫瑰酒，酒酣呼僮换大斗。为我醉书疏柳图，愁绪在心秋在手。枯树寒鸦趁晚晴，一片荒烟纸上生。驿路泫然桓司马，江关愁煞夜阑城。同抱风尘沦落感，眼前景物生惨淡。空堂如水张素屏，山骨棱棱江黯黯。座客相对各沉吟，知君闲愁塞胸襟。落日河山名士泪，秋风草木美人心。秋士悲歌无人和，如意击断玉壶破。为君广作招隐诗，图中茅屋容高卧。"[10] 七绝联章云："七尺瑶琴笔一枝，金台相见鬓丝丝。十年两度沧桑后，零落江湖老画师；大陆龙蛇割据年，笔端怪底起烽烟。有人已把中原卖，画里江山不值钱；茶香已冷酒初温，风雪漫天独闭门。腕底秋山寒瘦甚，春风不到海王村；生来骨相太清寒，过手黄金作土看。却笑长安贵人俗，有钱不肯买青山。"[11] 由诗句"七尺瑶琴笔一枝"来看，俞云能鼓琴，为民国山西琴人无疑。承老琴家李庆中告知，俞云为民国山西元音琴社成员。

孙竹荪：孙森之女，生平不详。现仅知，1921 年，元音琴社第二次琴会，孙竹荪与其父孙森合奏《醉渔唱晚》；1922 年，元音琴社第三次琴会，时为"女师范琴科教员"的孙竹荪与图画教员吕宜弟、专修科学员池佩兰合奏《梅花三弄》，与吕

[10] 山西省图书馆编，《张瑞玑诗文集》，北岳文艺出版社，1998 年 12 月第 1 版，第 33 页。
[11] 山西省图书馆编，《张瑞玑诗文集》，北岳文艺出版社，1998 年 12 月第 1 版，第 49—50 页。

宜弟、张秀兰合奏《归去来辞》，与孙森、吕宜弟、张秀兰琴箫合奏《阳关三叠》，并歌唱《阳关三叠》，孙森度箫。

祁亚静：字号、生平不详。1921 年，元音琴社第二次琴会，祁亚静演奏《归去来辞》。

吕宜弟：女，山西平定人，与石评梅为太原女子师范学校的同学，毕业后在平定女子简易师范学校任教。1922 年，元音琴社第三次琴会，时为"图画教员"的吕宜弟与孙竹荪、池佩兰合奏《梅花三弄》，与孙竹荪、张秀兰合奏《归去来辞》。

池佩兰：女，据《山西省立第一女子师范学校本科第三班学生毕业名单》[12]，池佩兰为山西省立第一女子师范学校学生，毕业于 1920 年。1922 年，元音琴社第三次琴会，时为"专修科学员"的池佩兰与孙竹荪、吕宜弟合奏《梅花三弄》。

张秀兰：女，据《山西省立第一女子师范学校本科第五班毕业生名单》[13]，张秀兰为山西省立第一女子师范学校学生，毕业于 1924 年。1922 年，元音琴社第三次琴会，张秀兰与孙竹荪、吕宜弟合奏《归去来辞》，与秦玉楼女士合奏《归去来辞》，并歌唱其词。

虞雅：女，生平不详。1922 年，元音琴社第三次琴会，虞雅演奏《醉渔唱晚》。

秦玉楼：女，据《山西省立第一女子师范学校本科第五班毕业生名单》[14]，秦玉楼为山西省立第一女子师范学校学生，毕业于 1924 年。1922 年，元音琴社第三次琴会，秦玉楼与张秀兰合奏《归去来辞》，兼歌唱其词。

李保衡：字号、生平不详。1922 年，元音琴社第三次琴会，育才馆雅乐部的李保衡与王聚魁、耿莱瀛、王建武、徐明性琴箫合奏《普庵咒》。

耿莱瀛：字号、生平不详。1922 年，元音琴社第三次琴会，育才馆雅乐部的耿莱瀛与王聚魁、李保衡、王建武、徐明性琴箫合奏《普庵咒》。

王建武：字号、生平不详。1922 年，元音琴社第三次琴会，育才馆雅乐部的王

[12]《教育公报》，1920 年，第 7 卷、第 10 期、第 131 页。
[13] [14] 俱见《教育公报》，1924 年、第 11 卷、第 2 期、第 139 页。

建武与王聚魁、李保衡、耿莱瀛、徐明性琴箫合奏《普庵咒》。

徐明性：字号、生平不详。1922 年，元音琴社第三次琴会，育才馆雅乐部的徐明性与王聚魁、李保衡、王建武、耿莱瀛琴箫合奏《普庵咒》。

方进昇：琴工，系五台人，生平不详。他曾助江东布衣孙森制琴，在《今虞琴刊·今琴征访录》中，孙森所斫制的"五均"、"清响"、"滴露"诸琴，俱题有"琴工方进昇"字样。大概在斫琴过程中，孙森负责具体的形制、规格以及相关细节的设计拟定，而方进昇负责木材加工等环节。

张嗣允：琴工，五台人，郭维芝"松弦"琴凤沼内有"民国十一年壬戌冬月五台琴工张嗣允斫制"字样。可知张为五台琴工，"松弦"琴为其所斫。

赵达九：生平不详，1921 年，元音琴社第二次大型古琴雅集，赵达九曾与会。

李幼斋：李盛铎（1859—1934）之子，盛铎字义樵，又字椒微，号木斋，江西省德化县（今九江市）人，清末曾任山西布政司。民国时期，李盛铎历任大总统顾问、参政院参政、农商总长、参政院议长、国政商榷会会长等职。李幼斋，生平不详。1921 年，元音琴社第二次大型古琴雅集，李幼斋曾与会。

赵成武：赵炳麟第三子。其成婚之日，彭祖卿、张芹荪等参用《御纂〈诗经〉乐谱》为奏《螽斯》、《麟趾》两章。赵成武夫妻皆从顾卓群习琴。[15]

赵钦武：赵炳麟第四子。江东布衣孙森曾以井陉古桐为他督工造琴。[16]

姜生：名、字不详，毕业于育才馆雅乐专修科，后任长治高小学校之游行雅乐教员。

高福生：生平不详。承李庆中先生告知，高福生为山西孝义人，上世纪二十年代毕业于育才馆，大跃进时期曾受聘山西音乐学院教琴，不久学校停办，高即还乡，未闻有传人。

张亮垣：生平不甚详。承李庆中先生告知，1946 年，李庆中与邮局同事张亮垣

[15] 赵炳麟，《赵柏岩集》（下），广西人民出版社，2001 年 1 月第 1 版，第 344 页。
[16] 据赵炳麟《潜井庐诗存》之《江东布衣为四子钦武督工造琴赋谢》、《催江东布衣孙靖宝造琴》，以及《柏岩感旧诗话》。

一同随高寿田学琴。张亮垣后来还购到一张江东布衣监制的古琴，据说琴体较大，发声响脆，李庆中曾携之赴太原电台演奏数次。张亮垣后来调入桂林工作。

何芳圃：祁县人，能打鼓板、能抚琴，郭少仙之友。其琴学受自何人，不详。

兰友琴：山西阳高人，清代举人，其父兰镜堂为清代科场名人，其侄兰效汤为山西大学堂中斋学生，著名学者。据山西大学堂游学进士王念祖《秋夜听兰君友琴弹琴》，知兰友琴为民国山西琴人。王诗云："辛酉九月凉秋夜，兰子示我七弦琴。是时风清秋月白，木叶瑟瑟空庭荫。客中久不闻丝竹，何期此夕听清音。初弹云是三峡水，奔腾澎湃几千里。巨石崩崖指下生，飞泉走浪弦中起。再弹潇湘水云曲，九疑不断青相续。皇英恍惚驾飞龙，翠旗孔盖那能触。忽做平沙落雁声，芦花浅水月三更。寒云失侣悲幽咽，沙场万里少人行。牢骚抑郁声声寄，似诉平生不得意。关山灯下羁臣心，江浦舟中嫠妇泪。记得宴客住燕台，迭弄云和劝玉杯。海棠庭院蝉声动，明月高楼鹤梦回。而今流落边城外，风雨寒窗两憔悴。恨无一石玉壶春，同上白登台边醉。始知爨下焦桐枝，中有人间无限悲。不独弹者心已苦，使我听之泪亦垂。"今按：1921 年，彼时顾卓群已入晋传琴，元音琴社也于上一年仲春创立，兰友琴之琴艺不知传自何人。由王诗可知，兰友琴当晚所弹曲操有：《三峡水》、《潇湘水云》、《平沙落雁》。

吕珍仙：据王念祖《离鸾曲》，可知吕珍仙为民国山西琴人。王诗云："大茂山前桑干水，年年生长花红李。女儿色艳艳于花，女儿命薄薄如纸。吕家有女号珍仙，十八盈盈待字年。对雪时吟道韫句，临风解理蔡姬弦。缟素南来李使君，凤正求凰雁失群。指顾河山作盟誓，蹇修款款通殷勤。黄金高起藏金屋，锦绣团团灿花烛。潋滟对斟杯合欢，缱绻宛同鸟比翼。深闺韵事乐三余，红袖添香夜读书。娥眉日日齐鸿案，素手朝朝挽鹿车。《食谱》《茶经》手自批，有时玉版写乌丝。窗明几净浑无事，临出《黄庭》入道辞。无端烽火来天外，一夕风声惊万籁。惨淡烟云十六州，兵车竞夺衣裳会。旌旗遍地塞津关，凄凉雾鬓与云鬟。流离数口兵间走，历尽万水共千山。三年浪静消亭堠，太行残垒苔纹绣。画栋雕梁瓦砾场，归来池苑皆非旧。文园消渴病深沉，关山戎马总惊心。因缘九载恩情断，海上神香不可寻。檀郎一去长已矣，嗟尔命薄只如此。最怜膝下双雌雏，娇痴未解阿爷死。千里间关返帝乡，并垣见我泪双行。伤心写出《离鸾曲》，留与人间话短长。"今按：据"临风解理蔡姬弦"句，可知吕珍仙擅长弹奏鼓琴，唯其琴学师承不详。吕珍仙婚后夫妻和谐，极其美满，无奈"惨淡烟云十六州"，日寇侵华，抗战军兴，吕珍仙与丈夫辗转避难，最终其夫在战乱中早凋，遗下珍仙及两个幼女。1922 年 9 月 10 日，元音琴社举行第三次古琴雅集，欢迎九嶷山人杨时百入晋传琴，时有女师范图画教员吕宜弟女士与人合奏《梅花三弄》、《归去来辞》、《阳关三叠》，不知王诗中的吕珍仙与元音琴人吕宜弟有无亲缘关系。另，需要特别指出的是，王念祖先生《离鸾曲》之诗题极具深意，郭茂倩《乐府诗集》卷五十九引刘商《胡笳曲序》："蔡文姬善琴，能为《离鸾别鹤》之操。胡虏犯中原，为胡人所掠，入番为王后，王甚重之。武帝与邕有旧，敕大将军赎以归汉。胡人思慕文姬，乃卷芦叶为吹笳，奏哀怨之音。后董生以琴写胡笳声为十八拍，今之《胡笳弄》是也。"由此可知，王念祖先生以"离鸾"命篇，乃是有取于蔡文姬之事，用典精切。

薛兆宸：1924 年生，山西太谷人，四十年代曾学古琴，或为高寿田琴弟子。薛氏现居山东济南，擅长吉它等乐器，著有《西班牙吉它奏法》、《夏威夷吉它奏法》等。

按：以下三十四人，据《山西省立国民师范学校毕业生名单》[17]，均为国民师范附设雅乐专修科学员，毕业于 1924 年。兹依原名单顺序，逐录人名如下：

檀作舟、王义行、李步文、侯已生、游麟翔、刘润明、任清泉、毕克恭、崔钟祥、孙建华、张仁和、张国光、杨启耀、陈守德、黄登霄、杜永泉、续檀、裴从俭、王尚德、王秀卿、阎秉玮、赵晋俊、郭绕青、陈宗贤、解明理、陈怀珍、张月明、赵椿、阎秀芝、徐文俊、杨生淇、李希白、郑国栋、常笃行。

按：以上三十四人，除李步文，据 1929 年《武乡县志》载，"字绍昌，聂村人。山西第八中学毕业暨雅乐专修科毕业"，可大致了解其生平梗概外，余者均难考其生平。

山西元音琴社述略

恢恢三晋，莽莽山西。江山形胜，人文渊薮。周成王施桐叶之封，晋文公创霸者之业。乘时而起，唐太宗之兴国；有容乃大，郭汾阳之气魄。一水横陈，民以殷阜；千秋圣地，不坠斯文。

爰及晚近，国步维艰。噍声郁起，邪音纷陈。盖乐者，所以美风俗、厚人伦、明治道、理精神。乐之正邪，恒与国之盛衰相因相循。国乱则所以致乐衰，乐振亦所以兆国治也。

山右自古风气完密，人物之挺生者坚卓廉悍，譬若北山之异材，冀野之上驷，严霜零不易其柯，修坂骋不失其步。值世道之乱离，思治世之清平。爰有当道阎君，谋兴雅乐。先是（民国七年，1918），有江东布衣孙森者，以研画理而识南海招鉴芬（学庵），以论诗艺而识北平傅侠仙（雯绮），而招、傅二君者，固琴学之翘楚，雅乐之牙旷也。学庵尝习琴于西蜀顾敏卿，而顾氏一门琴艺皆佳。至是，学庵乃极称西蜀顾卓群（荦）之琴技。于是言之当道，欲聘顾君来晋，且立琴社，以提倡三晋琴学，并以顾君为琴社主讲。斯时也，当道设洗心社[1]，顾君并兼自省堂鼓琴。民国九年（1920）仲春，琴社创立，命名"元音"，夫元者，始也、善之长也。社名"元音"，其崇雅黜俗、审音正乐之意至乎明矣。当此之时，孙森、招鉴芬、李冠亭、顾卓群主盟元音琴社，以体育会为社址，而森书社名于其额，数君者，或萍水相逢、或声名早慕，旧雨新知一时云集，以琴会友，流水知音，遂而心神契合、许心莫逆。次年，当道思振雅乐，顾君卓群与张君芹荪（鸿藻）联袂推荐吉安彭祖卿（庆寿）、浏阳杨友三（树森）、杭县沈伯重（增厚）、西蜀顾梅羹（焘）入晋传琴。梅羹者，顾君兄子也。四君由长沙相偕来晋，济济一堂。于是育才馆设雅乐班[2]，有志复古者，

[1] 雒春普，《阎锡山传》，"在阎锡山倡导下，1917年3月11日，由赵戴文、孟炳如等人出面发起，在太原宗圣总会内成立了实施'洗心'的社团性组织机构——'洗心社'总社。总社推举阎锡山为社长。""洗心社总社的成立时间是1917年3月11日，而且开始即把阎锡山推为会长。然而，他却经久未承认，直到一年多后的1918年6月3日，才始行接受。第一次以会长身份到会讲演"。国际文化出版社，2011年1月第1版，第113—114页。按：《赵柏岩集》（下）收录赵炳麟《宗圣社演说词》一篇及《洗心社演说词》三篇，2001年1月第1版，第104—108页。赵炳麟（1873—1927），字竹垣，号柏岩，1917年出任山西实业厅长。

争先恐后，投馆肄习。又于国民师范学校设雅乐研进社[3]。而彭杨沈顾四君乃各出所学，撰述讲义，分门别类，详密周备，并剖源流、析派别、授指法、度新曲。群贤毕至，少长咸集，正声霞蔚，古音琅琅，三晋乐风，为之一正。各地琴家躬赴三晋琴会者甚众，其中最著者，则为九嶷山人杨时百，九嶷之赴晋参会并执教山西时在民国十一年（1922）夏[4]。彼时也，九嶷寓居山西教育厅苕薰精舍半载有余，其时也，彭君祉卿复从之学琴，受其指法（民国五年，彭杨同处湖南，彭尝从之学琴）。九嶷授彭君《渔歌》、《渔樵》、《普庵》诸操，指法苍老挺劲，迥异于彭君家传诸曲。其后，九嶷每会必令彭君再鼓《渔歌》，于是彭君渐得青蓝冰水之誉，"彭渔歌"之名，遍天下矣[5]。

民国时期之元音琴社，匪特传琴、授艺，于制琴、琴学理论方面创获亦夥。江东布衣孙森精研造琴之理，于民国九年（1920）至十二年聘五台琴工方进升，二人联袂制琴，三年间，斫琴二百余张、制瑟十数张，社中同仁，皆以得孙氏之琴瑟为快事[6]，故孙氏所斫之琴瑟散诸全国各地，甚且流诸海外者亦众。又有虞和钦者，时任山西教育厅厅长，民国十一年七月杨时百入晋传琴，下榻之"苕薰精舍"即虞

[3]　雒春普，《阎锡山传》，"1918年初，育才馆成立。育才馆的设立是出于'往往见有专门毕业生、虽学期明通、施于实用反觉不甚得力'的考虑，为'培养本省专门学校毕业人才使能适应现时政治及社会事业之用'。育才馆'招收专门学术试验所录取之学生，训练新人，推行新政，其后山西行政及经济建设，即以其为骨干，各机关主官及重要职员，多为育才馆所训练者'"。版本同前，第142页。

[3]　雒春普，《阎锡山传》，"复于（民国）八年冬设立国民师范于省垣"。版本同前，第143页。又，此书彩页部分第七图"国民师范学校旧址"，图上建筑标有"雅乐研进社"字样。另，丁纪园，《琴坛耕耘八十年——怀念恩师顾梅羹教授》，"（先师顾梅）21岁应山西育才馆聘请，到山西在育才馆及国民师范任古琴教师，教授古琴及中国音乐史，写有山西育才馆雅乐讲义及中国音乐史讲义"。见《七弦琴音乐艺术》，第十一辑，2003年6月，第56页。

[4]　赵炳麟，《赵柏岩集》（下），第344页，"湘南杨时百宗樱，亦于壬戌夏间聘至"。赵书版本同前。

[5]　德恒按：本段叙述多据孙森（净尘），《元音琴社回忆录》，原载《今虞琴刊》，中华民国二十六年（1937）五月，第21页。关于彭祉卿辛四先生入晋传琴之时间，查阜西，《彭祉卿先生事略》云："民国十一年、阎百川先生督军太原，欲兴雅乐，闻先生名，重礼聘致，在太原育才馆栖迟二年，颇多讲授。"（《七弦琴音乐艺术》，第六辑，2000年5月，第8页。另，《七弦琴音乐艺术》，第八辑，2001年闰4月，刊物正文前影印查阜西先生手稿。手稿与整理文字略有不同，本文之引文据查阜西先生手稿录入）今按：查先生此节文字错误有二，第一，彭杨沈顾由湘入晋在民国十年，非"民国十一年"；第二，依孙森文，"雅乐班三年有成"，则彭祉卿栖迟太原育才馆之时间为三年，而非"二年"。孙森是当日创建元音琴社及筹建雅乐班之当事人，他的文章当更具可信度。另：关于数位元音琴人生平情况，请参本文注释[14]。

[6]　赵炳麟，《赵柏岩集》（下），第301页，收录《江东布衣为四子钦武督工造琴赋谢》、《催江东布衣孙靖尘造琴》。又，第344页，"孙净尘别号江东布衣，工诗善琴，并喜监造琴瑟。余四子钦武学琴，净尘于十年前得井陉古桐，督工制瑟赠之。余谢以诗"。

和钦之寓所也。虞氏既从九嶷习琴，亦躬行斫琴之事，喜创制新式，斫琴百余张，琴背多刻"虞韶"二字。彼时也，虞氏常携自斫瑶琴参加元音琴社雅集。[7] 琴学理论方面，彭祉卿于民国十年撰成《琴学概要》首、上、下三篇（由山西师范学校雅乐科石印发行），论析指法、琴律至为详悉。顾卓群于民国十一年著成《元音琴谱》，实业厅长赵炳麟（竹垣）为之序。[8] 顾梅羹则撰有《山西育才馆雅乐讲义》及《中国音乐史讲义》。[9] 彭祉卿、张芹荪、顾梅羹等并编著《雅乐集》，厘定宫商，堪为研习古乐者之圭臬[10]。

方元音琴社盛时，元音琴人雅集、交往频繁，据赵炳麟《柏岩怀旧诗话》载，赵炳麟三子成武结婚，张芹荪、彭祉卿等参用《御纂＜诗经＞乐谱》为奏《螽斯》、《麟趾》两章。而杨时百所奏《渔歌》、《潇湘水云》诸操，令人一往情深，奏《孔子读＜周易＞》，则仿佛见孔子为山东口音。赵炳麟之子、媳皆从顾卓群习琴。且赵炳麟与善于斫琴的教育厅长虞和钦结成亲家。江东布衣孙森植牡丹于陆军审判处之东园，每逢牡丹盛开时，集诗友琴友，载酒赏花，琴声、诗声交作，雅韵浓郁。[11] 今赵炳麟集中存《张芹荪在东园赏牡丹以诗见示，依韵和之》，中有"我读琼章亦破颜，万花争艳百花间"[12]之句。元音琴人中，江东布衣曾为赵炳麟子监造古琴，而虞和钦亦曾为赵炳麟修理旧琴，赵炳麟曾与杨时百相约在茅棚弹琴，凡此诸事，

[7]　虞和钦（1879—1944），名铭新，字和钦，浙江镇海人，早年致力于物理、化学研究，曾先后筹办灵光造磷厂、科学仪器馆、理科传习所、《科学世界》期刊，光绪末年留学日本，回国后从政，民国时曾任山西、热河省教育厅厅长，西北军财务委员等职，晚年创办开成造皂公司，开明灯泡厂、葡萄糖厂。著作有《和钦全集》。赵炳麟，《赵柏岩集》（下），第 344 页："虞和钦铭新博士时官山西教育厅长，亦工诗善琴""从杨时百学琴，得其真传，时百有工人秦华，善制琴，和钦尽得其妙窍，造'虞韶'一百张。"

[8]　赵炳麟，《赵柏岩集》（下），第 131—132 页，收录《顾卓群＜元音琴谱＞序》，序中有云："山西励行民治，改造社会，惧淫乐之惑民也。思以古乐救之，乃聘耆宿订雅乐。吾友顾卓群应聘至晋，授琴数年，弟子满河汾。壬戌（1922）六月，出其《元音琴谱》问世，五台阎公为之刊行，以垂久远。顾子索序于余。"赵炳麟书版本同前。又，赵书第 344 页："卓群著《元音琴谱》"。

[9]　彭祉卿任教山西时所编讲义情况可本：谢孝苹编撰，吕骥补校，《中国琴艺纪年》，原载《七弦琴音乐艺术》，第六辑，2000 年 5 月，第 1 页。顾梅羹任教山西时所编讲义情况可本：丁纪园，《琴坛耕耘八十年——怀念恩师顾梅羹教授》，原载《七弦琴音乐艺术》，第十一辑，2003 年 6 月，第 56 页。

[10]　赵炳麟，《赵柏岩集》（下），第 344 页："卓群著《元音琴谱》，芹荪、芷青、梅羹等编《雅乐集》，厘定宫商，皆可为吾国讲求古乐者圭臬也"。

[11]　赵炳麟，《赵柏岩集》（下），第 344 页。

[12]　同上，第 301 页。

皆可于《赵柏岩集》中见之，管中窥豹，亦可见赵氏所云"中国此时琴学之盛，当推晋阳"实非虚语。

山西育才馆所设之雅乐班三年有成，彭杨沈顾诸君功成而去。雅乐班与元音琴社，名虽为二，实则一体，在私为元音琴社，在公为育才馆雅乐班，其主要参与者则一也。至于国民师范学校雅乐研进社，则以顾梅羹为骨干教师也[13]。

日暮途远，世事难期，自彭杨沈顾去后，招君鉴芬、顾君卓群顷亦南旋，太原元音琴社人才凋零，不复昔日之盛，唯孙森、荣甲三（鸿胪）、冯运青尚为当年琴社成员，余者皆后学晚辈也。社中有吴季宏者，乃画家吴西侨之子，未至成立而遽赴玉楼之召，芝兰早凋，斯尤可痛心者矣！[14]

有王聚魁（字梅岩）者，尝于育才馆雅乐部习琴，师从杨时百、彭祉卿诸琴家。

[13] 承李庆中先生口授。当年李先生从高寿田先生习琴时，曾问及当初在国民师范授琴者都有何人。高寿田先生回答，当初在国民师范学琴，只记得教师中有顾梅羹，其他人皆未听闻。

[14] 彭祉卿（1891—1944），名庆寿，号桐心阁主。江西庐陵人。绍述家学，精通琴道。复从杨时百习琴，擅奏《渔歌》、世人尊称"彭渔歌"。今所传《忆故人》，即彭祉卿据其家传琴谱整理、改定者。琴学著作有《桐心阁指法析微》（原载《今虞琴刊》，第128页—151页）。杨友三（1870？—1924后），湖南浏阳人，擅长孔庙庙乐舞，民国十年受聘入晋，任育才馆雅乐主任。沈伯重（1899前—1956后），名增厚，伯重其字，彭祉卿弟子，民国六年（1917），曾与彭祉卿、顾梅羹等一起在湖南长沙组织成立"愔愔琴社"。后又协助彭祉卿编辑《今虞琴刊》。顾梅羹（1899—1990），名焘，别号琴禅，湖南长沙人，祖籍四川华阳。十二岁开始随其父顾隽（哲卿）、叔父顾荦（卓群）学琴，第一曲即弹《醉渔唱晚》。曾任教于山西育才馆、国民师范学校、湖南音乐专科学校教授古琴并中国音乐史，1959年调入沈阳音乐学院民族系教授古琴，在沈阳音乐学院度过晚年。参与编纂《存见古琴曲谱辑览》、《存见古琴指法谱字辑览》，编著《琴学备要》。招鉴芬（1884—1965），字学庵，号"邮亭老卒"。广东新会人，岭南著名画家、琴家、收藏家，爱好琴棋书画，尤擅长古琴曲谱研究与古琴演奏，是当时岭南派古琴演奏与曲谱研究的"三杰"之一。民国二年（1913）调任长沙邮局，学琴于顾敏卿，其后长沙"愔愔琴社"成立，招鉴芬与彭祉卿、顾哲卿等并参其事。1918年调入山西太原邮局。著作有《听海楼偶记》。文革前受到冲击，仰毒药而死。德恒按：在记录"元音琴社"的相关文献中，如谢孝苹编撰、吕骥补校之《中国琴艺纪年》（原载《七弦琴音乐艺术》，第六辑，2000年5月，第1页），其所记录的"元音琴社"主要成员，无招鉴芬而有"招薰"，笔者以为"薰"当为"蕫"之误植，蕫为一种香草，古语有"薰蕫不同器"；芬是芳香之意，招鉴芬或为招蕫之字。而学庵、南海布衣、邮亭老卒，并其号也。又，赵炳麟、《赵柏岩集》（下）第344页，"广东招学庵勋"，按：勋与蕫同音，清人为表示对师友的尊重，常以同音、形近字书写师友名、字，此亦一例也，此可佐证招鉴芬名招蕫。顾卓群（1881—1935），即顾荦，顾玉成（少庚）之次子，顾梅羹叔父，顾玉成曾从青城山道士张孔山习琴，张氏亲授琴三十余曲，尤以七十二滚拂《流水》最得张氏神髓。顾卓群秉承家学，是当时著名琴家。孙森（1878—1937后），字净尘，别号江东布衣，江苏丹阳人。清末即为官山西，好古文、喜诗书，亦擅昆曲琴萧，皆系承袭家学。孙森所斫之琴，琴腹皆刻八分书"江东布衣孙净尘琴工方进升"十二字，样式以仲尼、伏羲为主。荣鸿胪（1888—1966），字甲三。山西浑源人，保定陆军军官学校第一期骑兵科毕业生。他是阎锡山主政山西时极为倚重的军事将领之一，曾任团长、旅长、斌业中学校长、太原警备司令等职。新中国成立后留居太原，曾任山西省政协委员，山西省政府参事室参事等，1966年被迫害致死。冯运青：（1890—1944），名鹏骞，运清其字，山西代县人，保定陆军军官学校第二期炮兵科毕业生，曾任晋绥军第九军军长，阎锡山副官长。《七弦琴音乐艺术》第一辑，目录前第一页之"现代琴人小影"，有冯运青三十年代照片一张，经与"元音琴社雅集图"照片比勘，可确定"雅集图"上后排右一为冯运青。吴西侨：生卒及生平不详，曾以山水画参加民国第一届画展。

民国十三年（1924）后，曾授琴于国民师范，且编有《琴学常识》讲义及《琴谱》，是以历年国师学子多有习琴者。王君，固为元音琴社之一脉孤缕也。

又有程继元者，亦为国师学子，尝从王聚魁习琴。民国二十三年（1934）程君授琴于李庆天。而李君之弟，彼时虽年甫十余岁，闻雅乐而动情，听流水而知音，若《普庵》诸操，则耳熟能详。其爱琴之心、学琴之志，已兆于斯。其后，庆天年未而立而夭。其弟复于民国三十五年（1946）习琴于国师学生高寿田[15]，且当年即于太原电台演播数次。同学者，有张亮垣君，张君所用之琴即江东布衣孙森所监造者，此琴体制颇大。李君之弟赴太原电台演奏所用之琴即张君之器也。李君之弟，即民国以来山西省硕果仅存之著名古琴演奏家李庆中先生也。彼时李先生供职于太原邮局，同人乃因李先生习琴，时或提及元音琴社前辈琴人南海布衣招鉴芬（学庵）也。盖因学庵先生，亦尝供职于太原邮局，且以"邮亭老卒"自号也。

鼎革后，李庆中先生供职于晋南，1959 年重返太原。还太原后，购得古琴名家唱片十余张，乃反复聆听，日夕思维，始悟琴乐韵味。六十年代，李先生尝驰书京华，问学于古琴大师查阜西先生。查先生多次复信，李先生受益良多。1961 年，李先生调至文水工作，直至 1984 年退休。退休后，李先生屡思重理琴业，惜乎冰丝老化，不堪弹拨，无计换弦，操缦乏术。1988 年 6 月，有旧日国师学生，而荣居商业部副部长之位者，托人于上海为李先生购得琴弦，彼时李先生虽患眼疾，目力极差，然销铄精胆，鼓琴不辍，终于习熟琴曲十余首。当此时，山右名流张颔（古文字学家）、林鹏（书法家）尝亲赴文水，聆听李先生鼓琴。1993 年，赵沨（音乐家）老人亦赴文水聆琴，李先生为鼓《鸥鹭忘机》，宾主并摄影留念。

1994 年，李先生眼疾痊愈，目力渐佳，然体力日衰，痛三晋雅乐之崩沦，思延续古琴之一脉。遂而广发传单、义授绝艺，其后，好琴之士十余人赴文水马东村从

[15] 高寿田（1907—1986），山西盂县人，民国十二年（1923），考入山西省国民师范学校艺术科学习美术。毕业后到大同省立第三师范学校任美术教员，两年后任教于天津河北私立觉民中学，师从著名画家陈少梅，专攻国画，是山西省著名书画家。高寿田曾师从顾梅羹先生习琴，是名符其实的元音琴人弟子。

李先生习琴，然善始者实繁，克终者盖寡，学而成器者，三四人而已。[16]

有太原南林旺（号空谷闲人）者，生于鼎革之后（1960），而自幼雅爱古琴，独慨师从无门、精进维艰。他尝于旧书摊上购得一册《怎样弹好古琴》的小书，回家后仔细阅读、反复揣摩，对古琴有了初步认识。每见人谈论古琴，不论识与不识，他必驻足谛听，甚至请见过古琴演奏的人为他模仿演奏者的神态、指法。彼时，南林旺尚不能区辨古琴音质之优劣，无论何时何地，一旦遇到自己较为心仪之古琴，便努力筹资购买，数年下来，家中陈琴不少，但精品无几。每于古旧书肆见到琴学著作，则不问年代远近、著者存殁，一律购置，数年下来，家中琴学文献山积林萃，见者称叹。南林旺素怀雅趣，善于自学，在长期的磨练、自习中，他逐渐掌握了古琴演奏的基本技能，具备了一定的琴学造诣，能鼓《关山月》、《凤求凰》、《阳关三叠》、《秋江夜泊》诸操。上世纪九十年代，南林旺迢递千里，负笈江苏扬州，师事广陵派第十一代传人、著名古琴家梅曰强先生，梅先生字南移，生于民国十八年（1929），曾先后师从汪建候、夏一峰、赵云青、胥桐华、刘少椿等五位古琴名家。其琴艺深得广陵派第十代传人刘少椿先生真传。梅先生既得名师真传，复能融合众长，在五十多年的演奏实践中，形成了自己"绮丽细腻、跌宕多变、刚柔相济、音韵交茂"的演奏风格，他对古琴弹奏中"吟、猱、绰、注"的运用以及古琴与人体健康关系等问题均有独到、深邃的见解 [17]。三十年前，古琴在中国尚属罕见，习琴之人更是少之又少，南林旺千里寻师，令梅先生颇为感动，得以亲炙梅先生，凭借先前基础，加以昼夜苦修，南林旺琴艺提升极快。2000 年后，南林旺复师从山西琴家李庆中先生学琴，李先生一生坎壈，坚卓廉正，暮年心事，唯望传法得人，雅乐再振。南林旺执着、刻苦的求学精神，使李先生倍感欣慰，尽管年事已高，李先生犹孜孜不倦地授琴于南林旺，多少次，年迈的李先生在与南林旺对鼓时，不自觉地

[16]　按：以上四段文字，多据李庆中老口授，整理而成。
[17]　本梅曰强《吟、猱、绰、注在古琴演奏中的作用》，原载《七弦琴音乐艺术》，第七辑，2000 年 10 月；《古琴与人体健康》，原载《七弦琴音乐艺术》，第三辑，1998 年金秋。

沉沉睡去，每逢此时，南林旺常因感念师恩，潸然泪下，而努力学琴之意志亦更为坚定。李庆中先生的古琴演奏，其特点是：琴曲节奏跌宕起伏、操缦指法遒劲有力、猱多用"落指猱"、右手食指的"抹"多以"侧锋"入弦、挑时指法灵活，不以"龙睛凤眼"为限。2007 年，经友人张玉新（著名斫琴师）介绍，南林旺远走津门，师从著名古琴家张子盛先生习琴，张子盛早年师从津门九嶷派著名琴家高仲钧先生习琴，后得刘丽、吴文光、龚一、李祥霆等诸多海内方家指画、点拨，且尝问道于梅曰强、李允中等琴界前辈，以九嶷派、虞山吴派为基，逐渐形成"运指华美、取音纯净、注重以心取韵、心韵合一"的演奏风格，从而享誉琴坛。得以师从张子盛先生，使得南林旺的琴技得到进一步提高，张先生不仅亲授南林旺数支难度较高的大型琴曲，且细致地为南林旺整理指法，进一步使南林旺的古琴演奏规范化、高雅化，使其指法更加华美、取音更加纯净、心韵更加和谐。尤可述者，在从师张子盛期间，南林旺与忻州琴人张晓鹏相识，张晓鹏亦为张子盛先生高足弟子，南张两人在远离三晋的津门得遇同乡，倍感亲切。张晓鹏为人谦和而严谨，诙谐且有豪侠之气，兼以天资颖悟，习琴极其刻苦，故亦颇得张子盛先生真传。南张二人在津门学琴期间，抵足而眠，昼夜研习琴理，遂结莫逆之契。数年后，南林旺主持成立山西省元音古琴研究院并重振山西元音琴社，张晓鹏均为主要协助者、参与者。南林旺求学南北，数遇名师，遂将南音之婉秀娟丽与北音之清刚苍劲融为一体，于刚强中蕴圆润，于袅娜中含方健，形成自己独具特色的古琴演奏风格。

2009 年，在三晋琴人的共同努力下，由南林旺先生主持成立山西省元音古琴研究院。2013 年，时逢谷雨，山西省元音琴社正式复社，一致推举九十高龄的李庆中先生担任社长。如今的元音琴社，社员已逾五百，社中主要成员南林旺、冯翠英、张晓鹏、赵阳、王启龙、朱美丽、朱建华、刘小冈、张志红等多次代表元音琴社参加国内外重要演出。琴社每周举行小型雅集一次，称周集；每月举行大型雅集一次，称月集。雅集之日，济济一堂，腾蛟起凤，各献绝艺。

2013 年谷雨元音琴社复社合影

弘扬华夏雅乐，接续百年风流。自民国九年（1920）仲春孙森、招鉴芬、顾卓群、李冠亭、傅侠仙等前辈琴人创立山西元音琴社，至癸巳（2013）谷雨元音琴社正式复社，八十五年间，山西元音琴社，或人才济济、群贤毕至、灿若星斗；或独线孤缕、一脉单传、雅音岑寂；时或异才挺生、大贤松寿、义授绝艺、桃李缤纷，三晋大地、雅乐不绝，此匪特山右之幸，亦为华夏之福也[18]。

行文既竟，为写一赞。赞曰：

太行苍苍，汾水泱泱。悠悠三晋，文化滥觞。

晚近多艰，邦祸民殃。正声崩沦，古意微茫。

爰有高贤，雅音是张。立社授艺，家国以匡。

群才济济，吟徵调商。斫琴制瑟，伐木刨桑。

功成而去，志在四方。制礼作乐，四海名扬。

大德挺生，重理乐章。义授绝艺，桃李芬芳。

癸巳谷雨，琴社复昌。英风再振，河朔贞刚。

煌煌元音，辉辉晋唐。莽莽山右，雅乐之乡。

[18] 按：关于南林旺先生学琴经历及当今元音琴人的相关情况，多据李庆中先生、南林旺先生、以及其他元音琴人口授，整理而成。本文撰于 2014 年夏。

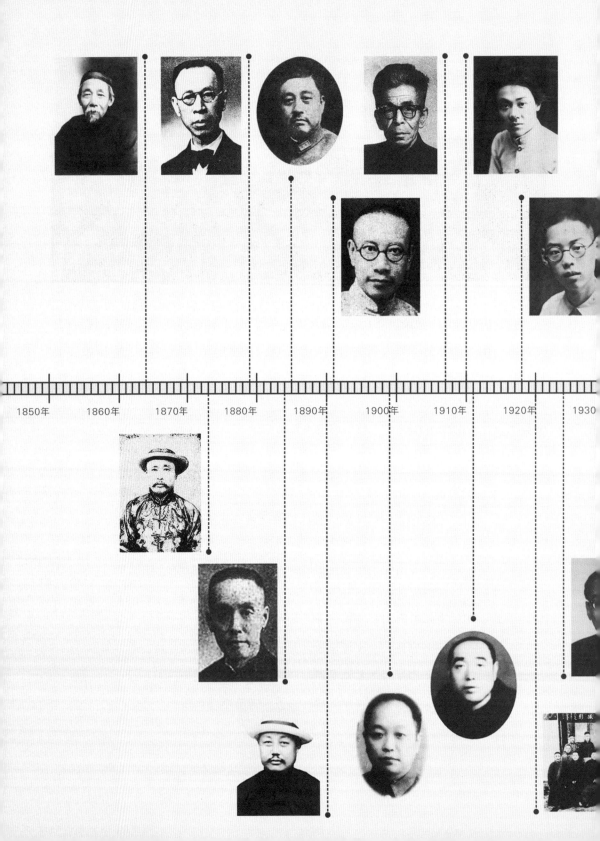

1850年　1860年　1870年　1880年　1890年　1900年　1910年　1920年　1930

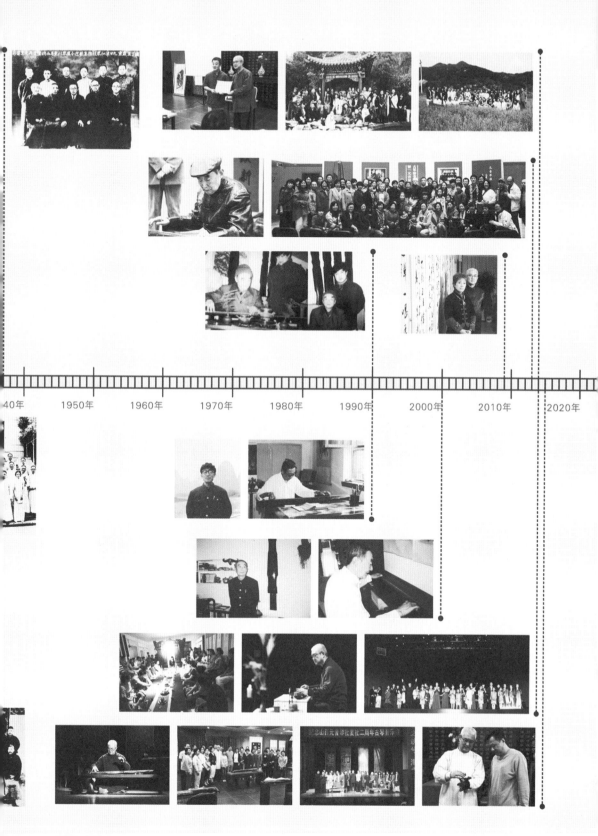

40年 　　1950年 　　1960年 　　1970年 　　1980年 　　1990年 　　2000年 　　2010年 　　2020年

元音琴人编年事辑

◎ **1864 年 清同治三年**

4 月 13 日，杨宗稷生于湖南永州宁远县清水桥镇平田村。

◎ **1869 年 清同治八年**

是年，张芹荪生于湖南善化。

◎ **1873 年 清同治十二年**

是年，赵炳麟生于广西全州县绍水镇乐家园。

◎ **1876 年 清光绪二年**

是年，李官亭生于山西大同。

◎ **1878 年 清光绪四年**

是年，孙森生于江苏丹阳县。

◎ **1879 年 清光绪五年**

12 月 11 日，虞和钦生于浙江镇海县海晏乡柴桥。

◎ **1881 年 清光绪七年**

是年，顾卓群生于湖南长沙。

◎ **1885 年 清光绪十一年**

是年，荣鸿胪生于山西浑源。

◎ **1890 年 清光绪十六年**

是年，冯鹏翥生于山西代州。

◎ **1891 年 清光绪十七年**

是年，彭祉卿生于江西吉安。

◎ 1899 年 清光绪二十五年

是年，顾梅羹生于湖南长沙。

是年，杨葆元生。

是年，虞和钦在家中与友人创立"实学社"，探究科学问题。

◎ 1900 年 清光绪二十六年

是年，虞和钦等赴上海面见商务大臣盛宣怀，申请黄磷制造专利。

约在本年，王聚魁生于河北交河。

◎ 1901 年 清光绪二十七年

3 月，虞和钦等在上海筹资开设我国第一家造磷厂——灵光造磷厂。

12 月 8 日，虞和钦等在上海开设我国第一家科学仪器馆。

◎ 1902 年 清光绪二十八年

是年，顾卓群子顾藩生于湖南长沙。

◎ 1908 年 清光绪三十四年

是年，冯鹏翥入太原陆军小学学习，在校期间加入中国同盟会。

◎ 1910 年 清宣统二年

约在本年，程继元生于山西祁县北左村。

◎ 1911 年 清宣统三年

是年，冯鹏翥就读于北京陆军第一中学，辛亥革命爆发，回山西从事革命活动。

1 月 19 日，郭维芝生于山西祁县夏家堡。

◎ 1912 年 民国元年

是年，顾哲卿、顾卓群昆仲于长沙成立南薰琴社。先后入社者，有安县陈六奇，湘乡曾曼云、曾兆泰，长沙何静涵、周吉苏，顾梅羹、顾国屏、顾镜如，共得十人。
是为湘中琴学有社之嚆矢。

◎ 1913 年 民国二年

3 月 5 日，朱善元升任山西中路观察使。

是年，彭祉卿遵父遗命入湖南达材法政学校。

◎ 1914 年 民国三年

5 月，冯鹏翥于陆军第一预备学校毕业。

5 月 23 日，朱善元改任冀宁道尹。

11 月，冯鹏翥就读于保定陆军军官学校第二期炮兵科。

◎ 1916 年 民国五年

5 月，冯鹏翥自保定军校毕业，回山西效命，以见习排长入伍，开始军旅生涯。

7 月 30 日，朱善元卸任冀宁道尹，升任山西财政厅长。

◎ 1917 年 民国六年

是年，彭祉卿于湖南法政学校毕业，毕业成绩为全校第一。

是年，杨时百创九嶷琴社，杨葆元协助其父料理琴社日常事务。

是年初秋，沈伯重于友人饶省三处得见彭祉卿《梅魂词》，诵而喜之，想见其人，
辗转多日，终于得见，乃从彭祉卿学琴。

11 月，顾卓群、彭祉卿集湘中能琴者，创立愔愔琴社。社员有：顾卓群、彭祉卿、
顾哲卿、蒋子坚、沈伯重、顾国屏、顾镜如、顾梅羹、周吉苏、饶省三、李亚盦、
招鉴芬。

◎ 1918 年 民国七年

是年，孙森与招学庵、傅侠仙相识、相知。李官亭从傅侠仙学琴。

是年，李庆天生于太原。

是年，顾梅羹于省立通俗教育馆任编辑员。

◎ 1919 年　民国八年

9 月 29 日，朱善元电贺李思浩荣任中华民国财政部代总长。

10 月 13 日，经亨颐到山西财政厅访朱善元，不遇，朱之女婿牟筱谦为经亨颐介绍朱善元生平。

10 月 21 日午，山西各官长在傅公祠饮宴，朱善元、虞和钦皆与会。

◎ 1920 年　民国九年

本年仲春，山西元音琴社创立，创始人为：招学庵、李官亭、顾卓群、窦翘芝、孙森、孙异同。方琴社创立之时，招鉴芬友人巴陵张少阶来访，文酒之际，元音琴社乃为之一弹再鼓，当日所奏琴曲有：《孔子读易》、《潇湘水云》、《胡笳十八拍》、《醉渔唱晚》、《梧叶舞秋风》、《阳关三叠》、《普庵咒》、《良宵引》、《渔樵问答》、《风雷引》、《梅花三弄》、《平沙落雁》、《高山》、《流水》、《昭君怨》、《春山听杜鹃》、《鸥鹭忘机》、《山中忆故人》、《长门怨》、《水仙操》、《归去来辞》、《墨子悲丝》，统二十二曲。其后，张少阶于每操各作一诗，成《琴操二十二首》，招鉴芬为之作"题识"，事在民国十七年。

琴社创立之时，傅侠仙因事回北平。

10 月 12—14 日，杨时百携杨葆元，彭祉卿携沈伯重、顾梅羹出席上海晨风庐琴会。12 日，杨时百奏《渔歌》。13 日，彭祉卿奏《忆故人》，沈伯重奏《普庵咒》，顾梅羹奏《潇湘水云》，杨葆元奏《潇湘水云》。20 日，适逢重阳，彭祉卿等受邀参加琴人雅集，彭祉卿、沈伯重、顾梅羹三人琴箫合奏《普庵咒》，时人写诗纪盛，中有四句单道彭沈顾之技艺，"顾况与沈约，指法并苍老。和以彭笺箫，引凤歌窈窕"，由此可知，当时三人合奏，彭祉卿度箫，沈伯重、顾梅羹鼓琴。

11 月 14 日下午两点四十五分，时为元音琴社主讲的顾卓群在山西陆军审判处之东园邀集同人举行第一次大型弹琴雅集，与会者凡十六人，其中十三人抚曲，依次为：顾卓群《风雷引》、招学庵《平沙落雁》、窦翘芝《墨子悲丝》、李官亭《长门怨》、王和斋《高山》、李赞臣《渔樵问答》、冯鹏翥《普庵咒》、孙异同《忆故人》、李梅夫《归去来辞》、吴季宏《梅花三弄》，李子仁、顾卓群合奏《阳关三叠》，张友生《陋室铭》、《凤求凰》，顾卓群、孙森合奏《醉渔唱晚》。顾卓群、孙森合奏完毕已经四点五十分，与会同人遂拍照留念。摄影毕，顾卓群乘兴复两奏《潇湘水云》。吴明复、马季青、张少陔与会而未弹曲。时会上有良琴二十余张，各种断纹备具，不暇全鼓。又，疑此会之张少陔，即招学庵之友人巴陵张少阶。

是年，孙森开始斫琴，至民国十二年（1923），共斫琴二百一十二张。

◎ 1921 年 民国十年

本年，阎锡山欲振雅乐。

湖南善化人张芹荪入晋，任育才馆教务长。

7 月 3 日，元音琴社同人在陆军审判处之东园举行第二次大型古琴雅集。午后到会者数十人，其中参观者虞和钦、王瀚如、叶伯樵、赵达九、张芹荪、李幼斋或着围棋、或吹洞箫，张芹荪、叶伯樵且分别作诗纪盛。此次琴会，琴人所弹曲目依次为：顾卓群、窦翘芝合奏《普庵咒》，顾卓群、段忠甫琴箫合奏《阳关三叠》，顾卓群、招学庵合奏《潇湘水云》，顾卓群、孙净尘合奏《平沙落雁》，孙净尘、孙竹荪合奏《醉渔唱晚》，吴季宏《风雷引》，段忠甫《忆故人》，王和斋《释谈章》，张友生《渔樵问答》，冯鹏翥《阳关三叠》，郑华甫《忆故人》，刘乙青《忆故人》，祁亚静《归去来辞》，顾卓群、孙异同合奏《风雷引》，李赞成（疑即李赞臣）《平沙落雁》，孙异同《忆故人》，李官亭《潇湘水云》，李赞臣《普庵咒》，顾卓群《孔子读易》、《墨子悲丝》，王竹斋（疑即王和斋）《醉渔唱晚》，吴岷甫（疑即吴明复）《梅花三弄》，马季青《平沙落雁》。

是年秋冬，彭祖卿、杨友三、沈伯重、顾梅羹自长沙相偕入晋。顾藩大约与彭杨沈顾随行入并。

◎ 1922 年　民国十一年

7 月，顾卓群《元音琴谱》撰成。

8 月，赵炳麟为《元音琴谱》作序。

8 月 9 日，朱善元卸任山西财政厅长。

9 月 10 日，元音琴社同人在陆军审判处召开第三次琴学大会，欢迎古琴大师九嶷山人杨时百。本次琴会，到会者百余人。顾卓群、虞和钦、杨时百、杨友三、安哲卿、赵炳麟、孙森、虞和钦、王聚魁依次讲话。是日琴会，诸琴人所鼓琴曲次序为：杨时百《渔歌》，彭祉卿《忆故人》，顾卓群《潇湘水云》，招学庵《昭君怨》，杨时百《流水》，虞和钦《长门怨》，顾梅羹《平沙落雁》，窦翘芝《普庵咒》，王和斋《释谈章》，郑华甫《忆故人》，顾国屏《孔子读易》，杨时百《高山》，孙净尘《汉宫秋月》，孙异同《风雷引》，王聚魁、耿莱瀛、李保衡、王建武、徐明性琴箫合奏《普庵咒》，孙竹荪、吕宜弟、池佩兰合奏《梅花三弄》，孙竹荪、吕宜弟、张秀兰合奏《归去来辞》，虞雅《醉渔唱晚》，秦玉楼、张秀兰合奏《归去来辞》并歌词，孙竹荪、吕宜弟、张秀兰合奏《阳关三叠》并歌词，孙森以箫和之。

◎ 1923 年　民国十二年

是年，冯鹏翥以连长驻五台县台怀镇，训练还乡军人。

大约本年初或去岁后半年，朱善元卒。

2 月 25 日，虞和钦卸任山西教育厅长，调任北平。

是年，顾梅羹撰成《中国音乐史》、《乐器图考》。

◎ 1924 年　民国十三年

是年，李庆中生于山西太原。

约在本年初秋，彭祉卿、杨友三、沈伯重、顾梅羹四琴家相偕自晋返湘。

◎ 1925 年 民国十四年

是年秋，杨时百高足李伯仁入湘，彭祉卿邀集南熏、愔愔两社同人于重九前三日，会琴麓山。是日与会者：李伯仁、彭祉卿、彭国瑞、顾劲秋、顾哲卿、顾梅羹、顾镜如、查阜西、余雪操、查意摩、周吉苏、何镜涵（当即何静涵）、陈晴岩、沈伯重。统十四人。此次琴会共分十个环节：一、畅叙幽情，于爱晚亭集会，倾吐情愫，兼赏秋光；二、古调独弹，在爱晚亭中各抚一曲：李伯仁《秋鸿》、彭祉卿《渔歌》、顾哲卿《醉渔》、顾劲秋《平沙》、顾梅羹《潇湘》、顾镜如《风雷》、查阜西《渔樵》、余雪操《阳关》、周吉苏《孔子读易》、何镜涵《梧叶舞秋风》、沈伯重《忆故人》；三、同声相应，彭祉卿、顾梅羹、顾镜如、沈伯重合奏《普庵咒》；四、相和丝竹，顾梅羹、沈伯重合奏《梅花三弄》，彭祉卿吹箫和之；五、弦歌畅志，彭祉卿、顾梅羹合唱《渔樵》等琴歌；六、乐府传声，歌唱昆曲：查阜西《三醉》、顾梅羹《弹词》、彭祉卿《山门》；七、鸿雪留痕，于爱晚亭合影留念；八、入座飞觞，于麓山寺聚餐（素食）；九、乘兴登临，游览云麓宫、峋嵝碑、蟒蛇洞、白鹤泉等名胜；十、留题纪胜，诸人各自题咏纪盛。

约在本年，程继元考入国民师范，专攻音乐。大概因为国文较好，受到国师名宿常赞春的赏识，为其刻印一枚。

是年，郝效儒考入山西省立教育学院，其学琴当在求学教育学院之时。

◎ 1927 年 民国十六年

是年，冯鹏翥改任北方国民革命军左路炮兵司令。

◎ 1928 年 民国十七年

是年，冯鹏翥改任第三集团军炮兵第七旅旅长。

10 月，冯鹏翥改任第三集团军暂编第十一师师长。

11 月，冯鹏翥改任第三集团军第四十二师师长。

◎ 1929 年 民国十八年

春，郭维芝开始从王聚魁学琴。

是年，冯鹏翥改任国军编遣委员会第三编遣区第九组组长。

◎ 1930 年 民国十九年

是年，冯鹏翥升任第三方面军第九军军长。

11 月，冯鹏翥兼任孟辽防区守备副司令。

◎ 1931 年 民国二十年

是年，冯鹏翥改任第四师师长，不久改任第六十七师师长。

是年，晨风庐主周梦坡病故，彭祉卿、沈伯重师徒联袂撰写挽联悼念周庆云。

是年，彭祉卿原配夫人沈氏病故，祉卿与沈氏情笃，沮丧潦倒、作文自祭。

11 月 15 日午，杨时百病逝于北京。

◎ 1932 年 民国二十一年

是年，冯鹏翥改任太原绥靖公署副官长。

◎ 1933 年 民国二十二年

是年，彭祉卿扁舟入吴，就查阜西投止。

◎ 1935 年 民国二十四年

是年，程继元考入杭州艺专学习小提琴，继而飘扬过海，留学日本东京。

重阳日，苏沪吴中三地琴家在苏州怡园举行琴会，彭祉卿在会上提倡创立琴社。

◎ 1936 年 民国二十五年

1 月 23 日，授冯鹏翥中将军衔。

3 月 1 日，今虞琴社正式成立。

是年，郝效儒参加牺盟会，投身抗日救亡运动。

10 月，今虞琴社为编辑《今虞琴刊》开始向全国琴人征文。

◎ 1937 年 民国二十六年

是年，卢沟桥事变爆发，抗战军兴，8 月中旬，彭祉卿逃难西安。

10 月，张子谦、沈伯重抢救印成《今虞琴刊》。

11 月，太原沦陷，李庆中母子三人避难太谷基督教难民营。

是年，程继元遭日军胁迫，作日伪翻译。

◎ 1938 年 民国二十七年

是年，太原市面平静，李庆中母子三人重返太原，入住英国教会难民营。

◎ 1941 年 民国三十年

5 月，郝效儒在山西武乡马牧村惨遭日寇杀害。

◎ 1942 年 民国三十一年

是年，李庆天以脊骨结核入脑病逝于太原。

◎ 1943 年 民国三十二年

是年，李庆中入太原邮局工作。

是年，国民政府欲聘彭祉卿参与典乐，祉卿辞不就职。

◎ 1944 年 民国三十三年

是年，冯鹏翥在忧愁幽思、极度抑郁中，以癌症病逝于四川雅安。军阀刘文辉以预备敛母之棺敛葬冯将军。

是年，程继元在祁县被日本顾问杀害，结束了其惨遭胁迫、不能自主的一生。

5 月 15 日晚十时半，长才难展、潦倒失意的彭祉卿在忧思煎迫中，以"慢性酒毒症、肝脏硬化、神经细胞变坏"溘然长逝于云南昆明。

5月20日，杨立德、李廷松、龚自知、徐嘉瑞、马崇六、查阜西等六人将彭祉卿安葬于昆明西山华亭寺以北之云南文化名人墓陵区。同日，查阜西撰成《彭祉卿先生事略》，记述彭祉卿生平事迹、琴学贡献。

8月12日，虞和钦病逝于上海。

◎ 1945 年 民国三十四年

是年，李庆中、张亮垣开始从高寿田学琴。

◎ 1947 年 民国三十六年

是年，顾梅羹受聘湖南省立专科学校教授古琴。

◎ 1949 年 民国三十八年

是年，华阳顾氏家族顾卓群一支与顾梅羹一脉失去联络。

◎ 1951 年

是年，郭维芝入山西省文化局，专门从事晋剧研究工作。

◎ 1954 年

9月底，郭维芝病逝于山西大学医院，年仅四十四岁。

◎ 1956 年

11月24日，查阜西在长沙约见顾梅羹、沈伯重、周吉荪等琴家，谈论琴人活动事宜。

◎ 1957 年

3月，顾梅羹自湖南入京，协助查阜西编著琴学著作。

◎ 1959 年

顾梅羹赴沈阳音乐学院任教。

◎ 1961 年

2 月 17—18 日，顾梅羹应张子谦之邀在上海参加今虞琴社雅集，17 日独奏一曲，18 日与张子谦琴箫合奏《普庵咒》、《梅花三弄》。

是年冬，杨葆元病逝于北京。

是年，顾梅羹受邀到上海音乐学院短期授课。

◎ 1963 年

12 月 9—14 日，顾梅羹在全国第一届古琴打谱会上演奏《醉渔唱晚》、《流水》。

◎ 1965 年

是年，招鉴芬服毒自尽。

◎ 1966 年

是年，文革起，顾梅羹被遣迫还乡，回到湖南长沙祖宅。荣鸿胪不甘受辱，仰毒药而死。

◎ 1970 年

是年，李庆中为奸人诬陷，被打成"历史反革命加现行反革命"，携其疯病的母亲一道被发配文水马东村劳改。

◎ 1977 年

是年，李庆中得以平反、复职。

◎ 1984 年

是年，李庆中自文水县邮电局退休，专心抚琴。

◎ 1985 年

是年，琴家高寿田去世。

是年，顾梅羹参加第三次全国古琴打谱学术交流会。

◎ 1988 年

6 月，郭今吾委托上海音乐学院为李庆中购得一副新琴弦，使李庆中得以在历经浩劫后重新抚弦操缦。

◎ 1990 年

8 月 22 日，顾梅羹病逝于沈阳。

◎ 1994 年

是年，民国元音琴人再传弟子李庆中开始在太原发放传单，免费传琴。

◎ 2000 年

是年，南林旺亲赴文水，师从李庆中先生学琴。

◎ 2005 年

是年，南林旺辞去厂长职务，携妻子冯翠英在碑林公园租用场地，专力于古琴教学。王启龙、张志红开始师从南林旺学琴。

◎ 2006 年

是年秋，李庆中先生将自己收藏的清同治年间木刻版《琴学入门》捐赠山西省图书馆。

◎ 2009 年

是年，南林旺、冯翠英夫妇在山西琴人的大力支持下，注册成立山西元音古琴研究院。是年，南林旺携弟子王启龙赴文水拜谒李庆中先生，恭请李先生对王启龙的古琴演奏施以指导、教化。

◎ 2013 年

4 月 20 日，古琴师李庆中先生九十大寿暨元音琴社复社庆典在山西省博物院隆重举行。李庆中先生为元音琴社揭牌，并发表讲话，缕述自己的学琴历程。南林旺、雷苗伟、张学涛三位弟子向老先生行叩首礼。

◎ 2014 年

4 月，元音琴社同人在太山举行古琴雅集，纪念元音琴社复社一周年。

6 月 13 日下午，元音琴社在丽华苑举行雅集，欢迎著名古琴演奏家、斫琴家北京钧天坊王鹏先生莅晋演出。南林旺主持雅集，元音琴人张晓鹏演奏《良宵引》、王鹏先生演奏《鸥鹭忘机》。

6 月 16 日上午，著名古琴演奏家，北京钧天坊杜大鹏先生莅临元音琴社。同日下午，著名古琴演奏家、歌唱家，北京钧天坊金鹏先生莅临元音琴社，琴社同人举行雅集，由南林旺主持，元音琴人王启龙演奏《秋水》、梁婧浩演奏《阳关三叠》，金鹏先生自弹自唱《暗香》。

8 月 8 日至 14 日，天津七弦琴学院与山西元音琴社在五台山联合举办第十二届全国古琴师资培训暨元音琴社首届古琴禅修班。古琴名家张子盛先生应元音琴社之邀，入晋传琴。

9 月 27 日至 30 日，元音琴社常务副社长南林旺偕元音琴人冯翠英、赵阳、张晓鹏、朱美丽、张志红等赴加拿大多伦多参加"2014 盛世元音琴筝音乐会"。加拿大议员胡子修发表欢迎讲话，并全程陪同。加拿大总理哈珀委托胡子修向山西元音琴社及加拿大分社颁发奖状。

◎ 2015 年

4 月 12 日，元音琴社同人在太原文化艺术学校演艺厅举行大型古琴演奏会，纪念元音琴社复社两周年，元音琴社常务副社长南林旺讲话。是日琴会，诸琴人所演奏之曲目依次为：南林旺、赵雁平、胡流梅、汪琴、朱美丽、李杨菲、李琛、李青、王豫铭、卢云丽合奏《鹿鸣》，王锐歌词。冯翠英、苏英二重奏《良宵引》，梁婧浩《楼兰散》，赵阳《归去来辞》并歌词，刘小冈箫曲独奏《春色如许》，南林旺《忆故人》。张露、赵振华、李琛、刘小冈琴箫合奏《阳关三叠》，赵阳、朱美丽歌词。王启龙《秋水》，张露《神人畅》，赵阳吟诵《前赤壁赋》、张晓鹏抚琴、朱美丽茶道表演，梁婧浩《广陵散》，武雅丽、刘云燕、李青、姚雯、王豫铭、韩晶晶、苏英、李宝文、朱美丽、冯翠英合奏《普庵咒》，南林旺、梁婧浩、刘小冈琴箫合奏《梅花三弄》，王锐、朱美丽、李杨菲歌词。

7月1日至5日，元音琴社邀著名古琴家陈雷激先生入晋传琴，在五台山举办为期五天的古琴培训班。

8月30日晚，元音琴社常务副社长南林旺先生不幸因病辞世。

民国文献所载山西雅乐资料辑录

顾卓群《元音琴谱》序[1]

赵炳麟

声音之道生乎人心、通乎政治，故善为治者慎其所感，升平之世，天下和洽，人得其愿，上下相悦，思所发觊，圣人为之，作乐以和，乐之宫商角徵羽五者不乱，则音无佔懘，而政治平矣。晚世俗颓风靡，人类相欺怨，举国相侵略，礼义灭绝，纲纪棼泯，宫商角徵羽五者皆乱。于是淫声作、政治偷矣。

闻其乐，知其时之治乱，此孔子所以晚年正乐，而古先王所以合礼、乐、政、刑为同，民心出治，道之大本也。

吾国古乐不一，而琴瑟为最要。琴之失传久矣，晚近以来，郑卫盈耳，善琴者亦不数觏。山西励行民治，改造社会，惧淫乐之感[2]民也，思以古乐救之，乃聘耆宿订雅乐。吾友顾子卓群应聘至晋，授琴数年，弟子满河汾。壬戌(1922)六月，出其《元音琴谱》，问世，五台阎公为之刊行，以垂久远。顾子索序于余。余不知琴，而子媳辈从顾子学琴，知顾子精于琴学，未可以不知音而不传其善，且放郑声兴雅乐，余与五台同心久矣。因将声音之感人通政及顾子之来晋善教，并著于篇而为之序。

壬戌七月，桂林赵炳麟序于潜并草庐。

[1] 赵炳麟，《赵柏岩集》（下），广西人民出版社，2001年1月第1版，第131—132页。
[2] 按：疑"感"当作态。

《柏岩感旧诗话·晋阳雅乐》[1]

赵炳麟

山西考定雅乐，聘张芹荪鸿藻、彭芷青庆寿，顾梅羹焘等来晋，于育才馆内设雅乐科厘订之。余三子成武结婚，张彭等参用《御纂<诗经>乐谱》为奏《螽斯》、《麟趾》两章，并赠诗云："彩舆飞向碧霄来，前路笙歌细细催。仪范如金人似玉，寿眉堂上一齐开。 郎才绮岁冠群英，中令传经旧有名。从此闺房添韵事，读书声和鼓琴声。 珠箔银屏列四围，鸳鸯绣就总双飞。红氍毹上含羞立，疑是瑶池饮宴归。《睢》《麟》遗意谱《风》诗，莲炬双双照玉卮。记取良辰刚二月，窗前春到小桃枝。"

同时晋阳能琴者，有四川顾卓群荦、江南孙净尘森、广东招学庵勋，而湖南杨时伯宗稷，亦于壬戌夏间聘至，中国此时琴学之盛，当推晋阳。每弹《渔歌》及《潇湘水云》等曲，令人一往情深，奏《孔子读<周易>》一曲，仿佛见夫子为山东口音，琅琅诵"元亨利贞"者然，皆妙技也。余子媳等皆从卓群学琴，故赠诗有"读书声和鼓琴声"之句。孙净尘别号"江东布衣"，工诗善琴，并喜监造琴瑟。余四子钦武学琴，净尘于十年前得井陉古桐，督工制琴赠之。余谢以诗[1]（原注：见《诗存》）。净尘植牡丹于东园，每牡丹盛开时，集诗友琴友，载酒赏花，琴声诗声交作，洵雅趣也。

时伯琴学尤深，所著《琴学丛书》搜罗宏富，海内重之。卓群著《元音琴谱》，芹荪、芷青、梅羹等编《雅乐集》，厘定宫商，皆可为吾国讲求古乐者圭臬也。

虞和钦博士时官山西教育厅长，亦工诗善琴，尝在大同口占诗，有句云："空谷不田砂滚滚，乱山无树雪皑皑"，又有句云："心无宿愤何须醉，身有长生不用丹"，得宋人遗意，从杨时伯学琴，得其真传。时伯有工人秦华，善制琴，和钦尽得其妙窍，造"虞韶"一百张，名人多题咏之。

[1] 赵炳麟，《赵柏岩集》（下），广西人民出版社，2001年1月第1版，第344页，标点有酌改

《藏琴录·天贶》[1]

孔子式，漆灰不甚坚，断纹颇多，略如流水；池外右偏刻径七分楷字一行，云："嘉庆戊辰暮春日，长白灵源海福复见于闽中熙春协镇公署，声音之妙，得未曾有，命曰'天贶'，并铭曰：'溯自戊申，琴为予累。枯桐半百，终鲜称意。今歌得宝，实神所秘。岂无良材，仙凡迥异。人力罔求，天麻载至。锡厥嘉名，答彼苍赐'"。常君子襄为作籀题名，书铭于池上。虞君和钦为作隶题款于池左偏云。壬戌三月杨宗稷得于都门，命名天贶并铭。常赞春作籀，虞铭新题款，俾与嘉庆戊辰一行相对如楹帖，时壬戌八月予客太原也。

《藏琴录·龙门寒玉》[2]

孔子式，池内右刻蒔薰主人赠龙门桐材，左刻九疑山人仿"秋塘寒玉"式。壬戌冬月，予客太原，下榻虞君和钦园中蒔薰精舍。虞君赠桐材，因仿张君友鹤藏崇宁三年马希亮制"秋塘寒玉"膝琴式，加为三尺六寸，制两琴，予与虞君各得其一，皆集《比干碑》"龙门寒玉"四字刻于池上名之。

虞君与同僚孙君静尘（按：当作净尘）皆善制琴，数年前各得龙门桐材极多，以水煮七昼夜去尽黑汁，复置烈日中经年，木轻如叶，然后各制琴数十百床。虞君好创新式，孙君皆题"江东布衣"，他日山右名琴如林矣！

近日山右古琴已不少，其尤精者，孙君所得，忘其名（按：即宋徽宗"龙门风雨"琴），印方四寸道君皇帝之宝六字，与虞君所得名鸾音不甚宽长极大声者，皆轻如叶。

虞君又得极薄极轻大声惊人者，琴工误为空，私以薄材补之，声犹不小。予谓宜削去，虞君恐其碎，名之曰"叠韵"。其所最爱者，有水竹村人书，题名曰"鸣泉"，

[1] 杨宗稷编著，《杨氏琴学丛书》，湖南教育出版社，2007年12月第1版，第401页。
[2] 杨宗稷编著，《杨氏琴学丛书》，湖南教育出版社，2007年12月第1版，第401—402页。

其音苍古无匹尤奇者。虞君得"鹤鸣九皋"与李君伯仁所藏"独幽"及"飞泉"、锡君宝臣藏"大圣遗音"、武英殿陈列长安元年制者，五琴池下皆有印方二寸"玉振"二字，丝毫不爽。西园主人因大圣遗音"玉振"印上有印方寸"困学"二字，定为鲜于伯机印，或"玉振"亦鲜于氏印也。"独幽"旧藏衡阳王船山先生家，为人所得，李君又从其人得之。"独幽"池内刻"太和丁未"大圣遗音刻"至德丙申"，"飞泉"外刻"贞观二年"，皆鸿宝也。

《藏琴录·跋》[3]

右录予所藏五十三琴竟，复有感焉。琴师黄勉之在日，尝谓予为丘公后身，当时不谓然。今觉其言颇验，因成一联比于渊明自祭以致慨，并跋其原委，附《藏琴录》后，为《琴学丛书》之殿，庶几十余年心血略见如此，亦太史公自叙生平意也。联云：著琴书四十万言，愿满仍归极乐土；去丘公千五百岁，来时犹认九疑山。跋云：余自辛亥至今著《琴学丛书》十种三十二卷，约四十余万言，以仿刻日本藏唐人写丘公《幽兰》卷子为嚆矢，其后复著《幽兰》双行谱、减字谱，更用列表法创为"琴镜表式谱"，注明《幽兰》拍板工尺字，于是稍解指法节奏者皆能弹之，《幽兰》遂复传于世。琴师黄勉之好为轮回之说，忽谓余曰："向意君前身必大琴学家，发宏誓愿来昌明琴学者，然历劫太久，是以虽有夙慧，若隐若现。今乃知为丘公后身，丘公隐于九疑山，君夙号九疑山人，不然，千五六百年流入海外，宋以来中国未见之琴谱谁复知之？而又能传之者？"余时不谓然。黄笑曰："姑妄听之，他日当思我言。"癸亥夏，余仿熊与可七月瑟曲，按月用律，作琴曲八章，以一调借弹八调，为琴曲从古未有之创格。制琴曲古法失传已久，今以意为之，究不敢自定其是非。甲子夏，因《佩兰》琴曲用相生之声为仙翁收音，又仿制《蜀道难》一曲创立每调和声五音之名，为后来制琴曲者多辟一蹊径，乃豁然贯通。制琴曲法，古人未道及

[3] 杨宗稷编著，《杨氏琴学丛书》，湖南教育出版社，2007年12月第1版，第402—403页。

者不少，更恍然《幽兰》用双弦，字字皆和声，隋唐以后言律吕音声未有精于丘公者，《幽兰》序所谓"尤特精绝，声微志远，不堪授人"者，在此不在彼。暇时复取《七月》琴曲弹之，所用和声类于《幽兰》者不可胜数，不仅音节仿佛，藉非丘公之灵贶余来告，何以至是？黄君又常好预言，迨彼身后，多奇验。壬戌（1922）七月，余应山西阎百川督军之聘赴太原，下榻虞君和钦园中，一切礼遇、位置居处，黄君于十余年前历历言之。其时其地其人虽不能明言，而大致若合符节，不知所操何术，其为轮回之说或亦信而有征耶？余今年六十有一矣，白香山偈云："何以慰心眼，一声阿弥陀。日暮而途远，吾生已蹉跎"。余闻佛法亦十年，辛酉冬复受优婆塞菩萨戒，然每日焚香拜佛，念佛功课仍不如弹琴著书为多，思及蹉跎二字，不禁惶悚，因撰此联，深自忏悔，用示绝笔于此。

甲子冬月既望九疑山人杨宗稷识于宣南舞胎仙馆。

振兴雅乐议（山西育才馆雅乐班讲义）[1]

杨树森

中国素称礼乐之邦，昔之君相师儒，皆以礼陶乐淑为宗旨，故能政教文明，国民发达，此诚立国之大本，化民之初桄，而天下万国之最高标准也。比来一切政治学术，多不讲求，其于古圣王相传尽善尽美之雅乐，则更湮没阒寂而无所闻。徒羡泰西乐歌，从而学步，而于自有之正声雅乐，弃如敝屣，殊可叹也。世变如此，生民涂炭，握政柄者，果欲真求治理，则今日所当研究者，舍礼与乐，其尚有长治久安之道耶？

夫孔子未尝自命为圣人也，而其本三才以立极，参赞天地万世人类，将欲完全人格，皆不能出其范围。今学校果重教育，则无一科不当尊孔子之教，无一艺不当学孔子之学。维孔子生平所注意，可以赅诚正修齐治平之极功，统智育、德育、体育之全量者，则尤在于礼乐。礼之精意，即伦纪纲常尊卑上下之名分，故有人，斯有礼，不待教自然而然，去之必乱。世有议古制供献为凭虚、拜跪为徒劳者，是皆未深究礼之精意也。虽古制沦胥，而上自政府，下至社会，大而祀典，小而宴会，国情所在，尚多有先王之遗意存，虽不必拘拘焉泥于古昔，而因时制宜，天秩之礼，自有不能陨越者。

况雅乐一道，尤为人生最有兴越之端，整肃容仪、调和志气、化野蛮为良善，进世界于文明。故无论何代何国，必皆赖有国乐，为畅发民风之具。按中国之乐，本诸礼、传诸器、著与音，以言乎理，则求制作之原，其通于德政者，奥而难晓；以言乎器，则就抟击之次；其详于度数者，散而太繁。惟音则上可以通于理，下可以赅于器，其始终条理之妙，尚有可得而明者，孔子曰"成于乐"，又曰"人而不仁，如乐何"，此所以礼乐有不可斯须去身之训也。

[1] 《未复报》，1921年，第182号，第35—40页。

是故古先圣王，皆以雅乐为国家政治之本。昔伏羲氏斫桐为琴，绌桑为瑟，绳丝为弦，命之曰"离徽"，以通神人之祝，以合天地之和，以修身理性反其天真。雅乐之道，于是乎兴焉。及黄帝命伶伦造律吕；命猨荣造十二钟，协月箾以和五音，立天时，正人位；命大容作咸池之乐，按《白虎通》，黄帝乐曰"咸池"者，言大施天下之道而行，天之所生，地之所载，咸蒙德施也。自兹以还，少昊作《大渊》，帝喾命咸黑典乐为声歌，名曰《六英》，尧则《大章》，舜则《箫韶》，禹汤武王，则《大夏》、《大濩》、《大武》，此古圣王所以立乐教之微意，而赓歌飏拜，上下相悦，阜材解愠，志趣发扬，皆所以保卫其国家也。

时至春秋，王者不作，礼坏乐崩，奸淫僭乱。孔子忧之，自卫反鲁，然后乐正，雅颂得所，故其平日击磬有心、弹琴如见，学师襄、语太师、怀鲁伶、相师冕，答为邦之问，则曰"乐则韶舞"；论正名之义，则曰"礼乐不兴则刑罚不中"；武城闻弦歌，喜极而有"牛刀"之戏；在齐闻《韶乐》，乐极而无肉味之知。其设教也，弟子必以余力学文，文即诗书六艺，六艺者即礼乐射御书数之教也。圣门身遍六艺者七十二人，而礼乐为之首，可见当时学者，无人不知雅乐，故杏坛之上，师弟一堂，咏歌舞蹈，雍雍然有三代之风焉。

《内则》言：人生十有三年，学乐、诵诗、舞《勺》；成童，舞《象》、学乐、诵诗，所以养性情也。学舞所以和血脉也，"勺"即《周颂》"于铄王师"章，为颂武王之辞；"象"即"维清缉熙"章，为祭文王之诗。是古人非必宗庙祭祀之时，乃可歌其诗奏其乐也。必使子弟少而习焉，长而安焉，故教以乐德淑其心，乐语和其声，乐舞善其形，乐音调其气，邪秽涤则淫心不生，渣滓融则傲气不作，固不独或歌或吹，能吐人之炭气，或弹或击，能畅人之肢体也。

今学校各学皆备，独缺雅乐一门，虽有风琴唱歌之课，然外国之乐，易于成趣，仅足以开拓童蒙之心胸，而不足以完满贤豪之愿望，较之我国固有之雅乐，历数千载，为国家化民之基础，为圣贤修身养性之嚆矢，为天下长治久安之向导者，固不可同年而语也。乃舍之而不研究，则岂为根本之教育哉！今阎公拟欲各校添设雅乐，为普通之教科，移风易俗，诚为治之要图也，爰述其故，有五益焉。

一、可以治国也。历朝治定制礼，功成作乐，加以润色鸿业之章，播之金石，被之管弦，使之家弦户诵，则博爱之心油然以生。前清圣祖庭训有曰，昔在虞廷，命夔为典乐之官，以教胄子。曰"诗言志"。盖人性情之发，不能无所寄托。而诗则触于境而宣于言者也。观其美刺，而善恶之鉴昭矣。观其正变，而隆替之治判矣。观其升歌下管闲歌合乐之所咏叹，而祖功宗德之实著矣。又曰，以六律正五音，今之乐犹古之乐也。盖天地之元气，亘古今而莫易，联中外以大同，六合之内，四海之外，此音同此理同也；百世之上，百世之下，此理同此音同也。又曰，声音之道，以和为本。《书》曰"八音克谐，无相夺伦，神人以和"。晚近儒者，高谈空理，拘守旧闻，于声音之义，搁置不讲，而工师又专肆声音，但求歌吹，而于音律之原，茫无所知，此古乐所以日湮也。且至其器亦未一见。清时除日乾清宫陈乐器，帝召南书房汉大臣翰林等，降旨云"尔等凡作诗赋，多以埙篪比兄弟。试问埙篪之形制如何，佥不能对"，乃命内监将乐器中之埙篪取看，群臣愧服。盖此道之不明也久矣。今学校果能将雅乐加入教科，则不独一见为奇，且将能之，不独能之，且将群众化之，治国之道，孰重于此！

二、可以宗孔也。我国历代崇奉孔子，前清又升为大祀以配天，尊之极矣。然乐舞之制，微特遐陬僻壤，不能辨别。即通都大邑，亦祇有其器而无其人。六代宫悬，徒成虚设。典乐之重，不备不庄。即今曲阜圣地，亦不及前清之盛。欲考乐制，惟浏阳邱乡贤之稑所传，犹有存者。今学校欲兴雅乐，初学入门，当即教以文庙乐章。每逢朔望，齐集礼堂，校长、教员行礼于上，学生奏乐于下，故不必陈俎逗设祭品也。此则于重教宗孔，敦本修身，一举而数善皆备。

三、可以化恶俗也。古人于乐，不独自娱。试观舞干羽于两阶有苗以格，解匡围于七日，不辍弦歌；大舜口琴，可以化傲弟，苏客洞箫，可以泣嫠妇，皆雅乐之入人者深也。盖纵有凶暴残忍之人，强悍乖戾之气，一聆雅乐，未有不肃然改容者。况今外人尤亟讲求，以为化民成俗，无逾于此，回视西乐，相形见绌。自以为北鄙杀伐之音，无当于中正和平之旨。岂我中国乃自忘之而自弃之耶？

四、可以定民志也。《礼》云"君子听钟声，则思武臣；听磬声，则思死封疆之臣；听琴瑟竽笙箫管鼓鼙声，则思志义畜众将帅之臣"。是故君子听乐，非听其铿锵而已也，盖实有所感也。即如今之社会，演忠孝节义之剧，尝使人见其惨者出涕。乐者开颜，而况风雅正声之涵濡者久乎，故改良戏曲，虽可以化导愚顽，而提倡雅乐，尤足以启迪才智，二者虽有精粗，而收效则一也。

五、可以保国粹也。今日学界少年，多持欧化主义，外本内末。其于先王之善政善教，圣贤之大义微言，等若弁毛，视如草芥。倘立雅乐于教科中，相与阐发，活泼新机，何遂让钢琴风琴之韵调哉！今幸中国乐教，尚有可考不绝如缕之学，如不保存，则将来泱泱大国之风，不独徒有其名，久而久之，且恐并其名而亦不知之矣。中国之粹，圣人之道，大率类是，言之不胜呜唈！伏愿学界诸君子，共体阎公之志，相与有成，以使三晋之礼乐，亦足为全国模范，岂不美哉！推行所至，隐化干戈，同登衽席，则圣道幸甚，国粹幸甚，树森亦幸甚！

中秋月夜太原军署听琴歌同郭允叔作[1]

贾景德

罗云掩忽横长天，　朗月过隙清光圆。　幕府中秋进揖客，　广场列席开华筵。

将军智略本辐辏，　十载倥偬亲戎斾。　迩来文教已广被，　更思作乐投戈鋋。

莘莘学子许圜坐，　疾徐有度歌新篇。　欲以精诚起衰敝，　手自谱曲心伤怜。[2]

雅歌既阕人语静，　琴师转轴调冰弦。　一声勾拨众侧耳，　渐闻激激鸣流泉。

山石嶕峣万籁寂，　海风荡漾千波悬。　沙平水息雁欲下，　渔舟拍岸声泠然。

子期识曲有神会，　四座孰与君侯贤。　须臾箫鼓复大作，　繁弦急管何喧阗。

戍楼夜乌不敢集，　横空万翼惊盘旋。　亦知风雅有寄托，　聊与流俗相推迁。

岂真阳春虑寡和，　故令下里来争妍。　况复荡喧示整暇，　失笑沧海沉桑田。[3]

京华中酒忆往岁，　良宵踏月天街前。　商妇琵琶语幽咽，　歌台丝管情缠绵。

逢场兴尽辄避去，　自爱古调甘迍邅。　霓裳法曲久不作，　得与此会如登仙。

茶瓜饷客极清冽，　果饵犒士分甘鲜。　曲终夜阑客四散，　侵衣风露凉涓涓。

小园尚有半亩地，　秋花秋月争婵娟。　归来倚阑不忍去，　清钟入耳催人眠。

[1] 《来复报》，1923年，第269号，第16页。又见贾景德，《韬园诗集》，近代中国史料丛刊续编本，文海出版社1943年12月版，第100页。

[2] 自注：是夕，文言学校学生歌督军手制之《太谷歌》。

[3] 自注：时东瀛地震，国内讹言朋兴。

《韬园诗集》附郭允叔原唱[1]

万籁正寂秋当中，流云华月相冲融。

旗尾疏疏露华白，电柱矗矗宵灯红。

设筵广场对空旷，冠履剑槊围元戎。

笳鼓不鸣管箫住，琴师叠进调丝桐。

弦幽韵细乍滴沥，远座侧耳皆痴聋。

元戎识曲独微笑，手自拍点如书空。

流泉赴壑势欲放，清钟警夜声初洪。

花明柳暗莺自啭，山虚石古人稀踪。

曲终四座若有得，苦茗稍进玻璃钟。[2]

此时笳鼓乃竞奏，轩然大作波涛舂。

寒鸦惊起栖不定，盘旋万翅来天风。

浮云渐卷天宇朗，变徵取快声情雄。

岂真阿瞒善解秽，万花放尽昭阳宫。

君侯所好在古乐，舞勺聊奖椒星童。

雅俗厘然有泾渭，魏文思睡言非公。

夜阑客散戟门闠，朗月耀瓦光玲珑。

筝琶俗耳洗犹未，更听街鼓声逄逄。

---

[1] 贾景德，《韬园诗集》，近代中国史料丛刊续编本，文海出版社，1943 年 12 月版，第 101—103 页。
[2] 自注：此夕不设酒。

元音琴社弹琴雅集纪盛[1]

元音琴社主讲顾君卓群于庚申十月朔之五日（阳历十一月十四号），假山西陆军审判处东园地址，邀集同人，弹琴雅集。下午两点四十五分开始，与会诸君各抚一操，以志其盛，计：

顾卓群莘首抚《风雷引》，招学安勋次抚《平沙落雁》，窦翘芝桂五次抚《墨子悲丝》；李官亭德懋次抚《长门怨》；王和斋致中次抚《高山》；李赞臣国干次抚《渔樵问答》；冯运青鹏鹜次抚《普庵咒》；孙异同宝章次抚《忆故人》；李梅夫大魁次抚《归去来辞》；儒童吴季宏孝彝次抚《梅花三弄》。以上系用李君官亭所藏唐传"月下松风"琴弹。林子仁元复顾卓群合奏《阳关三叠》，系孙君净尘所藏宋道君"龙门风雨"琴与"月下松风"双鼓，二琴俱牛毛断纹。张友生悌次抚《陋室铭》（月下松风琴），又《凤求凰》；顾卓群、孙净尘合奏《醉渔唱晚》，系道君琴与"月下松风"同鼓。斯时已四点五十分，遂同拍照。顾卓群趁兴复两奏《潇湘水云》，一系梅花断琴，此琴亦为李君官亭所藏；一系宋道君琴，二琴音韵竟难定其轩轾也。

与会者吴明复继高、马季青文涵、张少陔盘，当时会上仍有明益王、冲王，元朱致远蚌唐琴，并李君官亭所藏唐宋古琴，共廿余张，各种断纹具备，良琴太多，不暇全鼓。弹毕拍照，留作纪念。是会也，少长咸集，一弹再鼓，虽无裂帛入破之妙，亦足以颉颃古人。其最难者，两儒童指法娴熟已极手挥目送之趣。惟当此四方多事而诸君子能博此雅乐以尽终日之欢，虽不逮霞举远瞩，而彼醉生梦死者，又乌能望其项背哉！（省垣）

[1]《来复报》，1920年，第130号，第12—14页。

元音琴社琴会志盛[1]

七月三日，元音琴社同人假陆军审判处之东园，开第二次琴会。是日午后，到会数十人，各奏一曲，同时参观者，如虞君和钦、王君瀚如、叶君伯樵、赵君达九、张君芹荪、李君幼斋，或着围棋，或吹洞箫。张君芹荪、叶君伯樵并作诗纪事，洵雅集也。

兹将会中所弹曲名及诗章录后，以志盛况：

顾卓群、窦翘芝合弹《普庵咒》；顾卓群、段忠甫《阳关三叠》，琴箫合奏；

顾卓群、招学庵合奏《潇湘水云》；顾卓群、孙净尘合奏《平沙落雁》；

孙净尘及其女公子孙竹荪合奏《醉渔唱晚》；吴季宏弹《风雷引》；

段忠甫弹《忆故人》；王和斋弹《释谈章》；张友生弹《渔樵问答》；

冯运青弹《阳关三叠》；郑华甫弹《忆故人》；刘乙青弹《忆故人》；

祁亚静弹《归去来辞》；顾卓群、孙异同合弹《风雷引》；

李赞成弹《平沙落雁》；孙异同弹《忆故人》；李官亭弹《潇湘水云》；

李赞臣弹《普庵咒》；顾卓群弹《孔子读易》、《墨子悲丝》；

王竹斋弹《醉渔唱晚》；吴岷甫弹《梅花三弄》；马季青弹《平沙落雁》云。

张君芹荪咏元音琴社二次开会七绝三首如下：

十载愁闻杀伐音，广陵绝调久消沉。何期古圣垂裳地，一曲南熏尚在今。[2]
一帘花影讼庭间，[3] 流水高山逸兴酣。不独洗心兼洗耳，好将薄俗挽嚚顽。
飞鸿迭响入苍冥，盛会居然两度经。最是生公能说法，[4] 亦教顽石点头听。[5]

[1] 原刊《来复报》，1921年，第163号、第11—12页。
[2] 自注：晋乃唐虞旧都，时正夏季。
[3] 自注：会即设陆军审判处。
[4] 自注：孙公著《五均图说》，是日悬壁。
[5] 自注：予非知音，亦颇会意。

叶伯樵君咏元音琴社二次开会七绝四首如下：

吁嗟雅乐久沦亡，赖有今人习古方。

一洗筝琶庸俗耳，共听云水谱潇湘。

花光灿烂电光寒，一阵熏风一曲弹。

古乐重兴关教化，重华含笑伏羲欢。

美他玉轸为金徽，唐宋名琴世所稀。[6]

目送飞鸿天际渺，冰弦在手不停挥。

箫声琴韵两悠然，同日霓裳咏众仙。[7]

更有中郎携弱息，[8] 合将广乐奏钧天。

[6] 自注：中有李君官亭唐琴一张及孙君净尘宋道君琴一张。

[7] 自注：段君吹箫合琴。

[8] 自注：净尘有女公子竹荪，是日与乃父合弹一曲。

元音琴社欢迎杨时百先生志盛[1]

九月十日，元音琴社同人开琴学大会于陆军审判处，欢迎杨时百先生。到会者百余人。

主席顾卓群先生报告云："今日琴会宗旨，因琴学大家湖南杨时百先生由北京来晋，孙君净尘特邀集琴社诸君子开会欢迎。凡男女来宾能琴者，皆可自由操缦，以助雅兴。因孙君推鄙人为主席，特为报告"。

次虞和钦先生代表杨时百先生致词，略谓：时百先生非常谦恭，不肯说话，特属鄙人代表致词。杨君云鄙人性酷嗜琴，数十年来，悉心研究，自觉稍有所得。此次承阎兼座之聘来晋，得与晋中诸琴学家相聚，共同研习，私心甚幸。乃蒙顾、孙二君又开此会欢迎，殊觉抱愧不安耳。鄙人在北京时，已闻山西琴学为一时之盛。今身历其境，目睹如此盛况，不禁叹为数百年所未有。若更从此发挥而光大之，则山西不独以政治为全国模范，而琴学亦将为全国模范矣。用撰一联，以为胜会纪念。联云"能以声音召和气，欲将诗酒答年光"。

次杨友三先生致词，略谓：今日开琴会，树森亦与其盛，惟琴学荒疏，且手指受伤未愈，不能操琴，抱歉之至。惟有洗耳恭听诸君之雅奏而已。特制祝词以申鄙意，词曰"太和元气，天地正声；赖斯国粹，唤醒人心"。

次来宾青年会干事美国安哲卿先生致词，略谓：兄弟游历中国多年，未曾得闻中国古乐，不意山西乃能将中国琴学家荟萃一处，而有今日之大会。兄弟遂得以闻所未闻，实为欣幸之至。不过兄弟对于此道，原非知音，惟知琴在贵国古乐中，为最高尚最精美之乐。近年来人多不甚讲求，几成绝响。幸有诸君热心提倡，将来推广发达，自可一日千里。兄弟别无他说，惟有盼望而已。

次赵竹垣先生[2]致词，略谓：古人说声音之道与政治通，又说移风易俗莫善于乐，

[1] 《来复报》，1922年，第221号，第10—13页。
[2] 按：原刊将"先生"误作"生先"，今乙正。

以其能感人也。古乐音尚和平，故政治民风多淳朴敦厚；近世音尚哀怨，故政治民风多浇漓偷薄。盖其所感者不同。今古乐所存，尚有此琴。晋中得顾卓群、孙净尘、李官亭诸君提倡，已有日益发达之势。今更有杨时百老先生来此维持，则琴学前途更不可以限量。惟盼望男女诸生，从此用功造就，将来古乐昌明，风俗淳厚，于兹可以预卜矣。

次孙净尘先生致词，略谓：晋中琴会，此为第三次。在前年第一次开会时，尚不过寥寥数人。至去年二次琴会，已有逐渐增多之势。今年乃更得琴学大家杨时百，音乐大家杨友三、彭祉卿、顾梅羹诸先生同时莅止，而琴社同人又多至数十倍，合男女两界学生计之，且将过百数。三数年间，乃能发达至此，可见开琴会之效力，真可以促进一般人之兴趣，鼓励后进者热心。若再至四次琴会时，其发达之数，更将不知其止境。此种现象实为琴学中一大生机。鄙人将距跃三百以为琴学前途庆。

次虞和钦先生致词，略谓：杨时老与兄弟为前清学部旧同寅，相识已十余年。去年兄弟到北京访杨时老，曾听其《渔歌》一曲。谈及近来琴学，较之前清末年，似为发达。山西自顾卓群先生来，已有数十人之多，但不知北京是何状况。杨君云"学琴者虽多，可传道者甚少"。殊为可慨。今年兄弟又到北京，乃力劝其来晋，杨君意亦稍动。于是兄弟乃为介绍，请督军礼聘来此。是山西一省之中，既有顾卓群先生传其蜀派之琴，复有杨时百老先生传其广陵派之琴，行见两大派真传，浸衍日蕃。将来晋中琴学发达，洵可甲于天下。今杨君寓教育厅内，若诸君愿来研习者，可分部学之，如《渔歌》、《胡笳》等等，各人认定一曲，方得专精，时间即自行酌定可也。

次育才馆雅乐部王聚魁先生代表全体致词：今日会中，皆系大琴学，且有各老师在座，学生等学识浅薄，原不敢妄赞一辞。今因杨时百老先生为学生等素所倾慕，此次来晋，提倡琴学，而孙处长复开此琴会，俾学生等得以亲瞻丰彩，畅聆雅奏，殊属万分欣幸。故敢代表雅乐部全体致词，以申谢意云。

讲毕奏琴。

　　杨时百先生《渔歌》；彭祉卿先生《忆故人》；顾卓群先生《潇湘水云》；招学庵先生《昭君怨》；杨时百先生《流水》；虞和钦先生《长门怨》；顾梅羹先生《平沙落雁》；窦翘之先生《普庵咒》；王和斋先生《释谈章》；郑华甫先生《忆故人》；顾国屏先生《孔子读易》；杨时百先生《高山》；孙净尘先生《汉宫秋月》；孙异同先生《风雷引》；育才馆雅乐部王聚魁、耿莱瀛、李保衡、王建武、徐明性四君[3]琴箫合奏《普庵咒》；女师范琴科教员孙竹荪女士（孙净尘先生女公子）、图画教员吕宜弟女士、专修科学员池佩兰女士合弹《梅花三弄》；孙竹荪女士、吕宜弟女士、张秀兰女士合弹《归去来辞》；虞雅女士《醉渔唱晚》；秦玉楼女士、张秀兰女士合弹《归去来辞》，兼歌词；孙竹荪女士、吕宜弟女士、张秀兰女士合弹《阳关三叠》，兼歌词，孙净尘先生度箫。

　　洵盛会也。（省垣）[3]

[3] 按：当作"五君"。

督军在军署自省堂领省之讲话[1]

阎锡山讲，王殿锦笔记

方才所弹的琴，你们应当都听的见。但是按你们精神的现象，就可知道你们谁听不听，谁是用耳听，谁是用心听。不听的是心不在听上。不在听上，是在习上。何为习？即己之舒服、美味、财色、名气、自大、争胜等等。当听时心不在听上，必在这等等上，可知其习已深矣。习愈深，则心愈肯在习上用心。愈在习上用，则习之作用愈大，即好舒服、好美味、好财、好色、好名气、好自大、好争胜之力量愈甚。久之则心为习化矣，《乐记》所谓"人化物"者是也。"人化物"即是心化习，心化为习，则不知有心矣。无心则与禽兽无异，所谓梏亡，所谓心死是也。此等学生，当知自己将上人生之危险路，速回头猛省，以资自救。

至用耳听的，只能听琴音的身体，不能听出琴音的精神来。什么是音的身体？什么是音的精神？非用心听到领会时，不易知到，用耳听终久摸不着边。吾中国文化（与）音乐的关系甚大。学问的结尾处，非乐不可。故古人有"成于乐"之句。孔子闻帝舜之《韶》乐，三个月吃不见肉味。即孔子之味觉力，被舜之《韶》声浪所停顿。当时孔子犹为惊讶，可知乐之力量矣。

近日美国教育家孟禄博士来晋会面间，余曾以过发达工商业为减杀人群吃饭之关系，而各国如仍趋于工商业之发达，将来为吃饭之战争，仍不能免。博士以各国现正极力于杀人，其如公意何？有何法停止其杀人力量乎？余答以中国文化。言中国之古乐，有停顿杀人力量之功效，并以孔子在齐国闻《韶》之故事说之。博士云，安得以中国之古乐遍闻于各国，则亦人类之幸也。此段谈话虽近于谐，中国古乐，实有是效，惜失传耳。古人治国化民，开端以诗，发挥以礼，归宿以乐，其义深矣。师范生毕业后即教人者，须知领省时，自省之初，必要说一话句，令学生想想上星期内办了的事，有什么错处。此句话关系甚大，果真用心的学生，听此一言，其心中如鱼跃于渊。人心如一池水，人心中有真种子，如水中有鱼一也。当学生心静时，听此一语，其自心之真种子，必发一线曙光，描写其景况，如同鱼跃于渊也。久而久之，如生豆芽，即可发出芽来。孟子以恻隐、羞恶、辞让、是非，为仁义礼智之端，舍自省何以使此端露头？此实为有把握之一办法，惟愿诸生自先诚以行之。

育才馆欢迎李佳白博士补志（节录） [1]

三月二十一日下午二钟，育才馆欢迎美国李佳白博士。届时博士偕同冯会长、柯定础、刘灵华诸先生同至。赵馆长因筹备军署自省堂未到。经该馆主任张芹荪及雅乐主任杨友三两先生接待。茶后，即由全馆学员行礼欢迎，李佳白博士登台演说。（中略）演说毕，经张主任引导参观雅乐。李博士甚为欣慰。至音乐教室，奏《鹿鸣》一章，琴歌三阕。博士又演说云："我来贵省参观了几天，不曾知道有这样好的雅乐。我在贵国将近四十年，这还是第一次的领略。并且另设有专门学校培养人才，实在是我意想不到的。贵国以四千余年的先进国，本来是极讲究礼乐，这中间的学问，也就很精微奥妙，难于尽说。从前我在北京参观各学校，也有种种的音乐，但是再也不能有这样优雅的趣味。并且他们的设备和材料，都是极单简，没有这么许多。在我们美国的学校，歌乐也有，不过繁音杂响，当不得雅字罢了。从前我们外国人，对于贵国的乐器，很是注意。敝国有一朋友，他竟将自己的产业，一概变卖到贵国，专收乐器，现在陈列在博物院，很好很好。至于贵国的书画等美术，都极精奇，一种活泼的精神和高尚的美感都能表现到绝顶。我的佩服敬爱，可不能在口头上的圆满的描写，但是失传的总多。在我揣度，都是因为一种舍己耘人，好学外国的弊病，以致将几千年结合的精髓，弃之不顾，未免可惜了。今天我在意外得这奇缘，听了这一线未绝的中国雅乐，平时的不快，都化作满天的欢喜。深望诸位留意，努力的研究，不仅中国绝学得传，便是这上古元音遍传世界，使外国人得见贵国的特长，这美术界的光明，无上的名誉，舍此无他了。今天为诸位道贺，为中国道贺，并为世界美术界道贺！不多说了"。说毕，即在雅乐部摄影以作纪念云。

[1] 《尚贤堂纪事》，1922年，第13卷，第4期，第37—39页。

普及雅乐之先声 [1]

育才馆附设之雅乐科学员，已经考试毕业。该馆赵馆长为普及雅乐起见，特将各学员委派于大自省堂十三名，国民师范十四名，阳曲县十四名，高等国民学校十四名，分任雅乐教授云。（省垣）

国民师校近闻种种 [2]

（一）（组织夏令讲学会）国民师范学校为研究教育起见，拟组织夏令讲学会，并特聘教育专家担任讲席。凡曾在该校毕业学生，均可及时来校练习，藉广见闻。昨闻已将办法及时期规则如下：（一）报到日期。自七月一日起，至七月七日止。（二）开讲日期。自七月八日起，至八月六日止。（三）讲授课目。新教育原理，教授法原则，儿童心理，设计教学法。（四）膳宿课本各费均由校备给。

（二）（附设雅乐专修科招生）该校为普及雅乐起见，拟于暑假后，开办雅乐专修科，其报名及试验之各项手续，也已规定如下：（一）名额。招收学生四十名。（一）年限。一年毕业。（一）年龄资格。十八岁至二十二岁，曾在高小毕业或有相当程度素嗜音乐者。（一）手续。报名时，随缴本人四寸半身相片一张，毕业者呈验证书。（一）试验科目。国文算数口试。（一）报名地址。本校办公处。（一）报名期限。自七月一日起，至八月十日截止。（一）试验日期。报名截止后，另行牌示。凡有志入该科肄业者，即依照该校办法旅行可也。（省垣）

[1]《来复报》，1922 年，第 208 号，第 6 页。
[2]《来复报》，1922 年，第 208 号，第 6-7 页。

法校雅乐社成立矣 [1]

法政专门学校学生，李君其瑞、冯君建邦，为陶养性情起见，特组一雅乐社，九月十九日开成立大会，请校长暨教职员莅会讲演。晚六钟开会，冀校长及梁泰仁先生各有长时间之演说，极表赞同，并于是时选举张天枢为正社长，李如林为副社长，马成龙等四人为编辑员。八钟散会，计与会者有四十余人，极一时之盛云。（省垣）

高小校增加雅乐 [2]

育才馆附设之雅乐专修科毕业生，前曾分配各县委用。其派往长治县之姜君，因该县乐器未备，暂充小学教员。长治赵知事以姜君用非所学，教授不免隔膜，况长此以往，雅乐难期振兴，因令长治各高小学校速购乐器，加雅乐钟点。遂将前任第四高小学校教员姜君，改委为长治高小学校之游行雅乐教员云。（省垣）

[1]《来复报》，1923年，第267号，第7页。
[2]《来复报》，1923年，第271号，第12页。

缘结千里 肝胆相照——古琴家王鹏入晋记

元音琴社举行雅集欢迎王鹏入晋

驰遥思于千里，愿接手而同归。

——谢惠连《雪赋》

北京钧天坊创始人王鹏先生集斫琴、奏琴、释琴众艺于一身，由琴形而琴理、由制器而体道，兢兢业业、不断精进、技艺超卓、允称大家。甲午之夏，王先生展逍遥之鹏翼，超递千里，驾临三晋，既结龙城之琴友、复阐琴理之大道、亦奏云和之正声，缘结晋域、肝胆相照、广乐钧天、佳音永绕。

王鹏先生及其团队在三晋开展的古琴活动主要包括：论琴元音、讲法山大、于山西大剧院音乐厅举办钧天云和古琴音乐会等。

一、论琴元音

　　王鹏先生与山西太原元音琴社常务副社长南林旺先生皆曾师事古琴名家梅曰强先生，本有同门之谊；此次王先生及其团队受邀来晋，元音琴社为主要协办单位之一，王鹏先生甫一入晋便冒雨驾临元音琴社，诚可谓良有以也。

　　六月十三日下午，丽华苑五号楼的元音琴社济济一堂。二时许，"溪云初起日沉阁"，一阵淅淅沥沥的雨声恰似一部交响乐的序曲般奏响、回翔在丽华苑。王鹏先生及其团队部分成员沐浴着夏雨的清凉，驱车驰入丽华苑，驾临元音琴社。

　　入席坐定后，欢迎仪式开始。首先由南林旺先生致辞，对王鹏先生来晋表示热烈欢迎，对三晋古琴事业的今昔作了简明介绍。关于山西古琴事业的今昔发展状况，南林旺先生主要阐明三点：第一，三晋是古琴的故乡，春秋时的瞽者乐人师旷技艺精湛，是中国音乐史上里程碑式的人物；第二，晚近之时，礼崩乐坏，三晋琴人研精覃思，在极其艰危之环境下保存、维系、传承华夏古琴文化，功不可没；第三，山西琴人李庆中先生，自少至老，戮力三晋古琴事业，义授绝技、桃李缤纷，是当今山西琴界繁荣局面的重要缔造者。稍后，王鹏先生发言，他高度评价了山西琴人在近年来的古琴事业发展中所起到的重要作用，并自述了自己多年斫琴、演奏的心得体会，且重申与南林旺先生为同门棠棣之款曲。王先生发言结束后，由南林旺先生代表元音琴社向王鹏先生献上聘书，正式聘请王先生担任元音琴社名誉社长。

　　随后，王鹏先生与聚集在元音琴社的山西琴人展开了广泛而深入的交流。在交谈中，与会者关于古琴的问题五花八门，不拘一格，王鹏先生皆能凭借其深厚的古琴修养作出切中肯綮的回答，迎来一阵阵持久不息的掌声。

　　"大乐与天地同和，大礼与天地同节。和，故百物不失；节，故祀天祭地。明则有礼乐，幽则有鬼神，如此则四海之内合敬同爱矣。"（司马迁《史记·乐书》）作为当代著名古琴艺术家，王鹏先生不仅学识渊博、有问必答、答必得宜，且古貌古心、和蔼可亲、温润如玉，丝毫没有骄矜之气，可以说，王先生本人即是对华夏礼乐文化的生动阐释。

最后，在山西琴友的热烈、持久的掌声中，王鹏先生缓步登台，轻抚一曲《鸥鹭忘机》，乐为心音、琴可传情，王鹏先生的演奏中有着超凡脱俗的意境、境界，使所有在场者皆沉浸在那一片烟水迷蒙、沙鸥翔集的琴音中。

二、讲法山大

"琴"是中国历史上最为古老的乐器之一，至今已有三千多年的历史。遗憾的是，自从晚近礼崩乐坏、古琴衰落之后，尽管在当下，在各地琴人的不断努力下，华夏古琴文化之元气渐有恢复，但是作为中国主要教育机构的高等学府，在古琴文化教育方面却所为无多。

王鹏先生是责任感、使命感极强之人。他之所以能够获得国内琴人普遍的认可、赞誉，绝不仅仅因为其斫琴质量之高、演奏技艺之精，尤要者，乃是他的一颗关怀、传承华夏文化之心，乃是他始终致力于复兴中华古琴文化的历史、道义承担。

"余既滋兰之九畹兮，又树蕙之百亩"。2010 年，王鹏先生在北京创办钧天坊，这是中国当代以琴文化为核心的专业乐团。钧天坊在宣传、教授古琴文化、古琴技艺方面做出突出贡献，为祖国培养了大批古琴人才，居功至伟。

目前，中国民间乐人对古琴的爱好、关注热情不断升温，然高校教育仍处于观望、漠视甚至忽视的状态。有鉴于此，六月十四日，也就是在与元音琴人座谈之后的第二天，王鹏先生不顾旅途劳顿，"连续作战"，在山西大学会议中心博雅报告厅举办以"琴器与琴道"为主题的古琴文化专题讲座。在讲座中，王鹏先生由斫琴之体验出发，深刻地阐释古琴的制作机理；并且进一步从天人合一等角度，对古琴的文化内涵进行深度剖析，深入浅出、语妙四座。讲到兴奋处，王先生常常操缦抚弦，现身说法。如讲到如何追求、形成独具特色的琴曲韵味时，王先生说，当使琴弦如皮筋般具有伸缩之弹性，再结合自身对宇宙、历史、人生的体悟，从而超越器的层面，抵达道的境界，弹拨出一段具有自身精神、风度的心音。言罢，王先生亲自走向琴台，以《阳关三叠》为例，他首先按部就班、中规中矩地演奏了一段琴曲《阳关三叠》，尽管四平八稳，却了无生趣、不能动人心魄。随后，王先生弹奏了自己理解、体悟的《阳关三叠》，曲谱不易，而指法变动不拘，极为灵动，十指骈发，挟裹风雷，忽而云消雨霁，抹挑自然，千变万化，参于天地，曲中蕴藏胜境、道心。

王鹏先生之所以能具有如此高深的古琴造诣，乃得益于他沟通天人、融汇古今的思维理念、人格修养。《史记·乐书》云："德者，性之端也。乐者，德之华也。金石丝竹，乐之器也。诗，言其志也；歌，咏其声也；舞，动其容也。三者本乎心，然后乐气从之。是故情深而文明，气盛而化神，和顺积中而英华发外。唯乐不可以为伪。"王先生对古琴文化、对中国传统文化的使命感、责任感是其德；乐曲，乃王先生内心之德的外化，其德和顺厚重，故英华发外、惊心动魄。琴人，固当精研琴艺，然尤当以道义自命，不断提升自身道德修为。

王鹏先生在短短两日内，由元音琴社而山西大学，由民间而高校，可以说体现出他意在沟通闾巷与高等学府的理念，也寄托着他对古琴走入高校的殷殷期盼。相信有识之士必将赢粮景从、群起响应，从而对三晋、甚至全国的古琴文化事业发展起到广泛而深刻地推促作用。

三、云和乐作

六月十五日晚，王鹏先生携其团队在山西大剧院音乐厅举办"琴晋——钧天云和古琴音乐会"，将此次入晋活动推向高潮。

音乐会以"琴晋"为名，其意义可谓厚重、深远。古琴，以五音载天道；三晋，以地势化琴人。"琴晋"，谐音取义于"秦晋之好"，本意是春秋时代秦晋两国世代联姻，后用以喻指天作之合。王鹏先生与三晋大地素有琴缘，2008 年，王鹏先生为北京奥运会开幕式所斫古琴名为"师旷式——太古遗音"，即是仿春秋时期晋国乐师师旷之琴而创制。可以说，王鹏先生在人未到三晋之时，便已情系三晋、情系三晋琴人。钧天坊此次"文化遗产日"山西之行，以"琴晋"为名，不仅意在接续古琴与山西的历史情缘，更欲立足当下，实现北京与三晋琴人的深度交流，从而更好地相互融合，共同促进华夏古琴文化的传承，以琴为媒，参天地化育，契天人和合。钧天西行，琴晋结好，盛世元音，华夏永耀！

音乐会上，王鹏先生独奏《平沙落雁》、《渔樵问答》两曲，并与杜大鹏、金鹏合奏《阳关三叠》，最后，王鹏先生还与杜大鹏、金鹏、宋昭一起即兴表演古琴、古典吉他、大提琴、人声和鸣。

杜大鹏先生独奏《山居吟》、《流水》两曲，并与宋昭合奏《无象》。

金鹏先生自弹自唱琴曲《暗香》，情韵绵长。

王鹏先生的古琴弹奏重意境之营造，指法潇洒自然，境界开阔大气，风格清新旷远。

杜大鹏先生的古琴弹奏气韵刚健古朴、旋律清新典雅、指法潇洒灵动，具有鲜明的个人风格。

金鹏先生的琴歌，一唱三叹，声音哀婉动人，颇能传古人诗词之神。余音绕梁，经久不绝。

宋昭先生的大提琴演奏，感情饱满，悲情抑郁的琴声恍若天际飘来，又似地下涌出的汩汩清泉，闻之令人潸然泪下，感发力量极强。

此夜，山西大剧院音乐厅席位爆满，千余座位无一虚席，伴随着优雅的琴音，许多人默默起身，侧耳倾听，沉浸在古琴所营造的悠远美感之中。

王鹏先生的钧天坊音乐团队，不仅技艺精湛，而且尽职尽责，音乐会之前，王鹏、杜大鹏、金鹏、宋昭等先生多次赶到音乐厅现场，反复察看舞台设备之摆放，感受、调整灯光音响之效果。钧天坊的其他成员也各自竭力于自己的本职工作，销铄精胆，从无懈怠。

六月十六日，王鹏先生本次来晋的古琴活动圆满结束。由相关人员陪同，王鹏先生兴致勃勃地游览了山西名胜——晋祠。

杜大鹏、金鹏两先生则分别于十六日上午、下午驾临丽华苑五号楼，访问元音琴社，参与元音琴社雅集，并分别与元音琴社成员合影留念。随后，钧天坊团队纷纷离晋。

歌云：

箫韶来去兮，鹏抟九霄。三晋雅乐兮，元音孔昭。

正声郁起，河清海浩。抚弦长啸，华夏多娇！

山西省太原市元音琴社

二〇一四年六月十九日

泠泠七弦意 绵绵家国情——古琴家张子盛先生访谈录

张子盛（左）与南林旺

采访者：张晓鹏、王晓勇、张德恒

整理者：张德恒

笔者按：八月八日至十四日，由天津七弦琴学院和山西元音琴社联合举办的第十二届全国古琴师资培训暨元音琴社首届古琴禅修班在佛教圣地五台山隆重举行。八月八日晚，我们有幸对正在五台山金莲花宾馆指导培训、禅修工作的著名古琴家张子盛先生进行访问。十一日晚，我们又有幸对张夫人进行专访，收获良多！兹将采访内容合并整理如下，以飨读者。

一、学琴历程

张德恒（以下简称"德"）：张先生您好！先生是当今公认的古琴大家，可否介绍一下您的学琴经历？

张子盛（以下简称"盛"）：我是八九年开始学琴的，当时是在天津东方艺术学院，古琴老师是高仲钧先生。后来也曾问道于梅曰强、龚一、李祥霆等先生，获益良多。高先生是古琴四大家之一的管平湖先生的弟子，是正宗的九嶷派传人，后来我虽然转益多师，但功底主要是九嶷、虞山两派的。

德：听说先生仅仅习琴两年便已能弹奏如《广陵散》等大型琴曲，除了先生天资颖悟外，是否也与高先生的教法有关？

盛：弹古琴，在我看来比较简单，因为习琴之前我弹过多年古典吉他，也具备一定的乐理知识，再加上当时好奇，总希望尽量多地学习古琴曲，于是练习的也就比较刻苦，可以说是日日操缦不辍，进步较快。当然，我在古琴学习上之所以比一般人稍快，主要是得益于业师高仲钧先生独特的教学方法。高先生因擅弹琵琶，业内遂有"琵琶高"之称，琵琶四弦，每弦七钧，以右手弹拨为主，左手主要处理按音。高先生在教授古琴时，有意识地将琵琶演奏法融入古琴教学，学琴之初，先生只允许我用右手弹拨琴弦，左手放于九、十两徽之间不动，也就是说先生让我光用散音弹曲子，而不加入按音和泛音。这样做的目的是能够很好地训练右手指法。因为弹古琴和弹琵琶一样，主要是靠右手，右手功夫过硬，左手按音加入，才能相得益彰，左右手齐出，泛音才能准确、空灵，尽收一唱三叹之妙。反之，如果右手训练强度不够，下指不实，那么加入左手按音，就会"错上加错"，令人感觉琴音不纯、琴韵不深，而演奏者也会终因心浮气躁，不能沉潜精神于琴韵而达不到良好的效果，长此以往，习琴兴趣下降，甚且半途而废，学无所成。高先生独特的教琴方法，初觉枯涩，但日久成效显著，学生往往能够厚积薄发，有所成就。

德：先生是否还记得当年弹奏的第一支琴曲是哪首？

盛：是《鹿鸣》。这支曲子比较简单，所以最先学习，后来我撰著《琴学门径》一书，也把这支曲子作为一首基础的、必习曲子。需要说明的是，当初我学《鹿鸣》、《关山月》诸曲，独用右手，故弹出的全是散音，无按音、泛音。我就是这样学完了好几支琴曲。

德：古琴旋律是以指法谱来表示的，我曾见到先生在《七弦琴音乐艺术》中的古琴打谱，请问先生，作为一个古琴演奏者，应该如何处理古琴谱的继承与创新的问题？

盛：弹古琴，心要静。气息要调整均匀，取音要准，如此才能谈意境。弹奏的曲子多了，各种指法都熟练了，从中可以摸索出规律，此时可以变化、可以创新，但是要先积累、继承。李祥霆先生曾说："古琴，想学就能学会；认真就能学好；发疯就能学精"。言简意赅，值得深思。

二、琴人修养

干晓勇（以下简称"勇"）：聆听先生演奏的古琴曲《流水》，是一种十分难得的享受，尤其是弹到琴音由洪大到细微的地方，声虽弱，但能入耳入心。

盛：《流水》的那一段细微的音乐片段最难表现，也最能见出琴人的演奏水平。要收到"此时无声胜有声"的效果，非有成千上万遍的练习不可，当然我的演奏尚未达到理想境界。路漫漫而修远，我将继续努力，上下求索。

德：听说先生在旧体诗词创作方面亦有精深造诣。我们了解到，著名津门词家寇梦碧先生亦曾在天津东方艺术学院执教。我曾读过寇先生的《夕秀词》，对寇先生"以稼轩之气遣梦窗之词"的词学理论甚为钦佩。请问张先生，您在东方艺术学院习琴期间是否曾亲炙过寇老？您高妙的旧体诗词造诣是否受到寇老影响很深、很大？

盛：余生也晚，求学之时，未得亲炙寇老。在旧体诗词方面受到张牧石先生影响较大，张牧老学问精深，作诗填词，喜欢用典，读书不丰，学识浅弱，是不可能达到张牧老那种诗学境的。另外，我也曾问道于寇梦老的爱婿曹长河先生，曹先生是当今诗词名家，诗词兼工，我从曹先生那里也获益良多！

德：先生觉得您深湛的国学修养对您的古琴弹奏有何影响？或者说您觉得两者间有怎样的关系？

盛：我觉得一切艺术、科学门类，其实都是我们认识宇宙、世界、人生的方式、手段。绘画也好、书法也好、诗词也好、弹古琴也罢，在较高层面来说，都是我们认识自然与人生的方式。从这个角度说，诗词与古琴，当然关系密切。国学修养深，对古琴曲的认识就会更深刻，更接近琴曲的本真。再具体言之，比如绘画、诗词，都需要构图、制造意境，于是都需要良好的空间感、节奏感，弹古琴也一样，何处是静的画面，哪里是动的画面，都要成竹在胸，心里有数。因此，如果一个人具备了很好的中华文化修养，那么他（她）对古琴、对琴人、对琴曲、对琴史的理解，也必然较一般人更深刻。前辈著名琴人，往往同时是诗词名家、丹青妙手，就能很好地说明这一点。

德：先生弹琴，指法华美，取音纯净，注重以心取韵、心韵合一。先生弹琴，可以说已形成独特的风格，请问先生，您的这种独特演奏风格，是如何逐渐形成的？

盛：首先我必须说明，我现在并未形成自己独特的风格。这不是谦虚，更非虚伪，而是事实。琴道广大，渺余小子，何敢言形成独特风格！就我个人学琴经历而言，一是得法，少走了不少弯路。具体言之，即以九嶷为基，旁挹虞山，转益多师。还有就是刻苦练习，鼓琴不辍。弹古琴，如果取音不正、指法不熟，遑论意境、神韵？故初学者特别应该勤奋练琴，一个指法练上一千遍不算多。遇到瓶颈，千万不可气馁，吾志所向，愈挫愈勇，久久为功，胜利在于坚持！李祥霆先生所说“弹古琴，想学能学会；认真能学好；发疯能学精”！此数语可书之座右。

三、临轩操缦

笔者按：八月八日晚，张子盛先生曾两度操缦，在培训学员的禅修课堂上，先生曾为众学员弹奏《流水》；课下，元音琴人南林旺先生、张晓鹏先生、王晓勇先生，以及笔者躬赴张先生下榻房间，张先生为鼓《文王操》一弄，此曲旧载《西麓堂琴统》，张先生演奏时所用为其自编指法谱。八月十四日下午四时许，在培训活动即将结束时，张先生为鼓大曲《广陵散》，以示惜别之意。

八月八日晚，元音琴人拜访张子盛老师。

张晓鹏（以下简称"鹏"）：张老师，素知先生善于古琴打谱，不知最近是否有新作产生？

盛：现在工作比较忙碌，很多时候没有足够的时间进行琴谱的研究及重新编排指法等事宜。去年我曾想为《文王操》重新打谱，无奈琐事缠身、俗务累心，只打完了一半琴谱。而这一半琴谱，还是去年和孩子一起参加夏令营时，挤时间打成的。今年我又想抽空将曲谱打完，但是断断续续，至今尚未全部完成。

鹏：张老师为何要选择琴曲《文王操》进行打谱？

盛：《文王操》是一首很古老的琴曲，此曲反映了周文王求贤若渴的心态，有人说所谓《文王操》，要表现的就是文王求姜子牙的故事，也可谓一家之言罢。这首琴曲，唐代韩愈曾为之填词。（德插话：元和十四年，韩愈被贬潮州时，曾赋《十操》，《文王》其一也；在《韩昌黎文集》中，有对唐代乐人演奏《文王操》的记载，可知韩愈是"按曲填词"）但是现在《西麓堂琴统》所载的指法谱，弹奏起来极为不便，运指时手型不美，所以我决心自己打谱，并根据我个人对这首琴曲的理解，融入一些新的东西。

鹏：张老师可否为我们当场演奏一下您自编指法的《文王操》？

盛：其实这支曲子我尚未完全打完谱，不过可以为大家演奏一下前半部分。

笔者按：此时屋中并无琴桌、琴凳，张子盛先生横琴在膝，调弦入弄。大约五六分钟之后，演奏完毕，张先生横琴而坐。

鹏：张老师所奏此曲，古朴纯正，变化多姿，颇有创意。

盛：这支曲子，按音主要在七徽以下，可见它确实是一首古曲，既然是古曲，演奏时则要求表现出其古朴的意蕴，你的感觉很敏锐。

德：请问张老师，按音在七徽以下，如何便可判断出《文王操》确为一首古曲？依据何在？

盛：古琴的演奏，七徽以上，变化较为复杂；七徽以下，变化较少，一般而言，较为古老的琴曲，按音多在七徽以下，因为古琴及古琴演奏毕竟有个发展演变的过程，不可能一步到位发展到极致的。

八月十四日下午，培训接近尾声时。

德：曾经在网络视频上反复观看、聆听先生弹奏的《广陵散》，今天机会难得，冒昧地提出一个请求：先生能否为我们当场演奏一次《广陵散》？

盛：一曲骊歌无限意！我为大家演奏一曲《广陵散》，聊表惜别之意。但是曲名虽为《广陵散》，我却希望大家"不散"，期待着与大家再相聚！

张先生（边调弦边说）：《广陵散》，一弦、二弦，要调成一样的音高，即所谓"慢二弦"是也。因为一弦为宫，代表君主；二弦为商，代表臣子。《广陵散》即以此表达以臣弑君之意。

（演奏结束后）鹏：张老师一曲《广陵散》，嵇中散之神韵风采，临危不惧之气度，千载如在当日！

盛：过奖了，希望大家努力练习，我们还会再相见！

四、家国情怀

笔者按：八月十一日晚，在五台山宾馆"茶轩"，我们对张子盛先生的夫人进行了专访。

德：张夫人您好！请问当时您与子盛老师是如何相识的？

张夫人（以下简称"张"）：那时，我们同在天津一家酒店工作，在公司组织的职员培训上，我和子盛得以相识、相知。

德：当时您知道张老师擅长弹琴么？

张：和子盛认识的时候，他在酒店做调酒师，我并不知道子盛擅长弹奏古琴。后来有一天，我去他家找他，见他在弹奏古琴，当时颇为惊讶，也颇感自豪吧，毕竟弹古琴，在我看来是很高雅的事。

勇：张老师在弹奏古琴的时候，指法处理的极其细腻，请问张夫人，张老师在现实生活中是否也是一个非常细致、周到的人？

张：子盛在现实生活中应该可称作一个非常周到细致的人。他对朋友很热心，侠肝义胆，结义弟兄很多，且现在仍然陆续有人加入。子盛的生活很有规律，从不睡懒觉，按时起床、工作。

鹏：现在孩子的教育工作是否由您主管？

张：是的。子盛工作较忙，一般周六、周日回来，我平时对孩子态度较为温和，所以孩子特别害怕过双休日。（笑）

勇：您会弹古琴么，小公子也学弹古琴么？

张：我虽弹古琴，但技法不精。我们的儿子也在子盛的教导下弹古琴。在放假的时候，孩子弹琴较多。所以家中经常出现这种情景：我与子盛在客厅看电视，孩子在书房练琴；一旦孩子取音不准，子盛便在客厅大喊一声"音不准"！这样喊了很多次，我便问他：你是看电视还是教导孩子弹琴？（笑）

德：张老师是当今古琴演奏名家，我曾在《琴学门径》一书所附的光盘上，看到张老师弹琴的影像，尤其是，张老师弹琴时手型极其华美。请问张夫人，作为著名琴家，张老师平时是否也很注意对手指的保养？

张：子盛平时似乎也没有对手指进行特别的养护，只是有一点，子盛在用手机发短信的时候，都是用小拇指打字，"一指禅"的功夫过硬，我每次见他独用小指打字、发短信，都不禁笑出来。对于古琴弹奏而言，小拇指被称为"禁指"，也就是说我们在弹奏过程中一般不会用到小拇指。子盛用小拇指打字、发信息，其实就是他保养其他手指的方法。

鹏：请问张夫人，张老师在古琴方面，对未来有何展望？

张：对于古琴，子盛是有着很重的使命感的。朝斯夕斯，念兹在兹，期待祖国古琴事业繁荣昌盛，希望多多培养古琴人才，为社会主义事业添砖加瓦，恢复华夏雅乐，弘扬民族音乐文化，传承宝贵的华夏文化遗产，这些都是子盛作为一个职业琴人的使命感。对于他的这些想法、理想，我竭力支持！

附记：简短的访问结束了，我们深知，这些采访资料只是冰山一角，并不能展现张子盛先生的全貌，甚至这些资料仅是这次培训活动中张子盛先生绝代风神的一个剪影。但是，我们相信，吉光片羽，已颇能展现张子盛先生杰出的古琴造诣、爱国爱家的深挚情怀！

山西代县冯鹏翥将军故里考察记

一、初识代县

山西代州（今代县）是晋绥军名将冯鹏翥将军的故里，亦是将军衣冠冢所在地。甲午重阳（11月1日），笔者在冯将军族孙冯东浩先生的陪同下，躬赴代县，对冯将军故里进行为期一天的考察。

代县是晋北文化名城，保存着很多历史古迹。初至代县，乍见坚黑如铁、高耸入云的鼓楼，不禁心头一震：这里给我的纯是晚清、民国的意境！接待我们的田俊民先生，其祖上与代县冯氏有旧，多年来，他固守代县，为宣传代县冯氏家族的赫赫伟迹，做出重大贡献。他指着鼓楼说：这鼓楼，比天安门城楼还要高三米。

代县的民居，皆以蓝漆粉刷，街道平整，几个转弯之后，我们便到了田先生家门前。这里，往往有一垣半垣的土墙旧垒，墙上宿草飘萧，似在倾诉，亦似在守望。用手轻轻的抚摸这些土垣残垒，仿佛接通了与此地先人的脉息，也许，在一百多年前，幼年的冯鹏翥将军也曾在这里徘徊、嬉戏？

田先生保存着很多与代县冯氏相关的史料，其中包括：《代县冯氏族谱》、《代县志》、《民国代县老照片》，以及冯鹏翥将军的亲属所撰写的回忆家族成员的书籍、文章，亦有田先生自己花费很多时间、精力收集到的冯鹏翥将军的墨宝照片。这些文献资料，大大丰富了我对冯鹏翥将军的认识，如果说，之前我对冯将军的认识仅仅局于一个平面的军人、琴人的话，那么此时一个立体生动、卓然不群的伟丈夫形象便赫然在我眼前矗立起来。"伟哉将军"，这四个字不经意间脱口而出，我知道，此行将使我与冯将军的距离大幅度拉近。

午餐时，才从田先生的谈话中了解到，原来当年冯鹏翥将军在军旅中发迹后，桑梓情深，在家乡办私塾，免费使家乡子弟接受教育，又立基金，接济家乡贫困子弟外地求学。田先生的祖父，就是当年入私塾，接受教育者。以此，田家三代人皆对代县冯氏抱有反哺之情、感恩之念，据田先生说，从前总是他父亲和他一起接待来代县访问、考察冯氏家族的人，这两年其父身体不佳，便由他单独接待来访人员。我听后大为感动，既感动于冯鹏翥将军富贵不忘其本；亦感动于田氏三代几十年不忘旧恩。

二、山中忆故人

下午，我们驱车先至张北村，那里尚保存着冯鹏翥将军夫人张凤魁女士的故居。田先生指点着几椽老屋告诉我们：当年就是在这里，冯将军娶走了张渤的女儿张凤魁。张氏家族亦为诗书门第，至张渤，已历七世，祖上曾有中进士者。院中老屋据云皆为清代建筑，门楣、屋檐的木雕已经朽蚀，土墙矮矮，道不尽刻骨的沧桑。

从张氏故居出来，我们直上膠泥滢，地在城北十三里村北梁上，为冯鹏翥将军衣冠冢所在地。一路上，尽是黄土高原的枫树，红叶、橙叶、黄叶，纷纷飘飞。沟壑纵横，狭长的沟壑、椭圆的沟壑，陷落地下几十米，而沟壑底部，依然有枫树倔强地挺立而出，郁然勃发，它们要向人类证明自然的伟力。盘山道上，偶见牧人赶着羊群，亦有村童顽皮嬉戏，几家简陋的住房，几排矮矮的栅栏，不时传来水声，田先生说，那是滹沱河的支流在山陵间穿行。

冯鹏翥将军衣冠冢

冯鹏翥将军的衣冠冢，在一片高阜上。其中盘山道一侧地势略高，其余三面皆下临无地，拔地而出。冯将军一族数人的墓碑皆在这片长满庄稼的高阜之上。石碑嶙峋，站在冯将军墓碑前，遥望东方，正好看到代县坚黑高耸的鼓楼，田先生说，此墓地暗合古人左青龙、右白虎、前朱雀、后玄武的坟墓选址原则，墓碑前地势开阔、平坦，易于接收阳光；墓碑后地势高峻，此之谓"前有照、背有靠"。

冯氏家族的墓地，最上首是冯曦先生的墓碑，他是冯鹏翥将军的叔叔，仅比冯将军年长九岁，是民国时期著名的实业家，亦精通诗文、经史，有著作传世。冯将军的墓碑在冯曦墓碑的左侧稍前，在它的前方，有一排墓碑，那是冯将军的弟弟及堂弟的墓碑。据田先生说，本来冯将军的墓碑应该与其弟弟、堂弟的墓碑一起排列，但是由于冯将军墓碑树立较早，于是成了现在这样子。我说：冯将军年长，且功勋卓著，是家族中的佼佼者，从这个意义上说，现在的墓碑排列方式，也是合适的。

我之"结识"冯将军，并下决心为冯将军立传，机缘虽巧，然冥冥之中似有"定数"存焉。

2014 年 5 月，在硕士毕业、天涯蓬转三年，备尝人世艰辛、世态炎凉之后，我赴并州参加山西大学博士生入学考试。一日，在友人王晓勇兄的引荐下，得以结识山西著名古琴家元音琴社副社长南林旺师，南师儒雅而慷慨、博学而具卓识，他在传琴、讲法之余，常以民国时期山西元音琴社琴人为念。南师家的正厅摆放一张巨幅民国九年的老照片，那是当年太原元音琴社琴人的雅集图。可惜日月如梭、时过境迁，到如今，即便是山西省最年长的古琴大家李庆中先生，亦无法识别照片中人。

我以研究中国文史为平生职志，尤所重者在人物、史事之考据，特别关注对年谱、注释、考证类经典著作的阅读、揣摩。"上穷碧落下黄泉"，这是我所追求的考证考据之精神。老照片上的人物，皆为民国时期山西琴人，或从政、或从军，或为平民、或为职业琴人，百年过往，影像尚在，而无法"结识"，岂非爱琴好琴者之憾事？！

我决心对老照片上的琴人进行细致考察，力求以严密的考证"结识"照片中的

见代琏人小景 双鑕

琴人前辈。

冯鹏翥先生，是我确证的老照片上的第三位元音琴社琴人。

元音琴社成立于民国九年（1920），其时也，阎锡山手下的几位得力干将，李德懋、孙净尘等，因爱好古琴，于是促成山西元音琴社的创立。元音琴人，不局限于山西，也包括顾卓群、彭祉卿、杨友三、沈伯重、顾梅羹等湖南籍琴人，晋楚同心，协力发扬琴学，大大加强了三晋古琴的声威，以至当时人尝云"中国此时琴学之盛，当推晋阳"。

民国二十五年，元音琴社的创立者之一孙净尘作有一篇《元音琴社回忆录》，其中提到："现时太原不复当年之盛。而森与李冠亭、荣甲三、冯运青，尚为当年老同社，其余皆后学诸人矣"。[1] 由此，我想到，老照片既然摄于1920年，则据孙森文，冯运青十有八九在照片中。但是冯运青是谁？冯运青到底是照片中的哪位？

不久，我在一幅《现代琴人小影》中再次发现了冯运青的名字，这一组照片中，第一排右数第一张便题"冯运青君"。此照片汇集于上世纪三十年代，我想，尽管它与老照片（1920）相距时间大约有十几年，但人在成年之后，一般变化不会太大，于是我将两张照片比勘，最终确定老照片上后排右起第一人即冯运青。

其后，我在阅读与阎锡山相关的史料时，见到冯鹏翥的名字。我立即想到，孙森文章中的"冯运青"当是冯氏之字，而冯鹏翥当为其名，名字取义于《庄子·逍遥游》，"海运则将徙于南冥"、"鹏之徙于南冥也，水击三千里，抟扶摇直上者九万里"、"绝云气，负青天"。但是，虽有此想，未敢确定。

之后，我通读《今虞琴刊》，在《琴人题名录》中发现冯鹏翥，"运青。四十七岁，男。山西代县。儒业。太原典膳所雁门冯寓"[2]。这则题名录详细记载了上世纪三十年

[1] 《今虞琴刊》，民国二十六年五月今虞琴社编印，中央音乐学院"中国古琴音乐文化数据库"编辑委员会承印，2006年12月20日，第22页。

[2] 《今虞琴刊》，民国二十六年五月今虞琴社编印，中央音乐学院"中国古琴音乐文化数据库"编辑委员会承印，2006年12月20日，第240页。

代冯将军的相关信息，同时使我确定了冯运青即冯鹏翥，至为宝贵。

再后来，我在网络上百度"冯鹏翥"，即发现了《燕赵都市报》对冯将军之孙冯情先生保定追寻、观瞻冯鹏翥将军遗迹、遗物的报道。在《燕赵都市报》记者魏晓须、郭立业的帮助下，我与冯情先生取得联系。又从而得知，山西大学物理系冯东浩老师，即冯鹏翥将军胞弟冯鹏龄之孙，于是又与冯东浩老师联系、畅谈。这次考察冯运青将军故地，便是在冯东浩老师的擘画、引导下完成的。

站在冯运青将军墓前，西风凛凛，凉意侵颊，抚拭将军墓碑，感慨良多。冯鹏翥将军，生于1890年，少习儒业，长从军旅，1914年5月毕业于陆军第一预备学校，其年11月，入保定陆军军官学校第二期炮兵科。1916年5月毕业后回山西，入晋绥军。由于当时的山西督军阎锡山曾受教于日本陆军士官学校，接受过系统完整的军事教育、训练，因此他对军事院校毕业者总是青眼有加。保定陆军军官学校是民国初期中国最早的军事院校，从1912年至1923年，共举办9期，毕业生人数达6574，其中山西籍毕业生有201人。这些晋籍学员毕业后绝大多数返回山西从军，其中先后担任师旅长以上职务者即有四十余人，冯运青将军即其中之一。1930年中原大战爆发时，晋绥军编制达到10个军，其军长皆为晋军骁将，依次为：孙楚、杨效欧、王靖国、李生达、李服膺、杨耀芳、关福安、张会诏、冯鹏翥、傅作义。中原大战之后，张学良将晋绥军缩编为四个军，军长为商震、徐永昌、杨爱源、傅作义。冯鹏翥改任第五师师长，受商震节制。1936年1月23日，授冯运青将军中将军衔。抗战军兴，冯运青将军力主抗日救国，因与阎锡山政见不合，遂遭排挤，将军于是入川康投奔老同学刘文辉，1944年，冯鹏翥将军在四川雅安赍志而没，年仅54岁。刘文辉顾念同学情谊，用早已为其母亲备好的棺椁敛葬冯鹏翥，以此，代县的冯将军墓实为衣冠冢。

冯运青将军作为代县名门冯氏之杰出子孙，尽管投笔从戎，依旧雅爱琴书。民国九年（1920）仲春，碧草始芽，绿柳丝黄，著名泛川派古琴家顾卓群由湘入晋。

于是孙森等人在太原正式创立琴社，命名"元音"，由孙森书写匾额，悬挂于体育会。顾卓群在体育会下榻。初创时的元音琴社，主要成员有：李官亭、顾卓群、荣鸿胪、冯运青、窦翘芝、招鉴芬，以及孙净尘（森）、孙异同昆仲。在《今虞琴刊》的《琴人问询录》中记载着冯鹏翥将军收藏古琴情况为："一，唐开元雷威制；二，明衡王琴；三，字迹不甚明显，无可考证"，并收藏古琴谱五部[3]。于兹可见冯将军对琴事之用心。

代县西北街冯氏宗祠

我与冯鹏翥将军，因古琴而结缘，而将军对我个人的影响，又决不仅仅局限于古琴。站在冯将军墓碑前，我仿佛看到一身戎装的冯将军器宇轩昂，他正在远山之巅驰骤鞍马，叱咤风云。伟哉将军！魂兮归来！

从墓地归来，在田先生的引导下，我们拜祭了冯氏祠堂，也对冯鹏翥将军的出生地冯氏老宅进行了观瞻、考察。令人伤感的是，当年冯运青将军富贵不忘其本，设私塾教育桑梓儿童，而如今，当地的西北街小学竟是占用冯氏宗祠的土地而建成。冯氏宗祠，如今仅占西北街小学一角之地，杂草丛生，门锁锈蚀，望之怅然。而冯氏老宅，亦早已是"旧时王谢堂前燕，飞入寻常百姓家"了，也许，现在居住在冯氏老宅的居民，并不知道在他们居住的地方，曾出生过一个伟岸卓越的民国中将。

[3] 《今虞琴刊》，民国二十六年五月今虞琴社编印，中央音乐学院"中国古琴音乐文化数据库"编辑委员会承印，2006年12月20日，第257页。

三、祭冯鹏翥将军文

此次考察，大大加深了我对冯鹏翥将军的认识，使我终于可以动笔为冯将军写传了。在考察归来之后，我提起笔，为冯将军写作《祭文》一篇，以表达我对杰出先辈的无限敬意。

《祭冯鹏翥将军文》：甲午重阳，予躬赴山西代县冯鹏翥将军故里考察，抚拭将军墓碑，中心感念，谨作祭文如左，将军有知，魂兮归来！文云：

> 代州冯氏，世有闻人。为国为民，学武习文。
> 将军挺生，岁次庚寅。幼承儒业，迥出群伦。
> 痛国贫弱，长而从军。驰骤鞍马，叱咤风云。
> 岛夷侵华，密布妖氛。矫矫鹏翼，欲挽乾坤。
> 当道隘狭，计量斤斤。顺意者用，逆志者迍。
> 念我将军，堂堂正人。拯民救难，秉义守贞。
> 我志昭昭，彼意昏昏。裂袂远举，大车扬尘。
> 川康避难，碧草再春。哀我将军，赍志殒身！
> 呜呼将军，赍志殒身！倭虏纵横，战火纷纭。
> 年去岁来，多少芳辰。我怀将军，踵迹来寻。
> 烈烈西风，寂寂茔岑。抚碑心痛，泣下沾襟。
> 伟哉将军，禹迹之魂！千古不朽，浩气长存！

甲午年九月初十日夜

张德恒拜撰

主要征引及参考文献

琴学著作

■《今虞琴刊》，民国二十六年五月今虞琴社编印，2006 年 12 月中央音乐学院"中国古琴音乐文化数据库"编辑委员会承印本。

■《晨风庐琴会记录》，周庆云，木刻线装本，1922 年。

■《杨氏琴学丛书（四十三卷）》，杨宗稷编著，湖南教育出版社，2007 年 12 月第 1 版。

■ 郑珉中，《蠡测偶录集：古琴研究及其他》，紫禁城出版社，2010 年 9 月第 1 版。

■《七弦琴音乐艺术》第 1—12 辑，张铜霞主编。

■《川派古琴艺术大师顾梅羹纪念文集》，顾泽长、顾永祥主编，约 2004 年。

■《琴道》，高罗佩著，宋慧文、孔维锋、王建欣译，王建欣校订，中西书局，2014 年 3 月版。

■《梅庵琴人传》，严晓星，中华书局，2011 年 5 月第 1 版。

■《七弦古意——古琴历史与文献丛考》，严晓星，故宫出版社，2013 年 11 月第 1 版。

■《近世古琴逸话》，严晓星，中华书局，2013 年 10 月第 1 版。

■《民国古琴随笔集》，严晓星辑，海豚出版社，2013 年 12 月版。

■《存见古琴曲谱辑览》，查阜西编纂，人民音乐出版社，2003 年 7 月版。

■《巴蜀琴艺考略》，唐中六，四川人民出版社，2006 年 10 月第 1 版。

■《蜀中琴人口述史》，杨晓主编，生活·读书·新知三联书店，2013 年 6 月第 1 版。

■《琴史新编》，许健，中华书局，2012 年 6 月第 1 版。

■《杨宗稷及其＜琴学丛书＞研究》，吴叶，人民音乐出版社，2015 年 3 月第 1 版。

■《湘籍琴家邱之稑、杨宗稷、顾梅羹考略》，宁江滨，湖南师范大学 2009 年音乐学硕士学位论文。

其他著作

■《上党神农氏传说与华夏文明起源》，刘毓庆师，人民出版社，2008 年 11 月第 1 版。

■《韬园诗集》（近代中国史料丛刊续编本），贾景德，文海出版社有限公司印行，1943 年 12 月版。

■《清诗史》，严迪昌，浙江古籍出版社，2002 年 12 月第 1 版。

■《赵柏岩集》（上下），赵炳麟，广西人民出版社，2001 年 1 月第 1 版。

■《赵柏岩诗集校注》，赵炳麟著，余谨、刘深校注，巴蜀书社，2014 年 4 月第 1 版。

■《中国音乐史》，王光祈，广西师范大学出版，2005 年 5 月第 1 版。

■《中国古代音乐史稿》（上下），杨荫浏，人民音乐出版社，2007 年 1 月版。

■《中国历史纪年表》，方诗铭编著，上海书店出版社，2014 年 4 月版。

■《燕乐探微》，丘琼荪遗著，隗芾辑补，上海古籍出版社，2007 年 12 月版。

■《晋剧音乐》，张沛、郭少仙搜集整理，山西人民出版社，1981 年 8 月版。

■《晋剧音乐一代宗师——郭少仙》，李谦光主编，山西经济出版社，2013 年 11 月第 1 版。

■《张瑞玑诗文集》，山西省图书馆编，北岳文艺出版社，1998 年 12 月第 1 版。

■《阎锡山传》，雒春普，国际文化出版公司，2011 年 1 月第 1 版。

■《樗庵零稿》，邵大苏，南通市文学艺术界联合会，2006 年 12 月第 1 版。

■《晋绥军集团军政秘档》，文闻编，中国文史出版社，2009 年 1 月第 1 版。

■《黄河青山——抗战时期的晋绥军》，毛洪亮，安徽人民出版社，2010 年 10 月第 2 版。

■《民国山西读本·政闻录》，苏华、何远编，三晋出版社，2013 年 8 月第 1 版。

■《民国山西读本·考察记》，苏华、何远编，三晋出版社，2013 年 8 月第 1 版。

■《民国山西读本·旅行记》，苏华、何远编，三晋出版社，2013 年 8 月第 1 版。

■《民国职官年表》，刘寿林、万仁元、王玉文、孔庆泰编，中华书局，2006 年 11 月版。

■《中国历代孔庙雅乐》，江帆、艾春华，中国国际广播出版社，2001 年 10 月第 1 版。

■《浑源县志·人物编》，浑源县志编纂办公室编，1991 年 9 月。

■《王念祖诗选》，王道平手抄，王静若整理本。

■《柯璜手订师友赠诗录》，柯璜编次，柯善文、崔卫道整理，三晋出版社，2013 年 9 月第 1 版。

报刊杂志

■《来复报》，第 15 号、第 57 号、第 126 号、第 180 号、第 182 号、第 196 号、第 239 号、第 293 号、第 349 号、第 130 号、第 163 号、第 208 号、第 221 号、第 267 号、第 271 号。

■《宗圣杂志》，1915 年第 2 卷，第 2 期。

■《尚贤堂纪事》，1922 年第 13 卷，第 4 期。

■《哲报》，1923 年第 2 卷，第 15 期；1923 年第 2 卷，第 16 期；1923 年第 2 卷，第 17 期；1923 年，第 2 卷，第 21 期；1923 年第 2 卷，第 35 期；1924 年第 3 卷，第 2 期；1924 年第 3 卷，第 3 期；1924 年第 3 卷，第 5 期；1924 年第 3 卷，第 6 期；1926 年第 4 卷，第 1 期。

■《山西文史资料》，第五辑、第十一辑、第十三辑、第十四辑、第十五辑、第十七辑、第二十一辑、第三十六辑、第六十五辑、第一〇二辑。

跋 一

2014 年春天，在山西大学北门的一个小饭店里我第一次见到德恒，出门前的洗漱丝毫掩饰不住他彼时生活的窘迫，头发凌乱，面容狰狞，衣衫褴褛，和想象中温润如玉的读书人形象大相径庭。席间，我一边仔细地打量着眼前的这个人，一边听他滔滔不绝地讲述自己的人生过往、学术见解。老奸巨猾如我，一顿饭下来已经知道我终于无可奈何，又无可避免地认识了一个"书呆子"——他有理想、有才华，对社会运转规则的无知和漠视却又让他进退维谷，所以他孤独、愤怒却不知该如何消解。

其后，我带着德恒去见了我的老师兼挚友，元音琴社的负责人南林旺先生，希望南老师可以给德恒介绍一份谋生的职业，以解他的燃眉之急。这次短暂的会面再次印证了我的判断，南老师直言不讳地告诉德恒，他的思想背负了太重的包袱，需要先打扫干净心灵才能继续前行。就在我本以为这件事就此打住的时候，有一天突然接到了南老师打来的电话："晓勇，我把德恒留下了。"话虽不长，但分量极重，我知道这意味着什么……从此，我们的生命交织在一起，二人的聚会变成三人的雅集。

众所周知，元音琴社是民国年间由招鉴芬、孙净尘等几位先生联合创立的旨在弘扬中华雅乐的社团组织，在山西乃至中国琴史上有着不可磨灭的印记。深入挖掘元音琴社的历史，不管是对传承古琴文化还是进行古琴史研究，都有着重要的价值。将共同书写这段历史的那些鲜活的个体集结成册，让琴界来者知晓楷模，戮力传承，是南老师生平一大夙愿。南老师将这个任务交给了德恒，"书呆子"几乎考虑都没有考虑便一猛子扎进故纸堆，披星戴月、探微索隐，慢慢勾勒民国时期三晋琴学生态和琴人面貌。此后，几乎每次见到南老师，他都喜形于色，"有突破"、"有进展"也成了那段时间南老师的口头禅。这说明德恒做得好，与此同时，他的面容也开始慢慢地转变，他不再愤怒，开始变得温和。

经过近一年的努力，《民国山西琴人传》一书于 2015 年夏季已经初步完成。但命运似乎偏爱和做实事的人开玩笑，7 月 10 日南老师确诊罹患骨癌，他看到了这本书的初稿，却没有机会见证这本书的出版。2015 年 8 月 30 日 22:20 南老师驾鹤仙去，我们永远地失去了他，没有道理可讲，又不得不面对。9 月 3 日，在安葬南老师骨灰时，德恒将一册《琴人传》的打印稿垫于墓底，表达他对南老师知遇之恩的永世感念，其情其景，不忍回想。

生活是一场修行，德恒还很年轻，我也远谈不上年老，在行走的路上，总能感到有双眼睛在看护着我们。那是一种再熟悉不过的眼神，严肃而又慈爱，斯人已去，余响犹存，无声胜有声。

现在，欣闻《民国山西琴人传》在我国著名古琴演奏家陈雷激先生的鼎力协助下就要出版了，做为这部作品诞生的见证者和德恒与南老师生活的介入者，德恒嘱我写一篇跋，我无法逃避，只好尽我最大的诚恳写下上面的文字。

是为跋。

王晓勇

2015 年 11 月 24 日于河西家中

跋 二

三晋大地是一片文化热土，其于古琴，则尤其渊源深广。

据业师刘毓庆先生考证，"神农氏起源于太行、太岳之野"[1]。而《世本》云："神农作琴"（风俗通）六引）。《淮南子·泰族训》："神农之初作琴也，以归神，及其淫也，反其天心"。由此，可以说，古琴，自其创制、滥觞，便与山右结下深挚因缘。

至若活动于山右的上古哲王尧、舜，其与古琴之关系载诸青简，于史有征。乐圣师旷"瞽而为太宰，晋无乱政，有贵于见者也"（《淮南子·主术训》），其得于琴者亦可谓夥矣重矣。

延及民国，1920 年仲春，山西元音琴社创立。1921 年，阎锡山力倡雅乐，希望依靠雅乐来克制人心之好战，进而达到社会的安定、和谐。

清人吴伟业在其《程昆仑文集序》中说"山右风气完密，人材之挺生者坚良廉悍，譬之北山之异材，冀野之上驷，严霜零不易其柯，修坂骋不失其步"（《吴梅村全集》第 29 卷）。即便依此绳衡今之晋人，亦略无差舛。可以说，三晋人民之淳朴厚重、坚卓廉正，深有得于礼乐教化之深广、绵长。

阎锡山在军阀混战、四海沸腾之际，以督军兼省长之身份提倡雅乐、发扬三晋琴学，以至成就"中国此时琴学之盛，当推晋阳"（赵炳麟《柏岩感旧诗话》）之局，其奖赞之力、成效之著，自有不待言者。独惜此一段光辉灿烂的"民国山西琴史"，久矣湮没于历史之埃尘，恍兮惚兮，今人殊难窥其真面。

甲午西陆，笔者负笈山西大学，入刘毓庆师门下攻读博士学位。三晋厚重的历史文化、山西大学浓厚的学术风气、业师对中国文化的执着坚守，以及三晋琴人对华夏雅乐的孜孜以求、竭智尽力，均感我至深，令我心生奋斗、向上之念：一定要为文化氛围如此浓厚的三晋贡献绵薄，尽自己的一份力！

[1] 参刘毓庆师《上党神农氏传说与华夏文明起源》，人民出版社，2008 年 11 月第 1 版。

之后，笔者在与三晋琴人的交往、交流过程中，尤其是，在与南林旺、冯翠英两位老师的交谈中，深深受到民国山西琴人事迹之感发，从而决心为民国山西琴人立传，藉以传存其精神风貌于万一，尽量恢复、还原民国山西那段光辉灿烂的琴史。

在此后的岁月里，笔者不惮艰难、繁琐，在课余翻阅大量琴学著作、博览民国山西历史文献，无数次的赴山西省图书馆、山西大学图书馆，查询、复印、借阅相关图书、资料。并赴代县考察冯鹏翥将军故里，前后五次赴文水拜谒、访问老琴家李庆中先生，力求使笔下的民国山西琴人多一分生动、真气。

自秋徂夏，在近一年的时间里，笔者"未尝一日虚度"，不是搜罗爬梳资料、走访遗逸；便是伏案写作、击键为文。时或通宵达旦，彻夜笔耕。经过不懈努力，这部力求全幅展现民国山西琴人的小书终于完稿，欣喜之余，我不得不衷心地感激那些在人生之路上对我施以关怀、帮助的师长、朋友。

要感谢导师刘毓庆先生、师母张三香女士对我学业、生活的无微不至的关怀、帮助，是恩师和师母，使我摆脱困境，重新返身学术，能够身心安适地从事学术研究。自我入门以来，恩师道德文章，悉心相授。在撰作本书的过程中，恩师时时关注着我的写作进程，时时给予我鼓励、指导，使我的研究得以顺利进行。在得知小书即将付梓后，恩师又欣然为之题签，用增荣宠。先生的深恩厚德，常令我思之动容。

要感谢南林旺师、冯翠英师，他们对三晋古琴事业默默付出的精神，他们对民国山西琴人浓挚的情感，深深地感染了我，使我决心撰作此书。两位老师在琴学上、生活上对我的指导、关怀，我将永铭心版、终身不忘。两位老师的爱女南飞鸿、南楠，也多方给予我帮助、勉励，她们不仅继承了两位老师的琴筝绝艺，更继承了两位老师高洁脱俗的品质。

要感谢倪宁老师、王晓勇兄、郭顺兄对我学业和生活的关怀、帮助。

要感谢吉林大学张福贵教授对我学业和生活的关怀、帮助，我在吉林大学读书时，张老师时任文学院院长，老师为现当代文学研究重镇，而我攻读的是中国古代文学，因此在校期间请益的机会并不多。在我毕业之后，张老师不仅热情地为我推荐工作，而且在之后的日子里时时关注我的学习、生活状况，在我困顿场屋的艰难之际，张老师还曾提出为我介绍博士生导师。这些，均令我永难忘怀，每次想起都不免热泪盈眶，久久不能自已！

感谢刘云燕女士对我学业的大力襄助。犹记去岁来并考博时，偶然在南林旺师家中得识刘姐，彼时我正于友朋间高谈阔论唐宋诗歌之异同，时或朗声背诵、时或舒喉高歌，讲毕，刘姐即欲令其女以我为师，学习唐宋诗词。我以身无所寄逊谢之。待被山西大学录取重返并垣后，刘姐旧事重提，我则唯唯而已。年来忙于读书、写作，并未给刘姐的爱女笑笑真正上过一次课，但是刘姐在经济上每每解我燃眉、济我困乏，令我感惭无地。那次刘姐携爱女来山大看我，孩子见我宿舍书籍凌乱，便着手为之整理。我不经意说了句"现在唯周五下午稍闲"，岂料孩子马上娥眉一挑"老师，周五下午我也没事"。但是我终于不敢回应，因为每个周五的下午，我都要在极度疲劳中饱饱睡上一觉。刘姐见我无言，乃嗔怪孩子"老师那么忙，哪有时间啊"。此事令我深深愧疚，如今小书完稿，我当为孩子补上欠下的课程。

感谢顾梅羹先生哲嗣顾泽长、顾永祥父子对我研究工作的大力支持。

感谢冯鹏翥将军后裔冯情先生、冯东浩先生、冯占军先生，他们作为冯氏杰出子孙，多年来以家族为荣，勤恪为人。他们为我提供了很多与冯将军生平相关的材料、线索。感谢代县田俊民先生，他不忘旧恩，精神高尚，发扬冯氏荣光，感人至深。他为我提供了《代县冯氏族谱》等极其宝贵的资料。

感谢元音琴人王启龙、赵阳、张晓鹏、朱美丽、刘小冈、陈洁君、张志红、王豫铭、张露、傅海青、卢云丽、赵振华、陈通元、李琛、王温、詹丽君、王锐、杜韦逸、李杨菲、岳爱爱对我研究工作的支持。

感谢赵雁平女士、张元隆会长、时新老师、王宝国老师、王昊老师、张柳阿姨、孙凌韵女士、杨建中老师、董晋生老师、王静若阿姨、赵桂溟老师、张勇耀老师、贾玉秀大姐、康彩兰大姐、田圣大哥对我研究工作的支持。

感谢友人高丽娜、何兴伟、卫华荣、张国伟对我研究工作的支持。

感谢严晓星先生，他为我提供了至为重要的电子扫描本《晨风庐琴会记录》。

我在吉林大学读书期间的几个挚友，学兄焦宝，学弟李振文、马学礼一直关注着我的学术进程，振文并多次为我复印资料，助我实多，在此一并感谢！挚友刘宇栋二哥、刘宇明四哥时时予我关怀，令我受益良多、感激莫名，在此深致谢意！同门堀川英嗣、刘世明时时予我帮助，中心铭感！

《民国山西琴人传》虽已写完，但是对于古琴，我尚有很多想写、要写的文章，我对民国琴人的研究探索还将继续。

虽然是一部小书，但以笔者学殖之浅弱，加之所探研人物生平、关系之复杂，涉及资料之多，错讹谬误之处实所难免，在此公布笔者电子邮箱，诚望博雅君子直言正误，匡我不逮：zhangdeheng393@126.com。

张德恒
乙未年五月十三日凌晨
于山西大学文瀛四斋韬琴簃

附 记

　　此书完稿于 2015 年 6 月底，但以各种原因迟迟未能付梓，其中曲折，诚可谓"能与智者道，难为俗人言"。

　　2015 年 8 月 30 日，为山西古琴事业兢兢业业、竭智尽力的恩师南林旺先生不幸因病辞世，恩师的溘然长逝，令我长久地沉浸于悲痛、苦闷之中。多少次抱膝不寐，多少次泪湿青衫，每次忆起先生，都不免悲从中来，而在这无穷的悲痛中，当然也有一份深深地歉疚，那就是歉疚于先生曾予我巨大帮助，并殷切企盼的《民国山西琴人传》始终未能出版。

　　2015 年 11 月 21 日，著名古琴家陈雷激先生再度琴旌莅晋，在元音琴社主持古琴培训，期间先生向我问起拙作出版的情况，此事令我深感惭愧，遂直言告诉先生，拙著始终未能进入出版轨道。先生长叹一声，语重心长地说，希望此书能在明年出版，做为对南林旺老师的一种纪念。其后，先生即大力向出版单位推介，在先生和郭顺兄的鼎力帮助下，终于使这本小书得以面世。陈先生与郭顺兄的深恩厚德，我将永铭心版！

　　三晋出版社社长张继红先生本着弘扬山西文化的精神，对拙著的付梓给予大力支持，先生对三晋乃至华夏文化的使命感、担当感，令我深深感动，谨在此表达我对先生由衷的谢意！王书豪兄对本书精加校勘，攻讹伐错，大大提高了拙著质量，中心念之，何能忘之！赵雁贤兄不畏繁琐，我一次次修订，他一遍遍重排，感激之情，何可言喻！张仲伟兄不惧烦劳，妥善办理出版手续，中心铭感，何敢言忘！

　　恩师南林旺先生辞世后，我曾写有多篇文章、诗词，表达我对先生无尽的思念，兹择录一首，遥祭先生在天之灵：

　　《人月圆》："天涯华发栖迟客，红泪染青衫。一怀愁绪，半弯冷月，细数当年。消沉往事，轻弹《流水》，容易情牵。故人何在？黄泉碧落，此意绵绵。"

张德恒

丙申仲夏

于山西大学大槐安国

图书在版编目（CIP）数据

山河逸响：民国山西琴人传 / 张德恒著 .--太原：
三晋出版社，2016.8
ISBN 978-7-5457-1373-2

Ⅰ.①山… Ⅱ.①张… Ⅲ.①古琴－演奏家－列传－
山西－民国 Ⅳ.①K825.76

中国版本图书馆CIP数据核字（2016）第194102号

山河逸响：民国山西琴人传

著 者：	张德恒
责任编辑：	张继红
责任印制：	李佳音

出 版 者：	山西出版传媒集团·三晋出版社（原山西古籍出版社）
地 址：	太原市建设南路21号
邮 编：	030012
电 话：	0351-4922268（发行中心）
	0351-4956036（总编室）
	0351-4922203（印制部）
网 址：	http://www.sjcbs.cn
经 销 者：	新华书店
承 印 者：	山西臣功印刷包装有限公司
开 本：	787mm×960mm 1 / 16
印 张：	21
字 数：	300千字
版 次：	2016年8月 第1版
印 次：	2016年8月 第1次印刷
书 号：	ISBN 978-7-5457-1373-2
定 价：	70.00元